여기가 "서울" 거기야

고지도로 읽는 서울의 역사

여기가 "서울" 거기야

– 고지도로 읽는 서울의 역사

이상태 지음

| 책머리에 |

서울은 600년이 넘는 오래된 도시이다.

거리마다 골목마다 전설이 있고 역사가 있다.

세월이 오래되니까 전설이 역사가 되고 역사가 전설이 되어버렸다.

전설은 전설이고 역사는 역사다.

역사적 유적을 찾고 역사적 진실은 찾고 싶었다.

역사적 진실이 알려지고 서울의 역사가 그렇게 흘러갔으면 좋겠다.

이 책을 읽은 독자는 우리 주변에 있는 역사적 유적의 역사적 진실을 아시게 될 것이다.

그곳을 지나가게 되면 "여기가 서울 거기야"하고 감탄하실 것이다.

새문안이라는 지명이 엊그제 생긴 지명이 아니라 600년 전에 만들어진 지명이고, 우리가 즐겨 먹는 설렁탕이 선농단에 제사 지내고 먹던 음식이란 것도 아시게 될 것이다. 동대문 시장과 남대문 시장은 300년이 넘는 오래된 전통시장이라는 것도 아시게 될 것이다.

선릉과 정릉은 빈 무덤이라는 것, 임진왜란 때 왜군이 도굴해간 쓰라린 상처라는 것도 아시게 될 것이다.

미아리라는 지명은 북한산성 수축 때인 18세기부터 사용되어 온 지명이고, 남태령은 정조의 첫 번째 원행이후 도로를 새로 만들기 시작하여 1790년(정조 14) 11월부터 사용되어 온 지명임을 이번 책을 쓰면서 밝혀낸 사실이다.

서울의 역사는 계속 될 것이고, 그 역사가 살아 숨 쉬는 전통의 도시일 것이다.

이 책이 출판되도록 도와주신 경인문화사 한 정희 사장님께 감사드린다.
교정을 잘 봐주신 김 지선 실장님, 김 한별님에게도 감사를 드린다.
특별히 감사드리는 분은 안 동립 사장님이시다. 안 동립 사장님은 역사적 유적지를 일일이 방문해서 여러 날에 걸쳐서 사진을 촬영해 주셨다.
고맙습니다.

                2024년 11월 27일,
                  81회 생일에,
               학고서재에서 필자 씀.

| 차례 |

책머리에   004

1장   조선의 건국과 치열한 왕위쟁탈전

1. 정도전이 조선을 건국했다   009
2. 한양은 계획된 도시였다   021
3. 신문로(新門路)와 돈의문   044
4. 이방원과 신덕왕후의 갈등   046
5. 이성계와 망우리   055
6. 함흥차사의 허와 실   061
7. 조(祖)와 종(宗)은 어느 쪽이 좋을까?   071
8. "어진 사람을 고르소서(擇賢論)": 충녕대군을 세자로   078
9. 김종서와 4군6진 개척   087
10. 계유정난과 사육신   096
11. "누구나 사육신이 될 수 없다."   115

2장   임진왜란과 병자호란을 겪은 한양의 변화

1. 경정공주(慶貞公主)와 소공동(小公洞)   119
2. 한명회와 압구정   122
3. 정업원(淨業院)과 단종왕비   133
4. 연산군은 최고의 시인이었다   137
5. 임진왜란과 민중의 참상   149
6. 홍순언(洪純彦)과 보은단동(報恩緞洞)   159
7. 선릉(宣陵)과 정릉(靖陵)의 비극   165
8. 환향녀(還鄕女)와 화냥년   176
9. 소현세자는 독살당했다   180
10. 사도세자는 뒤주 속에서 7박8일만에 죽었다   196

3장 청계천과 도성의 다리

1. 염천교(鹽川橋) ... 213
2. 종교(琮橋)와 종교교회(琮橋敎會) ... 215
3. 광통교(廣通橋) ... 220
4. 수표교(水標橋) ... 223
5. 『살곶이다리』(箭串橋) ... 226
6. 남지(南池) ... 229
7. 청계천(淸溪川) ... 233

4장 서울깍쟁이와 빈대떡

1. 서울깍쟁이 ... 239
2. 빈대떡과 공대동(空垈洞) ... 241
3. 선농단 제사 지내고 먹던 설렁탕 ... 244
4. 동평관과 왜관 ... 246
5. 조선은 만리(萬里)의 나라다 ... 252
6. 한양에 살던 관리들 ... 255
7. 서울의 고유 동명(洞名)과 그 위치 ... 258
8. 호현(狐峴)과 남태령(南泰嶺) ... 265
9. 무악재와 사현(沙峴) ... 269
10. 적유현(狄踰峴)과 미아리고개 ... 273
11. 동묘(東廟)와 관우(關羽) ... 277
12. 상정승골과 상동교회 ... 282
13. 칠패시장과 이현시장 ... 289
14. 밤섬과 마포나루 ... 295
15. 새롭게 밝혀진 김정호의 생애 ... 301

1

조선의 건국과
치열한 왕위쟁탈전

1. 정도전이 조선을 건국했다
2. 한양은 계획된 도시였다
3. 신문로(新門路)와 돈의문
4. 이방원과 신덕왕후의 갈등
5. 이성계와 망우리
6. 함흥차사의 허와 실
7. 조(祖)와 종(宗)은 어느 쪽이 좋을까?
8. "어진 사람을 고르소서(擇賢論)": 충녕대군을 세자로
9. 김종서와 4군6진 개척
10. 계유정난과 사육신
11. "누구나 사육신이 될 수 없다."

1. 정도전이 조선을 건국했다

1) 정도전은 어떤 사람인가?

정도전의 호는 삼봉(三峰)이며, 본관은 경북 봉화(奉化)로, 정운경(鄭云敬)의 아들이다. 1360년(공민왕 9)에 성균시에 합격하고, 1362년(공민왕 11)에 진사시험에 합격하여 여러 관직을 거쳐 통례문지후(通禮門祗候)에 이르게 되었다. 1366년(공민왕 15)에 연달아 부모의 상을 당하여 여막(廬幕)을 짓고 3년 상을 마쳤다.

1374년(공민왕 23)에 왕이 죽자 원나라 사자가 조문하러 왔다. 친명주의자였던 정도전은 원나라 사자를 맞이하는 것은 부당하다고 주장하다가 친원주의자들에 의해 회진(會津)으로 쫓겨났다. 1384년(우왕 10)에 성절사 정몽주(鄭夢周)가 그를 천거하여 서장관으로 삼아 중국에 다녀왔다. 1389년(공양왕 1)에 조준 등과 더불어 토지제도를 개혁하여 사전(私田)를 혁파하고 과전법을 시행하여 구 귀족들의 경제적 기반을 무너뜨리고 새 왕조를 일으킬 수 있는 기틀을 마련하였다.

공양왕이 왕위에 오른 후 중흥공신(中興功臣)으로써 충의군(忠義君)에 봉해졌다. 1390년(공양왕 2)에 정당문학(政堂文學)에 승진되고, 그 이듬해에는 형벌과 상여(賞輿)의 잘되고 잘못된 점에 관한 상소로, 왕의 미움을 사서 나주로 귀양 갔다가 1392년(공양왕 4)에 풀려났다. 귀양에서 돌아온 그는 남은(南誾) 등과 더불어 태조 추대작업에 박차를 가하여 새 왕조를 열었다.

태조는 그를 1등 공신으로 삼고 판삼사사 겸 판삼군부사(判三司事兼判三軍府事)로 고속 승진시켰다. 정도전은 『진도(陣圖)』·『경국전(經國典)』·『경제문감(經濟文鑑)』등을 편찬하여 조선왕조의 골격을 마련하였다. 뿐만 아니라 정총(鄭摠) 등과 더불어 『고려국사(高麗國史)』를 수찬(修撰)하여 고려 말의 부패상을 강조하고 태조의 업적을 강조하여 조선 건국의 정당성을 역사적 필연으로 부각시켰다.

태조는 그를 신임하여 봉화백(奉化伯)으로 봉하고, 관등급은 특별히 숭록대부(崇祿大夫)로 승진시켰다.

2) 한고조가 장자방을 쓴 것이 아니라 장자방이 한고조를 쓴 것이다

정도전은 총명하고 민첩한 자질을 타고 났다. 어릴 때부터 많은 책을 읽어 해박하였고 후학(後學)들을 잘 가르쳤다. 『불씨잡변』등을 저술하여 불교를 이단(異端)으로 배척하였다. 정도전은 자신에 대한 자부심이 강한 사람이었다. 또한 그는 스스로 문무(文武) 모두에 재능이 있다고 여겼다.

조선왕조가 개국할 즈음이다. 정도전은 때때로 술 취하여 자신의 위치를 비유하여 자랑하곤 했다. 즉 "한 고조(漢高祖)가 장자방(張子房)을 쓴 것이 아니라, 장자방이 곧 한 고조를 쓴 것이다."라고 했다. 장자방은 유방, 즉 한고조를 도와 한나라를 건국한 사람이다. 이 두 사람의 관계와 자신과 이성계의 관계를 비교한 것이다. 정도전의 말에는 자신이 이성계를 이용하여 조선을 건국하였다는 뜻이 함축되어 있다.

정도전은 포부가 대단하였다. 어느 날 이숭인과 한가하게 술잔을 기울이고 있었다. 정도전이 이숭인에게 물었다. "자네는 앞으로 무엇을 하고 싶나?" 이숭인은 "나는 조용한 산사에 들어가 책이나 읽고 싶네."고 대답했다. 이 말을 들은 정도전은 화를 벌컥 내며 "아니, 사나이가 그렇게 꿈도 없단 말인가? 나는 삭풍이 휘날리는 벌판을 말을 타고 끝없이 달려가고 싶네." 라고 말하며 기개를 뽐냈다. 삭풍이 휘날리는 벌판을 말을 타고 끝없이 달려가고 싶다던 풍운아 정도전, 그는 이방원과의 갈등으로 꿈을 다 펴지 못하고 살해되고 말았다.

3) 정도전이 설계한 조선왕조

정도전은 1389년(공양왕 1)에 조준 등과 더불어 사전(私田)를 혁파하고 과전법을 시행하였다. 남은(南誾) 등과 더불어 태조를 추대하여 새 왕조를 열었다.

태조는 그를 1등 공신으로 삼고 문하시랑 찬성사 겸 판상서사사(門下侍郎贊成事兼判尙瑞司事)에 임명하였다. 판삼사사 겸 판삼군부사(判三司事兼判三軍府事)로 승진되고, 삼도 도통사(三道都統使)가 되었고, 봉화백(奉化伯)으로 봉해졌으며, 관계(官階)는 특별히 최고의 품계인 숭록대부(崇祿大夫)로 승진되었다. 정축년에 동북면을 선무(宣撫)하여 주군(州郡)의 이름을 정하고 공주성(孔州城)을 수축하였다.

정도전은 타고난 자질이 총명하고 민첩하며, 어릴 때부터 학문을 좋아하여 많은 책을 널리 읽어 해박(該博)하였다. 어릴 때부터 곤궁하게 살면서도 재물을 탐하지 않았으며 스스로 문무(文武)의 재간이 있다고 생각하였다.

정도전은 이성계의 창업을 기리기 위하여 몽금척(夢金尺)과 수보록(受寶錄)을 지었다. 이는 성인(聖人)이 일어날 적에는 영이(靈異)한 상서(祥瑞)

가 먼저 감응(感應)하는 것처럼 이성계도 왕이 되기 전에 하늘로부터 계시를 받아 금자(金尺)와 보록(寶錄)을 받았다는 몽금척(夢金尺)과 수보록(受寶錄)의 가사를 지어 바쳤다. 또 납씨곡(納氏曲)·궁수분곡(窮獸奔曲)·정동방곡(靖東方曲) 등의 가사를 지어 이성계의 무공을 기리었다.

정도전은 『진도(陣圖)』를 저술하여, 군사를 모아, 그들로 하여금 북 울리는 법, 깃발 사용법, 전진 후퇴의 군사 훈련을 시켰다. 군사제도 개편하여, 의흥친군좌위(義興親軍左衛)는 의흥시위사(義興侍衛司)로 고치고, 응양위(鷹揚衛)는 웅무시위사(雄武侍衛司)로 고쳤으며, 매 1사(司)마다 각기 중(中)·좌(左)·우(右)·전(前)·후(後)의 5영(領)을 두는 등 고려 시대의 2군 6위 제도를 5군부로 개편하였다.

우리나라 최초의 사찬 법전서인 『조선경국전』과 조선시대의 통치 조직과 통치 이념의 종합적인 체계를 제시한 『경제문감(經濟文鑑)』을 저술하여 국가의 기본 틀을 마련하였다

태조가 새로운 도읍지를 정하려고 여러 재상들에게 분부하여 각각 도읍을 옮길 만한 터를 글월로 올리게 하였는데 정도전은 한양을 추천하였다. 그는 한양은 나라 중앙에 위치하여 조운(漕運)이 잘 통하고 지역이 넓어 안으로는 궁궐과 밖으로 조시(朝市)와 종묘와 사직을 세울 만한 곳이라고 주장하였다. 그는 권중화(權仲和)와 함께 한양의 종묘·사직·궁궐·시장·도로의 터를 정하였다.

태조는 새 도읍지의 궁궐이 완성되자 정도전에게 분부하여 새 궁궐의 이름을 짓게 하였다. 정도전은 새 궁궐을 경복궁(景福宮)이라고 이름 붙였다. 경복궁은 시경에 있는 "이미 술에 취하고 덕에 배가 불러서 군자의 만년을

빛나는 복(景福)을 빈다."는 뜻에서 취한 것이고, 강녕전은 "안일한 것을 경계하며 공경하고 두려워하는 마음을 가져 자손들이 천만대를 이어 나가라."는 뜻이다. 동쪽에 왕의 침실로 사용하는 작은 궁궐을 연생전(延生殿)이라 하고 서쪽에 침실로 사용하는 궁궐을 경성전(慶成殿)이라 한 것은 임금이 천지의 생성(生成)하는 것을 본받아서 그 정령을 밝히게 한 것이다.

사정전(思政殿)은 임금이 정사를 생각하면서 처리하라는 것이다. 임금은 부지런하여 '아침에는 정사를 듣고, 낮에는 어진 이를 찾아보고, 저녁에는 법령을 닦고, 밤에는 몸을 편안하게 하여야 하며, 어진 이를 구하는 데에 부지런하고 어진 이를 쓰는 데에 빨리 한다.'는 뜻에서 이름 부친 것이다.

정도전은 4대문의 명칭도 "인의예지"의 4단 정신에 따라 정동문(正東門)은 흥인문(興仁門)이라고 정했는데 속칭 동대문(東大門)이고, 정남문(正南門)은 숭례문(崇禮門)이라고 명명했는데 속칭 남대문이라고 불렀고, 정서문(正西門)은 돈의문(敦義門)이라고 하였으며, 정북문(正北門)은 숙청문(肅淸門)이라고 하였다. 동북문(東北門)은 홍화문(弘化門)인데 속칭 동소문(東小門)이라 하고, 동남문(東南門)은 광희문(光熙門)인데 속칭 수구문(水口門)이라고 불렀다. 서북문(西北門)은 창의문(彰義門)이라 하고 소북문(小北門)은 소덕문(昭德門)이니, 속칭 서소문(西小門)이라고, 정하였다.

4) 정도전이 지은 신도팔경시(新都八景詩)

태조가 좌정승 조준과 우정승 김사형, 정도전 등에게 신도팔경(新都八景)의 병풍 한 폭씩 주었다. 정도전이 이를 보고 팔경시(八景詩)를 지었는데, 문사(文詞)를 쓰지 않고 방언(方言)을 많이 썼다. 정도전의 신도팔경시는 새

도읍 한양의 아름다움을 그리고 새 왕조가 무궁하게 발전하기를 기원하는 시이다. 이 시는 명작 중의 명작으로 꼽히며 후세에까지 널리 애송되었다.

첫째는 기전(畿甸)의 산하(山河)였다.
"비옥하고 풍요로운 기전(畿甸) 천리,
표리(表裏)의 산하가 1백 둘이로다.
덕교(德敎)의 형세를 얻어 겸하였으니,
역년(歷年)이 천년(千紀)은 점칠 수 있도다."

둘째는 도성(都城)과 궁원(宮苑)이었다.
"성(城)은 철옹성(鐵甕城) 천 길(千尋)이나 높고,
구름은 봉래(蓬萊)의 오색(五色)으로 둘렸도다.
연년(年年)이 상원(上苑)의 꾀꼬리와 꽃,
세세(歲歲)에 도성(都城) 사람들이 유락(遊樂)하도다."

셋째는 열서 성공(列署星拱)이었다.
"벌여 있는 관서(官署)는 높고 우뚝하여 서로 향하니,
마치 여러 별들이 북극성을 둘러싼 것 같도다.
달빛 새벽에 관가(官街)는 물과 같은데,
옥가(玉珂)는 울리나 가는 티끌 일지 않는 도다."

넷째는 제방(諸坊)의 기포(碁布)였다.

"제택(第宅)은 구름 위에 치솟아 우뚝 서 있고,

여염(閭閻)은 땅 위에 가득 차 서로 이어졌으니,

아침저녁 피어오르는 연기,

일대(一代)의 번화(繁華)가 찬연하구나."

다섯째는 동문(東門)의 교장(敎場)이었다.

"종(鐘)과 북(鼓)은 요란하게 울리어 땅을 움직이고,

정기(旌旗)는 펄럭이어 공중에 이어졌도다.

만마(萬馬)가 주선(周旋)하는 것이 한결같으니,

몰아서 전장에 나갈 만하도다."

여섯째는 서강(西江)의 조박(漕泊)이었다.

"사방(四方)이 서강(西江)에 모여드니,

용(龍)같이 날치는 만곡(萬斛)의 배로 나르는 도다.

천창(千倉)에 붉게 썩는 것을 보려무나.

정치하는 것은 먹이가 족한 데에 있도다."

일곱째는 남도(南渡)의 행인(行人)이었다.

"남쪽 나루의 물 도도히 흐르고,

사방에서 모여드는 행인 성(盛)하게 이르도다.

늙은이는 빈 몸이고 젊은이는 졌으니,

노래 불러 앞뒤에서 화답하도다."

여덟째는 북교(北郊)의 목마(牧馬)였다.

"바라보면 저 북교(北郊) 숫돌과 같은데,

봄이 오면 풀은 무성하고 샘은 달구나.

만마(萬馬)가 구름처럼 모이고 까치처럼 날뛰는데,

목인(牧人)은 멋대로 서(西)로 갔다 남(南)으로 갔다 하도다."

5) 제1차 왕자의 난과 정도전의 죽음

한양 신도(漢陽新都)의 공역(工役)이 완료된 지 2년 후인 1398년(태조 7) 음력 8월 정도전·남은·심효생 등이 비밀리에 모의하여 태조의 병세가 위독하다는 이유로 여러 왕자를 궁중으로 불러들였다.

이방원은 이러한 조치는 정도전 등이 한씨 소생의 왕자들을 실육할 계획으로 해석하여, 미연에 방지한다는 명분을 세워 음력 8월 25일에 이방의, 이방간 등 여러 왕자들을 포섭하고 이숙번, 민무구, 민무질, 조준, 하륜, 박포, 이지란 등 휘하 부하들을 시켜 군사를 일으켰다. 그 날 광화문(光化門)으로부터 남산(南山)에 이르기까지 정예(精銳)한 기병(騎兵)이 꽉 찼으므로 방석 등이 두려워서 감히 나오지 못하였으니, 그때 사람들이 신(神)의 도움이라고 하였다.

이방원이 이숙번을 불러 말하였다. "어찌하면 좋겠는가?" 이숙번이 대답하였다. "간당(姦黨)이 모인 장소에 이르러 군사로써 포위하고 불을 질러 밖으로 나오는 사람은 재빨리 죽이는 것이 좋겠습니다." 밤이 이경(二更)일 때

송현(松峴)을 지나다가 이숙번이 말을 달려 고하였다. "이것이 소동(小洞)이니 곧 남은(南誾)의 집입니다."

이방원이 말을 멈추고 먼저 군졸과 노비 등 10인으로 하여금 그 집을 포위하게 하니, 안장 갖춘 말 두서너 필이 그 문 밖에 있고, 노복(奴僕)은 모두 잠들었는데, 정도전과 남은 등은 등불을 밝히고 모여 앉아 웃으면서 이야기하고 있었다.

노비 등이 그 집을 포위하고 그 이웃집 세 곳에 불을 지르게 하니, 정도전 등은 모두 도망하여 숨었으나, 심효생·이근(李懃)·장지화 등은 모두 그 자리에서 살해당하였다. 정도전이 도망하여 그 이웃의 전 판사(判事) 민부(閔富)의 집으로 숨어 들어갔는데, 민부가 이방원에게 알렸다. "배가 불룩한 사람이 내 집에 들어왔습니다."

이방원은 그 사람이 정도전인 줄을 알아듣고 노비 등 4인을 시켜 잡아 오게 하였더니, 정도전은 침실(寢室) 안에 숨어 있었다. 노비 등이 그를 재촉하여 밖으로 나오게 하니, 정도전이 조그마한 칼을 가지고 걸음을 걷지 못하고 엉금엉금 기어서 나왔다. 노비 등이 꾸짖어 칼을 버리게 하니, 정도전이 칼을 던지고 문 밖에 나와서 말하였다. "청하건대 죽이지 마시오. 한마디 말하고 죽겠습니다." 노비 등이 끌어내어 이방원의 말 앞으로 데리고 가니, 정도전이 말하였다. "예전에 공(公)이 이미 나를 살렸으니 지금도 또한 살려 주소서." 예전이란 것은 임신년(1392)을 가리킨 것이다. 이방원이 말하였다. "네가 조선의 봉화백(奉化伯)이 되었는데도 도리어 부족(不足)하게 여기느냐? 어떻게 악한 짓을 한 것이 이 지경에 이를 수 있느냐?" 꾸짖고 이에 정도전의 목을 베게 하였다.

하지만, 정도전의 문집인 『삼봉집』에는 이를 반박하는 자료가 있다. 정도전이 죽기 직전에 읊은 시 한 수가 그것이다. 제목은 자조(自嘲)다. '나를 비웃다'란 뜻의 시다.

操存省察 兩加功　조심하고 또 조심하여 온통 공을 다해 살면서
不負聖賢 黃卷中　책 속에 담긴 성현의 말씀 저버리지 않았네.
三十年來 勤苦業　삼십 년 긴 세월 고난 속에 쌓은 위업이
松亭一醉 竟成空　송현방 정자에서 한 잔 술에 그만 허사가 되었네.

이 시에 따르면, 최후의 순간에 정도전은 30년 업적을 한 잔의 술로 날려버린 자기 자신을 한탄하며 세상을 떠났다. 이방원 수하들의 호통을 들으며 엉금엉금 기면서 목숨을 구걸했다는 『태조실록』의 기록과는 달리, 이 시에 나타난 정도전은 의연하게 죽음을 맞이하는 당당한 패장의 모습이다.

이 시에서 나타난 또 다른 이미지는, 최후까지 정치적 목표에 집착하는 한 혁명가의 모습이 아니라, 마지막 순간에 모든 것을 내려놓고 스스로를 관조하는 한 인간의 모습이다.

6) 정도전의 집터

서울 종로구 수송동 147 종로구청 정문 앞에 삼봉 정도전의 집터를 알리는 푯돌이 서 있다. 조선 후기 편찬된 『한경지략』에서 "정도전의 집이 수진방(수송동)에 있었는데 지금 중학(中學)이 자리 잡은 서당 터는 정도전가의 서당 자리요, 지금 제용감 터는 정도전가의 안채 자리요, 사복시는 정

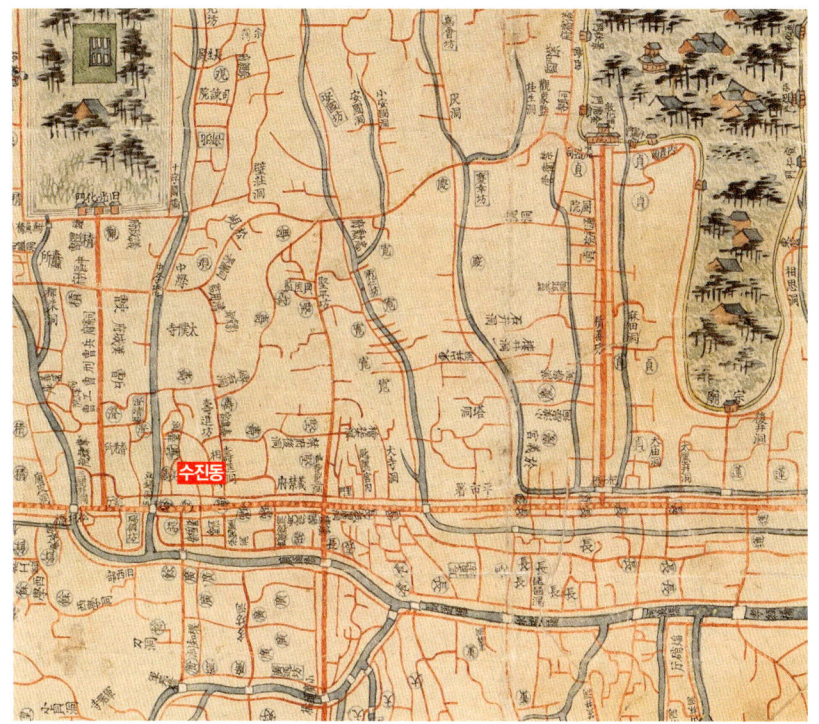

[정도전이 오래 살겠다고 수진방이라고 함]

[정도전 집터비]

제1장 조선의 건국과 치열한 왕위쟁탈전

[정도전의 집터, 현재는 종로구청 이마빌딩 일본대사관이 있는 곳이다. 안 동립 촬영]

도전가의 마구간 자리인데 모두 풍수설에 맞춰 지은 것이다"라고 소개한 바로 그 집터이다.

태조가 "유학도 으뜸이요 공적도 으뜸이다"라는 어필을 내린 개국 일등 공신 정도전의 옛집은 종로구청·종로소방서·서울지방국세청·석탄회관·이마(利馬)빌딩에 걸친 드넓은 지역이었다. 1395년(태조 4)에 개경에서 한양으로 이주해 온 관리들에게 땅을 나눠준 기준을 보면 정1품은 35부(負)를 받았습니다. 부수를 오늘날 ㎡로 환산하면 4929.05㎡(1,493평)쯤 된다. 정도전은 약 1,500평의 땅을 하사 받았던 것이다.

그러나 삼봉의 비참한 최후 이후 고대광실도 잘게 쪼개졌다. 서당은 중학당이 되었다가 일제강점기 수송초등학교를 거쳐 종로구청이 들어서 있다. 마구간은 궁중 마구간 사복시가 되었다가 경찰기마대를 거쳐 이마빌딩

이 들어섰다. 안채는 제용감에서 불교관리기구인 사찰관리서, 황성신문 사옥, 농상공학교, 수진측량학교 등 수많은 기관과 단체가 거쳐 갔다.

태종은 신덕왕후의 능인 정릉의 병풍석을 헐어 청계천 광통교 아래에 깔아 사람들이 밟고 다니게 했듯이 만고역적 삼봉의 집도 말발굽이 짓밟게 했다.

'풍수설에 맞춰 지었다'는 표현을 눈여겨볼 필요가 있다. 정도전은 이른바 풍수명당이라 일컬어지는 집터를 고르고, 땅이름을 지었다. 한성부 중부 8방 중 '수진방'(壽進坊)이라는 지명은 '장수하는 동네'라는 뜻이다.

2. 한양은 계획된 도시였다

1) 한양 계획도의 완성

태조 이성계는 개성에서 조선을 건국했지만 도읍을 옮기려고 하였다. 예로부터 왕조(王朝)가 바뀌고 천명(天命)을 받는 군주는 반드시 도읍을 옮기게 마련이었기 때문이다. 처음에는 계룡산(鷄龍山)을 새 도읍지로 정하고 공사를 진행하였다. 그런데 경기도 관찰사(京畿道觀察使) 하륜(河崙)이 "도읍은 마땅히 나라의 중앙에 있어야 될 것인데, 계룡산은 남쪽에 치우쳐 있습니다."고 건의하였다. 도읍은 중앙에 위치하고 조운(漕運)에 편리한 곳이어야 한다는 주장이었다.

이성계는 이러한 건의를 받아들여 계룡산 공사를 중단시키고 새로운 도읍지로 한양을 선정하였다. 이성계는 권중화와 정도전 등을 한양에 보내어 종묘·사직·궁궐·시장·도로의 터를 정하게 하였다. 권중화 등은 고려 숙종 때에 경영했던 궁궐 옛터가 너무 좁았으므로 그 남쪽에 백악산을 주맥으로 하고 임좌병향(壬座丙向)으로 평탄하고 넓으며, 여러 산맥이 굽어들어와서 지세가 좋은 곳을 새로운 궁궐터로 정하고, 그 동편 2리쯤 되는 곳에 종묘의 터를 정하여 도성의 기본계획을 잡고 이를 지도에 그려 왕에게 바치었다.

2) 전조후시(前朝後市)

중국은 평야지대가 많기 때문에 궁궐을 정하는데도 어려움이 없었다. 왕궁을 정하고 그 앞쪽에 관청을 배치하고 궁궐의 후면에 시장을 개설하는 도시 계획이었다. 그러나 우리나라는 궁궐이 산을 의지하고 있어서 궁궐 앞쪽에 관청을 배치하는 것은 문제가 없지만 궁궐 뒤쪽에 시장을 개설할 수 없어서 궁궐의 좌측 시내에 저자거리를 형성하였다.

경복궁의 정문(正門)은 광화문(光化門)인데 문 좌우에 관청을 배치하였다. 광화문 좌측에는 의정부, 이조, 한성부, 호조가 배치되고 우측에는 예조, 중추원, 사헌부, 병조, 형조, 공조 순으로 배열되어 있었다. 이곳을 6조 거리라고 불렀다.

육조(六曹)의 직무 분담(職務分擔)과 소속(所屬) 기관을 살펴보면 다음과 같다.

이조(吏曹)는 문선(文選)·훈봉(勳封)·고과(考課)의 정사(政事)를 맡아 덕행(德行)·재용(才用)·노효(勞效) 등으로써 그 우열(優劣)을 비교하여 그 유임(留任)과 방출(放黜)을 정하고, 주의(注擬) 등의 일을 하는데, 그 소속 관청이 셋인데, 첫째는 문선사(文選司), 둘째는 고훈사(考勳司), 셋째는 고공사(考功司)이다.

병조(兵曹)는 무선(武選)·부위(府衛)·조건(調遣)·직방(職方)·병갑(兵甲)·출정(出征)·고첩(告捷)·강무(講武) 등의 일을 맡는데, 그 소속 관청이 셋이 있으니, 첫째는 무선사(武選司), 둘째는 승여사(乘輿司), 셋째는 무비사(武備司)이다.

호조(戶曹)는 호구(戶口)·전토(田土)·전곡(錢穀)·식화(食貨) 등의 정사(政事)와 공부 차등(貢賦差等)의 일을 맡는데, 그 소속 관청이 셋인데, 첫째는 판적사(版籍司), 둘째는 회계사(會計司), 셋째는 급전사(給田司)이다.

형조(刑曹)는 율령(律令)·형법(刑法)·도예(徒隸)·안핵(案覈)·언금(讞禁)·심복(審覆)·서설(敍雪) 등의 일을 맡고, 그 소속 관청이 셋이 있으니, 첫째는 고율사(考律司), 둘째는 장금사(掌禁司), 셋째는 도관사(都官司)이다.

예조(禮曹)는 예악(禮樂)·제사(祭祀)·연향(燕享)·공거(貢擧)·복축(卜祝) 등의 일을 맡고, 그 소속 관청이 셋인데, 첫째는 계제사(稽制司), 둘째는 전향사(典享司), 셋째는 전객사(典客司)이다.

공조는 산택(山澤)·공장(工匠)·토목(土木)·영선(營繕)·둔전(屯田)·염장(鹽場)·도야(陶冶) 등의 일을 맡고, 그 소속 관청이 셋이 있으니 첫째는 영조사(營造司), 둘째는 공치사(攻治司), 셋째는 산택사(山澤司)이다.

후시(後市)는 시전(市廛)이라고 불렀는데 종로 쪽에 육의전(六矣廛)을 비롯한 시전이 배열되어 있었다. 1399년(정종 1)에 종루(鐘樓)를 중심으로 공랑(公廊)이라는 상설점포를 건설하여 무질서하게 벌려졌던 시장시설을 정리하고 시장상인을 이곳에 수용함으로서 상가의 발전과 도성의 번영을 도모하고자 하였다.

종루(鍾樓)는 도성 중앙에 있었다. 2층으로 되어 있었고, 누 위에 종을 달아서 새벽을 알리는 것을 파루(罷漏)라고 하였는데 오경삼점(五更三點)에

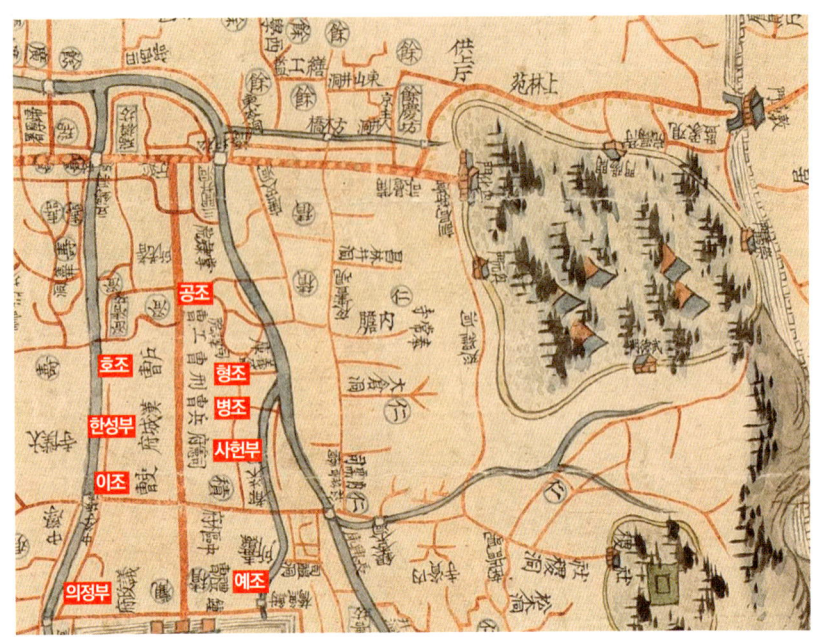

[6조 거리, 광화문에서 남산 쪽을 바라볼 때 의정부 이조, 한성부, 호조, 기로소가 배치되어 있고, 우측에 예조, 중추부, 사헌부, 병조, 형조, 공조, 장예원이 배치됨. 서울대 규장각 한국학연구원 소장]

[광화문 거리, 안 동립 촬영]

쇠북을 33번 쳐서 알렸다. 밤에 통행을 금하기 위하여 종을 쳤는데, 매일 밤 10시경에 28번을 쳐서 알렸는데 이를 인정(人定)이라고 불렀다.

시전 건설이 본격화되기는 1405년(태종 5)에 한성에 재천도하고도 7년이 지난 1412년(태종 12) 2월부터의 일이며 동왕 14년 7월까지의 2년 반 동안 4차에 걸친 공사 끝에 혜정교에서 종묘 앞까지 2,500여 간의 상설 점포를 건설하였다. 이렇게 해서 시작된 공랑상인은 이른바 정부에 의하여 공인된 상인 즉 시전(市廛)으로서 조선왕조 500년을 통해 서울 상업의 중추를 이루었다.

조선시대의 시전제도는 원칙적으로 일물일전(一物一廛) 제도였으며 쌀·어물·과실 등 일반의 수요가 많아서 성격상 일물일전이 곤란한 것은 예외로서 수개 점포가 공인되었으나 사실상 모든 상품은 평시서(平市署)에 등록된 시전에 의해 독점매매 되었다.

어떤 시전이 그 점포에 허용되지 않은 상품을 매매한다거나 공인시전이 아닌 사전(私廛)이 공인시전에만 허용된 상품을 판매하는 경우를 난전(亂廛)이라 하여 이를 금하고 엄중히 처벌하였다. 그리고 육의전을 비롯한 시전은 국역부담의 대가로 난전을 단속하고 체형을 가하도록 요구하는 권리 즉 이른바 금난전권(禁亂廛權)을 행사하는 특권이 부여되었다.

3) 육의전의 명칭과 역할

가) 선전(縇廛): 전의감동 입구에 동서로 위치하여, 중국에서 수입한 비단인 공단·대단·일광단·월광단 등 호사스런 비단 등을 판매하며 속칭 입전, 또는 선전이라고도 하였다.

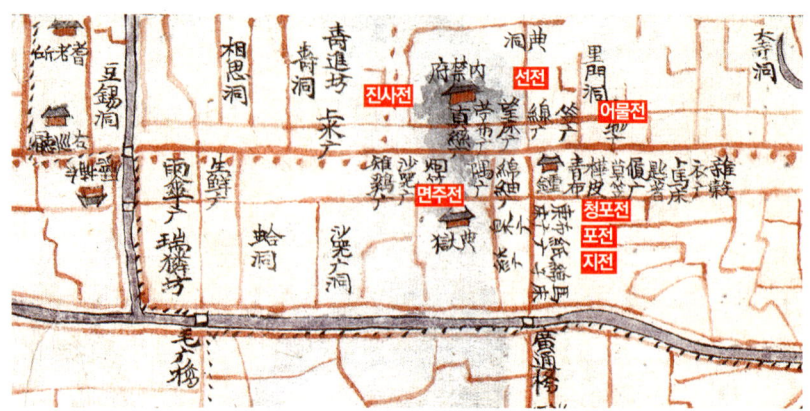

[육의전(청구도), 종루 위쪽에 저포전, 선전, 어물전이 있고, 종루 옆에 면주전과 청포전이 있으며 종루 아래쪽에 포전, 지전, 면자전이 있다.]

- 나) 면포전(綿布廛): 종루로 서쪽에 있으며 면직물 등을 판매하는데 은도 아울러 팔았기 때문에 은목전·백목전이라고 하였다.
- 다) 내어물전(內魚物廛): 이문(里門) 동서에 있으며 각종 건어물을 팔았다.
- 라) 외어물전(外魚物廛): 소의문 밖에 있으며 각종 건어물을 팔았다.
- 마) 지전(紙廛): 지전은 두 곳에 있었는데 동전(東廛)은 포전 남쪽에 있었고, 서전(西廛)은 면포전 남쪽에 있었으며 각종의 종이를 팔았다.
- 바) 저포전(苧布廛): 진사전 동쪽에 있었으며 모시·삼베 등 마직물을 팔았다.
- 사) 포전(布廛): 면포전 건너편에 있었으며 삼베 등 마직물을 팔았다.
- 아) 청포전(靑布廛): 종루 동쪽에 있었으며 중국의 삼승포와 양모·모자 등을 팔았다.

육의전이라고 하면 6개의 상점을 지칭하지만, 청포전 어물전 등이 늘어나면서 8개의 점포를 통상 육의전이라고 불렀다.

4) 시전은 종로에 배치되었다.

(1) 연초전(煙草廛): 하양교(河良橋) 남쪽에 있었으며 담배 등을 팔았고 속칭 절초전이라고 불렀다.

(2) 생선전(生鮮廛): 허병문 동남쪽에 있었으며 각종 생선을 팔았다.

(3) 미전(米廛): 각종 곡식을 팔았는데 5개 처가 있었다. 상미전은 의금부 서쪽에 있었고 하미전은 이현에 있었고, 문외미전은 소의문밖에 있었으며 그 외에 서강미전과 마포미전도 있었다.

(4) 잡곡전(雜穀廛): 철물교 서변에 남북으로 있었다.

(5) 유기전(鍮器廛): 내어물전 서행랑 뒤쪽에 있었으며 각종의 유기그릇을 팔았는데 혹은 발리전(鉢里廛)이라고도 하였다.

(6) 은국전(銀麴廛): 전의감 동구의 동쪽에 있었으며 술을 빚는 누룩을 팔았는데 누룩 색갈이 흰빛이므로 은국이라고 했다.

(7) 의전(衣廛): 잡곡전 서쪽에 있었으며 남녀가 입는 의복을 팔았다.

(8) 면자전(綿子廛): 광통교 북변에 동서로 있었으며 씨를 뺀 목화를 팔았으므로 면화전이라고도 하였다.

(9) 이전(履廛): 청포전 동쪽에 있었으며 각종의 가죽신을 팔았는데 유정혜(油釘鞋)는 종루에서만 매매하였다.

(10) 화피전(樺皮廛): 동상전 동쪽에 있었으며 각종의 채색 과일이나 또는 중국과실 등을 팔았는데 상품을 화피에 싸기 때문에 화피전이라고 불렀다.

(11) 인석전(茵席廛): 수진동구 서쪽에 있었으며 용수석(龍鬚席)이란 돗자리나 안식(案息) 등을 팔았다.

(12) 진사전(眞絲廛): 의금부 문밖 동쪽에 있었으며 각종 중국 실이나 갓끈, 띠 등을 팔았다.

(13) 청밀전(淸蜜廛): 하피마병문 동쪽 이현에 있었으며 꿀 등을 팔았는데 꿀을 속칭 청(淸)이라고 하였다.

(14) 경염전(京鹽廛): 숭례문 밖에 있었으며 서해에서 구운 소금을 판매하였다.

(15) 체고전(髢䯻廛): 내전은 광통교에 외전은 서소문밖에 있었으며 부인이 수식용으로 쓰는 빗 등을 팔았다. 속칭 월자전이다.

(16) 장목전(長木廛): 이현에 있었으며 가옥용 재목을 팔았다.

(17) 연죽전(煙竹廛): 군기시 앞에 있었으며 담배 대나 재떨이 등을 팔았다.

(18) 시저전(匙箸廛): 내전은 종가의 이전(履廛) 동쪽에 있었고, 외전은 서소문 밖에 있었는데 놋수저 등을 팔았다.

(19) 철물전(鐵物廛): 각처에 있었는데 각종 철물을 팔았다.

(20) 마전(馬廛): 동대문 쪽에 있었으며 말을 매매하였다.

(21) 과전(果廛): 각종 과실을 판매하였으며 처음에는 요로의 모퉁이마다 설치하였기 때문에 우전(隅廛)이라고도 하고 모전(毛廛)이라고도 한다. 큰 상점은 6곳인데 송현, 정동, 전의감동, 문외상하전이 있었다.

(22) 채소전(菜蔬廛): 각종 채소를 판매하였으며 종루와 칠패에 있었고 동대문 밖의 전곶평의 무나물, 동대문내의 훈련원 밭의 배추, 남

대문밖 청파동의 미나리 등이 유명하였다.

(23) 세물전(貰物廛): 혼례나 장사 지낼 때 그에 필요한 도구 등을 불과 10전에 빌려주는 점포로 도성 각처에 있었다.

(24) 좌반전(佐飯廛): 반찬전이라고도 하며 젓갈이나 장아찌 등을 파는 곳으로 생선좌반전, 상미좌반전, 내어물좌반전, 외어물좌반전 등의 4곳이 있었다.

(25) 칠목기전(漆木器廛): 각종 칠목기와 장롱 등을 팔았다. 장롱은 삼사 층이어야 하는데 무늬목으로 만들며 또는 색종이로 바르기도 하였으며 광통교에 있었다.

(26) 자기전(磁器廛): 각종 자기 등을 매매하였으며 종가나 남대문 밖에 있었다. 또 세기전(貰器廛)이 있었는데 이곳에서는 잔치용이나 혼인용 그릇들을 빌려주는 곳인데 종가에 있었다.

(27) 등전(鐙廛): 말안장에 필요한 여러 기구 등을 파는 곳으로 마상전이라고도 하며 광통교에 있었다.

(28) 혜저전(鞋底廛): 가죽 신발의 밑창을 파는 곳으로 창전(昌廛)이라고도 하며 입전동에 있었다.

(29) 승혜전(繩鞋廛): 삼으로 삼은 미투리나, 짚신 등을 파는 곳으로 각처에 있었다.

(30) 전족전(箭鏃廛): 각종의 화살촉을 파는 곳으로 동대문 쪽에 있었다.

(31) 현방(懸房): 쇠고기를 도살하여 파는 곳으로 고기를 걸어 놓고 팔기 때문에 현방이라고 하였다. 성내·외에 23처가 있었는데 중부에는 하양교, 이전, 승내동, 향교동, 수표교이며 동부는 광례교, 이

『표』首善總圖의 市廛 위치

```
              上 眞 苧 線 笠 魚 雜
              米 絲 布 廛 廛 物 穀
─────────────────────────────────
雨 生 雉 沙 壽 烟 果 綿 望 靑 樺 草 履 匙 衣 卜 鐵 鐵 布 長 魚 鹽 下 雉 淸 生 繩
傘 鮮 鷄 器 床 竹 實 紬 床 布 皮 笠 廛 著 廛 馬 物 床 木 物 床 米 鷄 蜜 鮮 鞋
                              |              床
                              |東床
                              |布廛
                              |紙廛
                              |棉子廛
                              |馬床
                              |漆器廛
```

[수선총도의 시전 위치]

교, 왕십리이고, 남부는 광통교, 저동, 호현동, 의금부이고, 서부는 태평관, 소의문밖, 정릉동, 허병문, 야주현, 육조전, 마포이며, 북부는 의정부, 수진방, 안국방 등인데 이곳에 고기를 공급하는 것은 성균관의 반촌에서 담당하였다.

(32) 생치전(生雉廛): 생선전 병문에 있었으며 꿩고기를 팔았다.

(33) 계전(鷄廛): 닭을 파는 곳으로 광통교에 있었고 그 옆에 계란전이 있었다.

(34) 침자전(針子廛): 은침이나 대소 상침(常針) 등을 팔았다.

(35) 분전(粉廛): 분이나 연지 색실 등을 파는 곳으로 방물전(方物廛)이라고도 한다. 혹은 여상인들이 돌아다니며 팔거나 좌판을 벌리고 팔았다.

(36) 상전(床廛): 가죽이나 말총, 꿀 찌꺼기, 실, 서책, 휴지 등의 잡물을

상위에 벌려놓고 팔기 때문에 상전이라고 하였으며 도성 안에 93개소가 있었다.

5) 좌묘우사(左廟右社)

종묘는 보통 종묘사직(宗廟社稷)이라고 말할 정도로 조선시대의 가장 중요한 제도로, 성리학적인 이상 사회를 건설하려는 조선의 정신과 문화를 가장 상징적으로 표현한 제도이다. 종묘(宗廟)는 중부 정선방(貞善坊)과 동부 연화방(蓮花坊) 중앙에 있었다.

종묘를 구성하고 있는 정전, 영녕전, 공신당, 칠사당의 내용과 의미를 살펴보면 알 수 있다.

정전은 가묘(家廟)처럼 시조인 태조와 4대 조상을 모시도록 되어 있다. 그러나 중국에서 주대(周代)의 이상 사회를 이룬 문왕(文王)과 무왕(武王)을 세실로 모셔 영원히 옮기지 않은 것을 본받아, 이상 사회를 이룬 임금을 영원히 옮기지 않고 세실로 모시었다. 즉 종묘에 모신 왕이 4대가 지나서 옮길 때가 되면 이상 사회를 이룬 공적의 유무를 판단하여 공적이 있으면 세실로 모시고 계속 제사를 지냈다.

그러나 조선후기에 이르러 4대가 지나기 전에 이상 사회를 이룬 공적이 있는가를 판단하여 미리 세실로 정하는 제도가 행해졌다. 효종(孝宗)의 경우, 4대가 지나기도 전에 중국에서도 미처 이루지 못한 성인의 공덕을 가진 왕으로 추앙되어 숙종 대에 미리 세실로 정해졌다. 조선전기에 4대가 지나서 조천을 논의하는 과정에서 정해지던 세실 제도가 조선후기에는 공덕을 평가해서 4대가 지나기도 전에 미리 세실로 정해지는 제도로

변했던 것이다.

이에 따라 효종, 숙종, 영조 등의 성군(聖君)이 잇달아 나왔다. 이후 세도정치 시기에는 본질은 변질되고 형식만 남아 순조처럼 성군이 아닌 경우에도 미리 세실로 정해지기도 하였다. 현재 19실(室)에 19위의 왕과 30위의 왕후의 신주가 모셔져 있다.

영녕전은 1421년(세종 3)에 태조의 선대 4조인 목조(穆祖), 익조(翼祖), 도조(度祖), 환조(桓祖) 및 종묘의 정전에 봉안되지 않은 조선 역대 왕과 그 비(妃)의 신위(神位)를 모시고자 세웠다. 영녕전의 정전에는 목조·익조·도조·환조를 모시었고, 익실에는 종묘 정전에 모셨다가 4대가 지나서 옮겨야 하는 왕들을 모시었다. 현재 정전에서 조천된 15위의 왕과 17위의 왕후, 의민황태자(懿愍皇太子)의 신주가 16실에 모셔져 있다.

공신당(功臣堂)은 중국의 이윤(伊尹)이나 주공(周公)처럼 임금을 도와서 이상 사회를 건설한 신하들을 배향(配享)하는 곳이다. 세종대의 황희(黃喜)·허조(許稠) 등의 정승, 선조대의 퇴계 이황(李滉)·율곡 이이(李珥) 같은 학자, 효종대의 청음 김상헌(金尙憲)·우암 송시열(宋時烈) 같은 명신(名臣) 등 나라에 충성한 신하의 신주 83위가 모셔져 있다.

칠사당(七祀堂)은 『예기(禮記)』에 근거하여 왕이 신하와 백성을 위하여 크고 작은 계절의 일곱 소신(小神)의 위패를 모시고 제사 지내던 사당이다. 인간 생활의 여러 가지 일들을 사찰하고 처벌하는 신을 모신 곳이다. 봄의 사명(司命) 즉 사람의 선악에 따라 응보한 신과 출입을 주관한 신인 호(戶), 여름의 조(竈) 즉 음식의 일을 주관한 신, 가을의 문(門) 즉 문의 출입을 주관한 신과 후사가 없는 제후의 신인 여(厲), 겨울의 행(行) 즉 도로를 주관

[사직단, 서울대 규장각 한국학 연구원 소장]

[종묘, 서울대 규장각 한국학 연구원 소장]

[사직단, 안 동립 촬영]

[종묘, 조선왕조 역대 임금의 신위(神位)를 모신 곳, 문화재청 제공]

한 신에 제사 지내고, 계하(季夏) 즉 6월의 토왕일(土旺日)에는 별도로 당이나 실의 거처를 주관한 신인 중류(中霤)에 제사 지낸다.

사직(社稷)은 사(社)는 토지신(土地神), 직(稷)은 곡신(穀神)을 상징한다. 옛날부터 중국의 천자나 제후 또는 우리나라의 왕이 나라를 세워 백성을 다스릴 때는 사직단(社稷壇)을 만들어 국가의 태평과 백성들의 평안을 기원하는 제사를 지내왔다.

사직(社稷)은 고대 중국과 그 제도를 모방한 주변의 왕조에서 군주가 토지의 신인 사(社)에게 제사지내는 제단과, 곡식의 신인 직(稷)을 제사지내기 위해 만든 단을 함께 어우르는 말이다. 하늘의 신에게 제사지내는 천단(天壇)·땅의 신에게 제사지내는 지단(地壇)이나 왕실의 조상신에게 제사지내는 종묘(宗廟) 등과 함께 고대 중국의 국가 제사의 중추를 이루었으며, 후대에는 종묘와 함께 국가 그 자체를 의미하는 것으로 단어의 의미가 바뀌었다.

1394년에 경복궁 서쪽의 인달방(仁達坊)으로 사직의 터를 정하여 1395년부터 공사를 시작했다. 기본 형식이나 제례 방식에서 큰 틀은 고려에서 쓰던 것을 그대로 이어받아 사용하였다. 중춘(仲春)·중추(仲秋)·납일이 되면 대향사(大享祀), 정월에는 기곡제(祈穀祭), 가뭄에는 기우제(祈雨祭)를 각각 행했고, 1426년(세종 8)에는 사직단 바깥의 북쪽에 사직서(社稷署)를 세워 사직단을 관리했다.

6) 한양의 도로망

한양의 도로망을 붉은 선으로 정확히 표시하였는데 대로는 굵게, 중로는 중간선으로, 소로는 가는 선으로 구분하여 표시하였다. 조선시대 도로의 폭은 대로는 마차가 7대가 다닐 수 있는 7궤였고(17.78m), 중로는 5궤(12.7m)에서 3궤이며, 소로는 1궤(2.54m)였는데, 1궤의 폭은 마차 한 대가 다닐 수 있는 2.54m이다. 6조 거리는 7궤였고, 종로는 5궤였으면 다른 중로는 3궤였고 소로는 1궤였다.

7) 조선 건국 초에 한양 분배 토지

조선은 개경에 살던 사람들을 대거 이주시키면서 서울의 토지를 나눠 줬다. 1395년(태조 4)에 땅을 나눠준 기준을 보면 정1품은 35부(負)를 받았다. 부수를 오늘날 ㎡로 환산하면 4,929.05㎡(1,493평)쯤 된다. 정2품은 30부(1,280평), 정3품은 25부(1,066평), 이렇게 한품에 5부씩 차등을 두어 지급했다. 7품 이하부터는 한 품에 2부씩 내렸고 서민은 2부(85평)를 받았다.

지금 기준으로 보면 넓다고 생각할 수 있지만, 당시 건폐율을 조사한 연구에 따르면 10% 초반에서 30% 정도였기 때문에 실제 거주공간은 이보다 훨씬 작았다.

8) 한성부의 부방제도

한성부의 부방제도(部坊制度)는 1394년(태조 3)에 한양으로 천도한 뒤 2년 만에 오부(五部)의 방의 이름을 정하면서 시작되었다.

방의 수는 1428년(세조 10) 윤4월 현재로 성 안 46개, 성 밖 15개로 모두 61개였으며, 명종 때 편찬된 『경국대전주해(經國大典註解)』에는 성안의 방이 49개로 늘어났다. 호구수의 파악과 도적을 잡는 일 등이 임무였으며,

성 밖의 관령은 권농의 임무도 겸하였다.

대정(隊正)·대부(隊副) 등의 서반(西班) 체아직(遞兒職) 다섯이 녹봉의 기회로 할당되었다. 한성부의 각 방에는 많은 현직관리들이 거주하였기 때문에 그들로부터의 위압을 방지하고자 잘못을 범한 것이 있더라도 한성부와 소속 부(部) 외에는 일체 논죄하지 못하도록 하였다.

5부 49방은 동부 12방, 남부 11방, 서부 8방, 북부 10방, 중부 8방으로 구체적인 방명은 다음과 같다.

동부(東部)는 숭신방(崇信坊)·연화방(蓮花坊)·서운방(瑞雲坊)·덕성방(德成坊)·숭교방(崇敎坊)·연희방(燕喜坊)·관덕방(觀德坊)·천달방(泉達坊)·흥성방(興盛坊)·창선방(彰善坊)·건덕방(建德坊)·인창방(仁昌坊) 등 12방(坊)이었다.

남부(南部)는 광통방(廣通坊)·호현방(好賢坊)·명례방(明禮坊)·대평방(大平坊)·훈도방(薰陶坊)·성명방(誠明坊)·낙선방(樂善坊)·정심방(貞心坊)·명철방(明哲坊)·성신방(誠身坊)·예성방(禮成坊) 등 11방(坊)이었다.

서부(西部)는 인달방(仁達坊)·적선방(積善坊)·여경방(餘慶坊)·황화방(皇華坊)·양생방(養生坊)·신화방(神化坊)·반석방(盤石坊)·반송방(盤松坊) 등 8방(坊)이었다.

북부(北部)는 광화방(廣化坊)·양덕방(陽德坊)·가회방(嘉會坊)·안국방(安國坊)·관광방(觀光坊)·진장방(鎭長坊)·명통방(明通坊)·준수방(俊秀坊)·순화방(順化坊)·의통방(義通坊) 등 10방(坊)이었다.

중부(中部)는 징청방(澄淸坊)·서린방(瑞麟坊)·수진방(壽進坊)·견평방(堅平坊)·관인방(寬仁坊)·경행방(慶幸坊)·정선방(貞善坊)·장통방(長通坊) 등 8방(坊)이었다.

9) 한성부 행정조목

1407년(태종 7)에 한성부에서 한양 도시 행정에 관한 조목을 올렸다.

첫째 도성(都城) 5부(部)의 각방(各坊)이 전(前)에는 방의 이름(坊名)을 써서 세워 놓았기 때문에 구별하여 보게 하였는데, 지금 이것이 모두 퇴락(頹落)하였으니, 방(坊)의 이름·다리(橋)의 이름·거리(街)의 이름을 다시 세우도록 한다.

둘째 한양 성내의 각 길도 본래는 모두 평평하고 곧아서 가마의 출입(出入)을 편리하게 하였었는데, 지금 무식(無識)한 사람들이 자기의 집터를 넓히려고 하여 길을 침입해 들어와 울타리를 넓혔기 때문에 길이 좁고 구불구불해졌으며, 혹은 툭 튀어나오게 집을 짓고, 심한 자는 길을 막아서 다니기에 불편하고, 화기(火氣)가 두려우니 도로(道路)를 다시 살펴보아서 전과 같이 닦아 넓혀야 된다.

셋째 이미 토지(土地)를 받아 집을 짓고 사는 자가 또 친족(親族)의 이름으로 속여서 다시 집터를 받아, 채소와 삼(麻)을 심는 자가 있으니, 이를 조사하여 다른 사람이 진고(陳告)하는 것을 허락하여 집을 짓게 한다.

넷째 신도(新都)의 집들이 모두 띠(茅)로 덮었고, 민가(民家)가 조밀하여 화재가 두려우니, 각방(各坊)에 한 관령(管領)마다 물독(水甕) 두 곳을 설치하여 화재에 대비한다.

다섯째 길 옆의 각 호(各戶)는 모두 나무를 심게 하고, 냇가의 각 호는 각각 두 양안(兩岸)에 제방(堤防)을 쌓고 나무를 심게 한다.

여섯째 각부(各部)의 관령(管領)은 여섯 달 만에 서로 교대하여 관할 안의 불효(不孝)·불제(不悌)한 자, 술을 마시고 서로 싸우는 자, 이웃과 화목하지 못한 자를 항상 고찰(考察)하여 부(部)에 보고하여 처벌한다.

10) 궁궐 화재로 인한 금화조건(禁火條件)

1423년(세종 5)에 병조에서 화재로 인해 금화 조건을 건의하였다.

가) 구화(救火)하는 사다리(梯子)및 저수기(貯水器)·급수구(汲水具)는 공조(工曹)로 하여금 적당하게 만들어 궐내의 각처에 적당한 곳에 두고 저수(貯水)하여, 번(番)을 든 사약(司鑰)으로 하여금 주관하게 하여 뜻하지 않은 근심을 대비하고, 급수인은 형조(刑曹)로 하여금 정하게 할 것이며,

나) 만일 궐내에서 화재가 발생하면, 장루자(掌漏者)는 불을 끌 때까지 종(鍾)을 칠 것이며, 입직별감(入直別監)·소친시(小親侍)·방패(防牌)·근장(近仗)·사옹(司饔)·각색장(各色掌)·내시(內侍)·다방(茶房)·행수(行首)·견룡(牽龍) 들은 불을 끄며, 그 밖의 군사(軍士)들은 직소(直所)를 떠나지 아니하고 각기 그들의 소임을 지킬 것이며, 굳게 각 문(門)을 지키고 승명(承命)하는 자 외에는 출입을 허락하지 아니할 것이요,

다) 출번 갑사(出番甲士)·방패(防牌)는 각기 본아(本衙)에서 내금(內禁)·내시위(內侍衛)·충의(忠義)·별시위(別侍衛)에서 각각 군사 5명, 근장(近仗)은 중군영(中軍營)·섭대장(攝隊長)·대부(隊副), 보충군(補充軍)은 월차소(月差所), 군기감(軍器監)은 별군(別軍)·약장(藥匠), 의금부(義禁府)는 도부외 백호(都府外百戶), 사복시(司僕寺)의 여러 인원들은 각기 그 조방(朝房)에서 종소리를 듣는 대로 선후로 모여서 명령을 기다릴 것이며,

라) 의정부(議政府)·이성 제군부(異姓諸君府)·돈녕부(敦寧府)·제조(諸曹)·삼군도총제부(三軍都摠制府)·한성부(漢城府) 및 각사(各司)의 성중애마(成衆愛馬)는 각기 그들의 조방에서 달려와 명령을 기다릴 것이요,

마) 출번내시부(出番內侍府)·별감(別監)·소친시(小親侍)는 모두 궐문 밖에 나와 대령(待令)하고,

바) 만일 경복궁(景福宮)에 화재가 났을 때에는 궁록관(宮祿官)이 대언사(代言司)에게 달려가서 고한다. 화재가 처음 발생할 때에, 그 궁에 입직하던 조라치(照剌赤)는 불을 다 끌 때까지 종(鍾)을 친다. 예정(豫定)된 사람은 바로 들어와 불을 끄는데, 시좌소(時座所)에 입직(入直)하던 대소인원들도 이에 한하지 않는다.

사) 수강궁(壽康宮)에 화재가 났을 때에는, 궁에 입직(入直)하던 속고치(速古赤) 한 사람이 예궐(詣闕)하여 들어가 계(啓)하고, 입번(入番)하던 진무(鎭撫)는 대언사(代言司)에 달려가 고한다. 화재가 처음 났을 때에 그 곳 사령(使令)으로 하여금 누문(樓門)에 있는 북을 치게 하고, 입직(入直)하던 속고치(速古赤)·별감(別監)·소친시(小親侍)·사옹(司饔)·각색장(各色掌)·방패(防牌)·사복(司僕)의 여러 인원들은 불을 끄게 하고, 그 나머지 입직하던 군사(軍士)는 또한 위항에 의하여 시행한다.

아) 경복궁(景福宮)의 진화 담당은, 중부(中部)는 수진방(壽進坊)·징청방(澄淸坊)·관광방(觀光坊)·순화방(順化坊)·의통방(義通坊)이요, 서부(西部)는 적선방(積善坊)이요, 창덕궁(昌德宮)의 진화 담당은, 북부(北部)는 양덕방(陽德坊)·광화방(廣化坊)이며, 중부(中部)는 정선방

(貞善坊)·경행방(慶幸坊)이요, 수강궁(壽康宮)의 진화 담당은, 동부(東部)는 연화방(蓮花坊)·서운방(瑞雲坊)·덕성방(德成坊)·연희방(燕喜坊)에서 관령(管領)하는데, 종소리를 듣자 바로 각 호(戶)의 남녀를 거느리고 각기 급수하는 기구를 가지고 궐문 밖이나 각 궁문 밖에 달려와 모여서 대령하고,

자) 경복궁(景福宮)·수강궁(壽康宮)에서는 의정부(議政府) 이하 각사(各司) 외의 위항에서 말한 몸으로 친히 불을 끌만한 사람은 모두 궁문 밖에 나아가 대령하고,

차) 출번 별감(出番別監)·소친시(小親侍)는 사알(司謁)·사약(司鑰)이 관장하고, 갑사(甲士)·방패(防牌)·근장(近仗)·별군(別軍)·약장(藥匠)·도부외 백호(都府外百戶)·섭대장(攝隊長)·대부(隊副)·보충군(補充軍)·사복시(司僕寺)의 여러 인원은 병조 진무(兵曹鎭撫)가 관장하고, 방리(坊里)의 사람은 한성부(漢城府)에서 관장하여, 각자가 고찰(考察)하여 정제(整齊)하게 대령할 것이요,

카) 화세(火勢)가 심하여 부득이 외인이 들어와야 불을 끌 경우이면, 급박한 중에 많은 사람에게 신부(信符)를 나누어 준다는 것은 형편상 어려운 일이니, 신부(信符)를 나누어 주는 것은 제폐하고, 내신(內臣)이 아패(牙牌)를 받아 가지고 나와서 들어오라고 명하면, 각기 정제(整齊)한 사람을 거느리고 바로 들어가 불을 끈다. 경복궁에는 바로 들어가 불을 끄고, 수강궁에는 위항의 예에 의하여 명령을 받은 다음에 불을 끈다.

타) 이어소(移御所)의 불 끄는 것은 한결같이 창덕궁의 예에 의하여 불

을 끄고,

파) 군사(軍士)는 병조 진무소(兵曹鎭撫所)에서, 각사(各司)는 사헌부(司憲府)에서, 방리(坊里) 사람은 한성부(漢城府)에서 왔는지 오지 않았는지를 고찰하도록 하였다.

11) 한양의 인구

한성은 4대문 안과 성저십리까지를 한성부라고 불렀다. 1432년(세종 14)에 편찬된 『세종실록 지리지』에 의하면 오부(五部)의 호수(戶數)는 1만 7천 15호이고 성저십리(城底十里)의 호수는 1천 7백 79호로 도합 1만 8천 7백9십4호였다.

성저십리의 범위는 동쪽은 양주(楊州) 송계원(松溪院) 및 대현(大峴)에 이르고, 서쪽은 양화도(楊花渡) 및 고양(高陽) 덕수원(德水院)까지이고, 남쪽은 한강 및 노도(露渡)까지이었다.

『조선왕조실록』의 인구 통계를 보면 1428년(세종 10)에 한성부의 호구수는 16,912호이고 인구수는 109,372명이라고 기록되어 있다. 1435년(세종 17)에 한성부에서 호구(戶口)를 등록하니, 성(城) 안의 호구가 1만 9천 5백 52호이고 성 밖 10리의 호구가 2천 3백 39호로 도합 2만 1천8백9십1호이었다. 7년 사이에 4,979호가 증가하였다.

한성부의 호구는 2만호가 기준이고 인구는 11만을 기준으로 설계되었음을 짐작할 수 있다. 조선이 건국하고 300년이 지난 1714년(숙종 43)의 호구수는 34,191호 인구수는 238,119명으로 건국 초기보다 배로 증가하였음을 알 수 있다.

3. 신문로(新門路)와 돈의문

　1413년(태종 13)에 풍수가 최양선이 서쪽 대문인 돈의문(敦義門)의 자리가 안 좋다고 주장해 돈의문을 폐쇄했다. 대신 새로 통행할 수 있는 문을 만들어야 했는데 이숙번(李叔蕃)의 집 앞이 좋다는 의견이 나왔다. 그러자 당연히 자기 집 앞이 시끄러워질 것을 꺼린 이숙번이 인덕궁(정종의 사저) 앞 동네에 문을 세우는 것이 좋겠다고 제의하였다. 당시 그의 권세가 대단했으므로 그의 의견에 따라 세운 문이 서전문(西箭門)이었다. 이숙번은 내 집 앞이 조용하자고 상왕 집 앞이 시끄러워도 상관없다는 막무가내였으며, 그럴 정도로 권력이 막강했음을 확인할 수 있다. 태종이 이를 묵과했던 것은 이숙번의 능력과 공훈도 있지만, 자신의 권위를 높이려면 정종의 권위를 낮춰야하는 점도 작용했을 것이다.

　결국 이숙번이 실각하고 1422년(세종 4)에 서전문을 헐어버리고, 오늘날 강북삼성병원 앞 정동 사거리 자리에 새롭게 문을 세운 뒤 이름을 옛날과 같이 돈의문(敦義門)이라 하였다. 그 문이 바로 우리가 아는 그 돈의문이다. 동대문인 흥인문과 서대문인 돈의문은 건국 초에는 일직선상에 있었는데 위와 같이 우여 곡절을 겪으면서 돈의문이 상당히 좌측으로 비껴져서 세워졌다.

　신문로(新門路)는 송기교(松杞橋)로부터 돈의문까지인데, 이 길을 새문 안길이라고 불렀다. 새문안이니 신문로라는 도로명은 금방 생겨난 도로 명 같지만 실제로는 1422년(세종 4)부터 있었던 600년간 사용해 온 지명인 것이다.

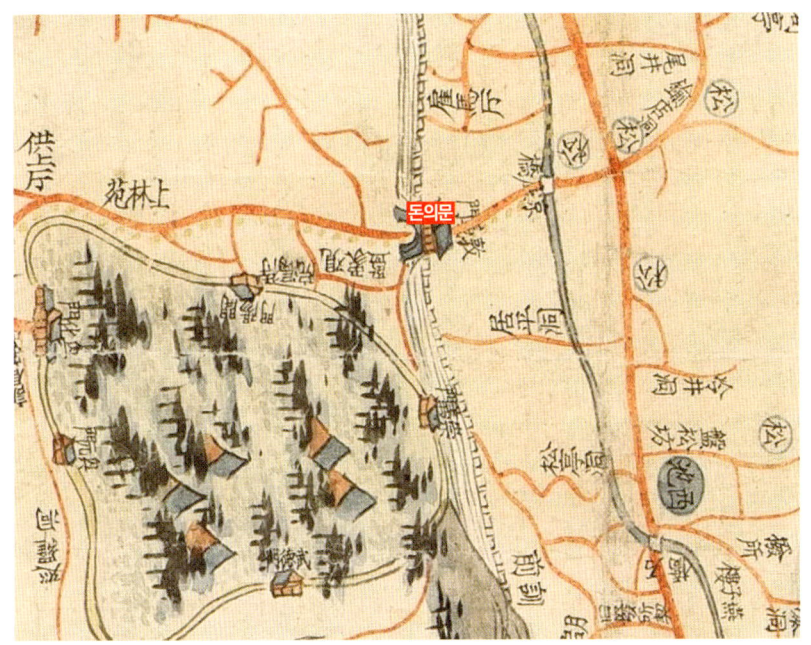

[돈의문과 새문안 거리, 서울대 규장각 한국학 연구원 소장]

[돈의문이 있던 자리, 안 동립 촬영]

4. 이방원과 신덕왕후의 갈등

1) 이성계의 후계자는 어떻게 정해졌나?

조선의 건국과정에서 가장 공이 많은 사람은 이방원이다. 그러나 이성계의 후계자를 선정하는 세자의 책봉 논의과정에서 이방원은 강비(康妃)에 의하여 제외되었다. 신덕왕후인 강비와 정도전 등 개국공신들은 자신들의 세력을 강화하기 위해 강비의 소생이며 막내아들인 방석(芳碩)을 세자로 세웠다. 태조는 처음에는 신의왕후 소생의 아들을 선정하려고 했지만 강비가 이를 통곡하며 막았다고 한다.

태조는 강비를 끔찍이 사랑했다. 태조가 강씨를 만나는 장면은 왕건이 오씨를 만난 것과 비슷한 전설이 있다. 이성계가 황해도 곡산 지역을 지나다가 목이 몹시 말랐다. 이성계는 우물가에서 마침 물을 기르는 아가씨에게 물을 달라고 청하였다. 이때 물을 길던 아가씨는 강씨이었다. 그녀는 물을 한바가지 떠서 그 위에 버들잎을 띄워 이성계에게 주었다. 물을 급하게 마시면 체할 우려가 있기 때문에 버들잎을 띄웠던 것이다. 이성계는 그녀의 섬세한 배려에 감동받았고 마음에 새겨두었다가 뒤에 결혼하게 되었다는 전설이 전한다. 전설이 모두 그렇지만 진위 여부는 알 수 없다.

확실하게 알 수 있는 역사적 사실은 강비의 가문은 고려 말 명문가라는 것이다. 고려 말 이성계가 권력을 잡아가는데 강비의 가문은 막강한 후원세력이 되었다. 강비는 태조에 대한 내조와 애정이 남달랐다. 태조가 새벽 일찍 옷을 입을 때는 강비는 시간을 재가며 늦지 않도록 살폈다. 또 이성계가 정사에 바빠서 늦게 식사하면 강비는 음식이 식지 않도록 품고 있다가 따뜻한 식사를 들게 했다. 태조가 조회를 보는 날에는 강비가 궁빈(宮嬪)을 거느려 배웅하고, 해가 저물면 강비가 궁빈을 거느리고 촛불을 잡고 기다렸다.

태조는 강비의 큰아들인 이방번(李芳蕃)을 유독 총애하여 세자로 세우려고 했다. 태조는 세자 지명문제를 조준(趙浚)·배극렴(裵克廉)·김사형·정도전·남은 등과 의논했다. 그런데 배극렴은 "적장자(嫡長子)로 세자를 세우는 것이 고금을 통한 제일 확실한 기준입니다."고 말했다. 강비가 아닌 신의왕후의 첫째 아들을 세자로 세워야 한다는 것이다. 배극렴이 반대하자 태조는 이번에는 조준에게 물었다. 조준 또한 강비 소생인 이방번을 세자로 세우는 것에 반대했다. 조준은 다음과 같이 말했다. "세상이 태평하면 적장자를 먼저 생각하고, 세상이 어지러우면 공이 있는 이를 먼저 생각합니다. 원컨대, 다시 세 번 생각하소서."

이성계가 이방원을 제쳐놓고 이방석을 세자로 삼고 싶어 하는 내심을 조준은 알고 있었다. 만약 그럴 경우 닥쳐 올 위험한 사태를 예견했기 때문에 조준은 이방원을 의식하고 이와 같이 답변을 했던 것이다.

강비는 이러한 논의를 들었다. 강비는 대성통곡을 했고 울음소리가 먼 밖에까지 들렸다. 신하들은 반대하고 사랑하는 강비는 울고, 태조는 이럴 수도 저럴 수도 없는 난감한 처지에 처했다. 고민하던 태조는 강비의 편을 들어 강비 소생으로 세자를 세우기로 결정했다. 처음에는 이방번이 세자 물망에 올랐으나 대신들이 반대하자 강비의 둘째 아들인 이방석(李芳碩)을 세자로 삼았다.

이런 과정에서 세자 책봉을 받지 못한 이방원은 강비에 대해서 심한 증오와 분노가 쌓여갔다. 급기야 이방원은 제1차 왕자의 난을 일으켜 강비의 소생인 이방번과 이방석을 죽이고 실권을 장악하였다.

2) 정릉을 내 눈앞에 보이는 황토마루에

왕자의 난으로 두 아들이 비참하게 죽자, 강비는 심한 충격 끝에 병을 얻었다. 이득분의 집으로 피병(避病)까지 했지만 5일 만에 그곳에서 죽었다. 강비가 죽자 이성계는 통곡하고 슬퍼하며 온갖 정성을 기울여 강비를 추모했다.

태조가 친히 종암동 등을 찾아다니며 강비의 능 터를 물색하다가 도성 안의 취현방(聚賢坊) 북녘 언덕에 장례하고 정릉(貞陵)이라 불렀다. 황토마루 언덕의 정릉은 현재 광화문에 있는 영국 대사관 자리이며 경복궁에서 빤히 바라다 보이는 곳이다.

태조는 이곳에 원찰인 흥천사(현재 서울시 의회 자리)를 짓고 경순공주를 친히 머리를 깎아 비구니를 만들어 지키게 했고, 신덕왕후의 영정을 만들어 봉안했다. 그리고 틈만 나면 그곳에 거동하여 정릉을 보살폈다. 태조는 흥천사의 종소리를 듣고 나서야 비로소 잠자리에 들었다고 한다.

3) 정릉의 수난

왕자의 난을 계기로 모든 실권은 이방원에게 넘어 갔다. 태조는 퇴위하고 정종이 즉위했다. 그러나 정종은 허수아비 왕에 불과했다. 정종 즉위기간에도 실권은 이방원에게 있었다. 이방원은 정릉에 대한 핍박 조치를 하나하나 추진했다. 이방원은 정릉의 수호군을 1백 명 줄여서 귀향시켜 버렸다.

이방원 자신이 국왕으로 즉위한 후에는 신덕왕후에 대한 복수극은 본격화되었다. 태종은 정릉이 도성 안에 있는데도 묘역이 너무 넓다면서 묘역을 줄이라고 했다. 능에서 1백 보(步) 밖에는 사람들에게 집을 짓도록 허락하였다. 이러자 세력 있는 가문에서 다투어 좋은 땅을 점령했다. 오늘날 시청 옆의 금싸라기 땅이니 누가 탐을 내지 않았겠는가? 좌정승 하륜(河崙)이 여러 사위를 시켜 제일 많이 차지했다.

이러한 조치가 있은 지 한 달 후에 태조가 정릉을 돌아보았다. 태조는 천대받는 정릉을 보고는 눈물을 그칠 줄 모르고 줄줄 흘렸다. 그 때 고관들이 다투어 정릉에서 1백 보 밖에 집터를 점령하고, 소나무를 베어서 집을 짓는 것이 바야흐로 한창이었기 때문이었다.

그나마 태조가 살아있을 때는 다행이었다. 정릉의 수난은 태조가 1408년(태종 8)에 죽은 후 보다 본격화되었다. 태종은 1409년(태종 9) 2월에 신덕왕후 강씨의 능인 정릉을 사을한(沙乙閑: 현재의 정릉동)의 산기슭으로 옮겼다. 이때 태종이 내세운 이유는 두 가지였다. 첫째, 옛 제왕(帝王)의 능묘는 모두 도성 밖에 있는데, 오직 정릉만이 성안에 있는 것은 적당하지 못하다는 것이다. 둘째, 정릉이 중국 사신이 묵는 태평관에서 가깝기 때문에 적당하지 못하다는 것이다.

태종은 정릉을 미아리 부근으로 옮긴 후 조석전(朝夕奠)과 삭망제(朔望祭)를 없애고, 다만 봄·가을에만 2품관(品官)을 보내어 제사 지내도록 격하시켰다. 그리고 옛 정릉의 정자각(丁字閣)이 있던 건물을 헐고 새 건물을 지어서 태평관의 북루로 삼았다. 이 공사에 정릉의 돌을 운반해 쓰고, 정릉

[정릉의 원위치. 현재는 영국 대사관이 자리 잡고 있다. 안 동립 촬영]

[서울시 의회 자리는 정릉의 원찰인 흥천사가 있었던 곳이다. 안 동립 촬영]

봉분의 자취를 없애 사람들이 알아볼 수 없게 했다.

1년 후에는 정릉의 무덤에 둘려져 있던 호석(護石)을 가져다가 광통교의 흙다리(土橋) 대신에 돌다리(石橋)를 만들었다. 태종은 강씨에 대한 사무친 원한을 수많은 사람들이 석교를 밟고 다니게 하여 풀고 싶었는지도 모른다. 광통교는 지금은 광교라고 부르지만 매우 정교하고 아름다운 조선 전기의 대표적 석조물이다.

4) 신덕왕후는 계모도 아니다

태종은 태조의 후궁인 원씨는 성비(誠妃)로 삼고 계모 대우를 했다. 그러나 정비인 신덕왕후는 계모로조차 여기지 않았다. 태종과 유정현(柳廷顯)이 나눈 대화를 보자

> "계모(繼母)란 무엇을 말하는 것인가?"
> "어머니가 죽은 뒤에 이를 계승하는 자를 계모라고 합니다."
> "그렇다면 정릉(貞陵)이 내게 계모가 되는가?"
> "그때에 신의왕후(神懿王后)가 승하하지 않았으니, 어찌 계모라고 할 수 있겠습니까?"
> "정릉(貞陵)이 내게 조금도 은의(恩義)가 없었다. 내가 어머니 집에서 자라났고 장가를 들어서 따로 살았으니, 어찌 은의가 있겠는가? 다만 부왕이 애중(愛重) 하시던 의리를 생각하여 기신(忌晨)의 재제(齋祭)를 어머니와 다름없이 하는 것이다."
> "성비(誠妃)는 내게 계모인가?"
> "계모입니다."
> "그렇다면 성비가 내 궁(宮)에 오면 중궁은 남쪽을 향하고, 성비는 동쪽

[정릉, 안 동립 촬영]

에 있으니, 그 예(禮)가 잘못되었다."

위 대화에서 나타나는 것처럼 태종은 신덕왕후 강씨의 존재를 계모로 조차도 인정하지 않았다.

신덕왕후에 대한 박해는 태종이 죽고 그의 아들인 세종이 즉위한 후에도 계속되었다. 세종은 정릉 제사와 기신제를 나라에서 행함이 마땅하지 않다면서 전세 5결(結)을 주어 강비의 친척이 맡아 지내게 하였다. 능참봉도 수호군도 없었다. 능이 아니라 묘로 격을 떨어뜨렸다. 그리고 정릉의 영정마저 불태웠다. 세종도 정릉에 안장된 신덕왕후가 정실이 아니라 첩이라고 여겼다. 이후에도 정릉은 국가에서 제사도 지내지 않고 돌보지도 않았으므로 잊혀진 무덤이 되었다.

5) 정릉에 세원우(洗怨雨)가 내리다.

이처럼 박해받던 정릉의 전례(典禮)가 거론된 것은 1581년(선조 14)이다. 조정에서는 "효는 계술(繼述)보다 큰 것이 없고 예는 봉선(奉先)보다 중한 것이 없습니다."면서 이 문제를 거론했다. "초창기에는 모든 일이 소략하였고 정릉을 한 번 옮긴 후에는 전례도 미처 거행하지 못하였는데, 이는 본시 그 당시 일을 맡은 자들의 잘못입니다. 후손의 처지에 있어서는 마땅히 서둘러 폐지된 예를 분명히 닦아 우리 선후(先后)를 받들어 모심으로써 깊이 백년의 원한을 씻고 크게 신인(神人)의 원통한 마음을 풀어줘야 할 것입니다."고 주장했다. 그러나 선조는 "오늘날의 신하는 이 시대의 일만을 논할 뿐이다. 이 일은 말할 바가 아니다."고 묵살했다.

이 문제는 다시 1628년(인조 6)에 거론되었다. 경기감사 최명길이 각 능을 살펴 본 후 보고문을 올렸다. "신이 가을 순시 때 여러 능을 두루 배알했는데 정릉 위에 잡초가 상당히 많았습니다. 정릉은 태조 신덕왕후를 장례한 땅이니 각 능에 비기면 더 중요합니다. 그런데 조선 초기부터 참봉을 두지 않고 단지 봉상시의 한 관리에게 담당하게 했으므로, 능에 관한 제반 일이 상당히 격식이 낮아져 왕릉과 같지 않습니다. 먼 옛날 일이어서 오늘날 감히 알 수 있는 바가 아니나, 능 아래에 옛날에는 정자각(丁字閣)이 있었는데 지금은 황폐한 터가 되었으므로 제사를 지낼 적마다 옛터에 장막을 설치합니다. 수호군도 일찍이 있었으나 지금은 한 사람도 없어 나무꾼과 목동이 교대로 침범하여 수목이 자라지 못하니, 실정이나 예로 헤아리

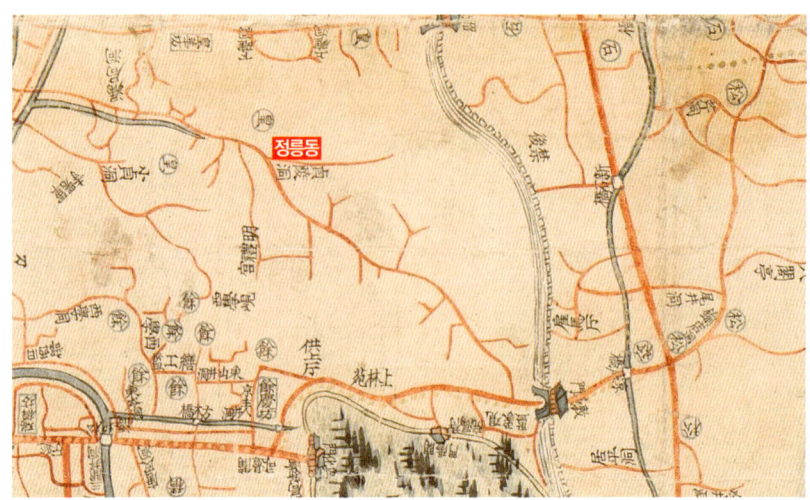

[정릉의 최초 위치, 서울대 규장각 한국학 연구원 소장]

건대 극히 미안합니다. 본 고을로 하여금 전례에 비추어 수호군 약간 명을 차정하여 불이나 벌목을 금하게 해야 합니다. 정자각은 옛터대로 개조해야 합니다."

이 보고문의 건의가 받아들여져 정릉에 수호군을 두어 벌목꾼이 함부로 들어가지 못하게 금지했다.

정릉의 복권은 현종 때 송시열에 의하여 이루어졌다. 송시열은 신덕왕후 능을 보수하고, 아울러 태묘(太廟)에 배향하기를 주장하였다. 신덕왕후가 승하하신 후에 태조께서 그리워하시는 마음이 매우 간절하였는데 능이 보잘 것 없어 제릉(齊陵: 신의왕후 능)보다 못하고 또 태묘에 배향되지도 않아 예율(禮律)에도 어긋난다고 하였다.

현종은 송시열의 건의를 받아들였다. 정릉의 잡목을 베어 단장하고 윤

집과 이준구를 정릉 중건청 당상으로 삼아 정릉의 정자각을 창건하고 정릉의 수호군 40명을 추가 배정하였다. 정릉을 복권하고 제사를 지내던 날이었다. 때는 11월의 겨울인데도 소낙비가 내려 정릉의 골짜기에 가득히 찼다. 백성들은 이 비를 신덕왕후의 "원한을 씻어주는 비"라고 여겨 세원우(洗怨雨)라고 불렀다.

5. 이성계와 망우리

사람들은 평소에도 늘 죽음에 대한 공포를 갖고 있다. 그래서 한해라도 더 살기 위하여 갖가지 노력을 하는데 그 중에 하나가 생전에 수의(壽衣)를 만들면 오래 산다는 속설에 따라 대부분 생전에 수의를 마련한다. 수릉(壽陵)을 마련하는 것도 그런 생각의 일종인지 모르겠다. 수릉이란 수의와 마찬가지로 왕이 자기의 생전에 능 터를 점지하여 마련해 놓는 것이다.

태조 이성계도 즉위 후 얼마 안 되어서부터 수릉에 관심을 갖게 되고 1394년(태조 3)부터는 본격적으로 수릉 터를 물색하게 된다. 그해 11월에 서울 근교의 목사동(木寺洞)에 거둥하여 자기의 능 터를 살펴보았다. 그러나 마땅한 장소를 물색하지 못하고 여러 곳의 정보를 입수하였는데 그 중에 과천에 좋은 묘 터가 있다는 소식을 들었다. 태조는 급한 김에 한강의 얼음이 두껍게 얼지도 않았는데 그 얼음 위를 지나 행차하려고 하였다. 이러한 위험한 행차는 간관(諫官) 장지화(張至和)를 비롯한 신하들의 간곡한 만류로 중지되었다.

한 겨울을 어렵게 지낸 태조는 봄이 되자 신하들을 재촉하여 과천에 거둥하여 수릉 자리를 살펴보았다. 그러나 결과는 신통하지 못하였다. 돌아올 때 도평의사사의 주최로 두모포(豆毛浦) 선상(船上)에서 술상을 차리고 여러 신하들이 차례로 위로의 술잔을 올리었다. 술잔이 한참 돌아 갈 때 정도전이 태조 앞에 나와서 말하기를, "하늘이 임금을 도와 나라를 세웠고, 신하들이 전하의 후한 은총을 입고 있기 때문에 항상 전하께서 천만세 향수(享壽)하시기를 바라고 있는데, 오늘날 능 자리를 물색하시니, 신은 슬픔을 이기지 못하옵니다."하고 흐느껴 눈물을 흘렸다. 이 말을 들은 태조는 신하들을 위로하며 편안한 날에 미리 미리 수릉을 정하려고 하는 것인데 어찌하여 우느냐고 반문하였다.

다음 달에는 태조의 뜻을 받들어 정도전·남재·남은·이직 등이 광주(廣州)에 가서 수릉 후보지를 살펴보았으나 좋은 결론을 얻지 못하였다. 태조는 정도전 등을 파견하여 살펴보았던 광주를 직접 찾아가서 수릉 정할 만한 곳을 둘러보았다. 이때에도 수릉처를 정했다는 기록은 없다.

그러나 이 이후에는 신덕왕후가 승하하였으므로 신덕왕후의 능 터를 구하기 위하여 안암동, 행주 등지를 상지관을 파견하여 살펴보거나 태조가 직접 거둥하여 능 터를 물색하였지만 마땅한 장소를 얻지 못하고 결국은 서울 취현동에 능 터를 정하고 정릉을 만들게 된다. 그 이후 태조가 자기의 수릉지를 구하기 위하여 노력하였는지는 모르겠으나 실록에는 더 이상의 언급은 없다.

이 이후 태조는 제1차 왕자의 난과 제2차 왕자의 난을 겪고 나서 정종에게 왕위를 물려주고 마음을 잡지 못하여 소요산이나 금강산, 함경도 쪽

[건원릉, 태조가 함흥의 잔디로 무덤을 덮어달라고 유언함. 억새로 덮여 있어서 임진왜란 때 도굴을 피할 수 있었음. 안 동립 촬영]

을 섭렵하면서 생활하였기 때문에 수릉에 대한 관심을 가질 겨를이 없었을 것이다. 태조는 자기의 수릉을 일찍부터 편안한 시기에 선정하려고 하였으나 결국 그 뜻을 이루지 못하고 1408년(태종 8)에 승하하게 된다.

태종은 태조가 잡아 놓은 수릉 자리를 잘 몰랐던지 아니면 마음에 들지 않았던지 태조가 죽은 후 산릉 자리를 여기 저기 찾아보게 하였다. 태종은 태조가 승하한지 한 달 후에 하륜 등을 보내어 산릉 자리를 선정하도록 하였다. 상지관인 유한우(劉旱雨)·이양달(李陽達) 등이 원평(原平)의 예전 봉성(蓬城)에 길지가 있다고 추천하여 하륜 등을 파견하여 살펴보게 하였는데, 하륜이 돌아와서 보고하기를 상지관들이 본 봉성의 땅은 쓸 수 없

[망우리 공동묘지, 1933년 이태원 묘지를 옮긴 후로 공동묘지였는데 1973년에는 28,500기 분묘로 가득 차 매장이 금지됨. 안 동립 촬영]

고, 행주(幸州)에 풍수지리법에 조금 합당한 후보지가 있지만 좋은 곳이 아니라고 하였다. 태종은 다시 다른 곳을 찾아보라고 명령하였다

좀처럼 후보지를 구하지 못하고 하륜 등이 상지관 유한우·이양달·이양(李良) 등을 거느리고 양주(楊州)에서 능 터를 찾고 있었는데, 검교참찬의정부사(檢校參贊議政府事) 김인귀(金仁貴)가 하륜 등에게 자기가 사는 양주 검암(儉嚴)에 길지가 있다고 추천하였다. 하륜 등이 솔깃하여 가서 보니 과연 좋은 묘 터였다. 하륜은 태종에게 보고하고 이곳을 태조의 묘 터로 삼고 박자청(朴子靑)을 시켜 건원릉의 역사(役事)를 시작하였다. 태종은 능 터를 잡는데 공이 많았던 검교판한성부사 유한우에게 쌀 20석을 하사하여 그

의 공을 칭찬하였다.

이와 같이 건원릉은 태조가 죽은 후 태종에 의하여 양주에 선정되었다. 그러므로 후대에 알려진 대로 이성계가 자기의 수릉을 정하고 망우리 언덕에 쉬면서 흐뭇한 마음으로 "이제야 근심을 잊었다(忘憂)"고 말했다는 것은 후대에 꾸며진 얘기일 것이다.

망우리(忘憂里)라는 지명은 1617년(광해군 9)경부터 등장하는데 1683년(숙종 9)에 송시열이 우리나라의 예제(禮制)를 바로 잡아야 한다는 것과 백성들의 부담을 줄이기 위하여 왕릉을 옮기지 말 것을 건의하는 과정에서 건원릉과 망우리의 유래를 말하고 있다. 송시열은 이성계가 무학대사와 더불어 수릉을 잡았고 이것이 건원릉이라고 하였다. 그러나 앞에서 살펴본대로 태조는 수릉을 잡으려고 노력하였으나 뜻을 이루지 못했고, 태조의 사후 태종이 하륜을 시켜 양주군 검암에 능지를 정했던 것이다.

송시열은 망우리의 유래를 "태조(太祖)께서는 자손들이 뒤따라 장사지낼 곳이 20개소까지 많게 된다면 내가 이로부터 근심을 잊겠다고 하였습니다. 그러므로 그곳의 가장 서쪽 한 가닥의 산봉우리를 이름 하여 망우리(忘憂里)라 하였습니다. 그렇다면 즉 그곳이 길지(吉地)인 것을 알 수가 있습니다."고 하였다. 송시열은 망우리의 명칭이 이성계가 건원릉 터를 정하고 그곳에 태조의 후손 왕릉이 20여개가 더 들어오게 되면 근심을 잊을 수 있겠다 하여 망우리라고 하였다는 것이다. 왕릉 20여개 더 들어서면 20대가 계속되는 것이고 이것은 조선 왕조가 600년을 유지해 나간다는 희망사항이기도 하다.

다시 한 번 강조하지만 건원릉은 이성계가 정한 것이 아니라 태종이 정했으므로 송시열이 말한 위에 사항도 근거가 없는 민간에서 떠도는 얘기를 말한 것이 아닐까? 짐작하건대 서울 근처 동서남북 네 곳에 공동묘지를 정하면서 망우리도 공동묘지가 되고 건원릉과 가깝기 때문에 누군가에 의하여 꾸며진 얘기가 아니겠는가?

망우리 공동묘지라고 하면 으레 옛날부터 있어 온 것이려니 생각하고 있지만 망우산에 공동묘지가 개장된 것은 정확하게 1933년 6월 10일이다. 전체 75만 평 규모에 묘역만 55만 평이다. 개장 이래 50년 간 약 2만8000기의 무덤이 조성되었고 1973년에는 더 이상 빈 공간이 없어 폐장되었다.

망우리 공동묘지가 일제강점기에 조성된 것은 1930년대 들어와 서울의 인구가 급격히 팽창하자 주택지를 확보하기 위하여 미아리 공동묘지를 비롯하여 서울 근교의 이태원, 아현동, 금호동, 노고산 등의 공동묘지를 이장(移葬)시키고 마련한 것이었다. 일제는 이렇게 개발한 택지를 분양하여 막대한 재정수입을 올렸다고 한다.

망우리 공동묘지가 '망우역사문화공원'으로 다시 태어났다. 이름만 바꾼 것이 아니라 2022년 4월 1일 '망우역사문화공간'이라는 멋진 현대식 건물을 개관하였다. 이 묘역에 있는 근현대 역사문화 인물들 묘소의 안내판을 정비하였으며 이를 둘러보는 '인문학 사이길'도 열었다.

이제 우리는 망우공원을 산책하는 기분으로 일주도로를 거닐며 선현들의 넋을 기릴 수 있게 되었다.

6. 함흥차사의 허와 실

함흥차사(咸興差使)란 태종이 "함흥에 있는 이성계를 모셔오기 위해 보낸 사신"을 말한다. 그러나 이 말은 원래의 뜻과는 달리 흔히 어떤 곳에 심부름 가서 돌아오지 않는 사람을 비유할 때 사용한다. 태종 이방원이 함흥에 있는 태조에게 사신을 보낼 때마다 태조가 모조리 죽여 버려 한 번 함흥차사로 떠나면 돌아오지 못했다는 데서 비롯된 비유이다

태종은 여러 차례에 걸쳐 관리를 보내 태조를 모셔오려고 했지만 차사들은 태조가 활을 들고 버티고 서서 감히 문안도 드리지 못하게 하므로 번번이 빈손으로 돌아 와야만 했다. 이에 태조의 오랜 친구인 성석린(成石璘)이 함흥차사를 자청하고 나섰다. 성석린은 백마를 타고 함흥 본궁 근처에 도착하여 불을 피우고 밥을 짓는 시늉을 하였더니 태조가 내시를 시켜 가서 알아보게 하였다. 성석린이 차사라는 내색도 하지 않고 "지나는 길에 날이 저물어 하룻밤 유숙하려 한다."고 말하자 태조는 기뻐하면서 그를 불렀다.

성석린이 이런 저런 얘기 끝에 부자 사이의 끈끈한 정을 말하면서 은근히 태조가 환궁해 주기를 원했다. 태조는 "너도 너의 임금이 보내서 나를 달래려고 왔느냐?"고 의심하자 성석린은 "만약 그래서 왔다면 신의 자손은 반드시 대대로 눈이 멀어 장님이 될 것입니다"라고 대답했다. 『명신록』에는 성석린의 맏아들 성지도와 그의 아들 성귀수, 그리고 성귀수의 아들이 모두 생모의 뱃속에서부터 장님이 되어 삼대를 이었다고 하였다. 이는 성석린이 태조를 속인 벌이라고 전해 온다.

함흥차사의 전설 중 누구에게나 알려진 또 하나의 얘기는 박순(朴淳)의 활동에 관한 것이다. 박순은 새끼 딸린 어미 말을 타고 함흥에 들어가 새끼 말은 나무에 매어두고 어미 말만 타고 들어가려 하니 어미 말이 뒤를 돌아보며 앞으로 가려 하지 않는 것이다. 이상히 여긴 태조가 물으니 박순은 "새끼 말이 방해가 되어서 어미 말만 타고 왔더니 서로 떨어지지 않으려고 저렇게 애타게 서로를 찾고 있는 것입니다"고 부자 사이를 은근히 비유로서 말하였다.

하루는 박순이 태조와 장기를 두는데 마침 천장에서 어미 쥐가 새끼를 안고 뚝 떨어져 어미 쥐가 죽을 지경이 되었는데도 새끼들을 물고 떨어지지 않으려고 하였다. 이를 본 박순이 장기판을 제쳐놓고 눈물을 흘리며 하찮은 미물도 부모 자식 사이가 저러하거늘 대종이 얼마나 태조의 환궁을 기다리는지 모르겠다고 눈물로 호소하였다. 이러한 호소에 감동한 태조가 환궁하겠다고 약속하고 박순을 먼저 돌려보냈다.

태조가 모든 함흥차사들을 죽였지만 박순을 유일하게 살려 보내자 곁에 있던 신하들이 박순을 처단할 것을 주장하였다. 태조는 그가 이미 용흥강을 건넜을 것으로 추측하고 곁에 사람에게 칼을 주면서 "만약 그가 강을 건넜으면 쫓지 말라"고 명령하였다. 한편 박순은 마침 병에 걸려 지체하다가 겨우 강을 건너려던 참이었으므로 사자는 박순의 허리를 베어 죽였다.

성석린과 박순의 얘기는 함흥차사를 말할 때에는 으레 등장하는 사실과 같은 전설이다.

과연 이성계는 이방원이 보낸 차사들을 모두 죽여 버렸을까?

이를 알아보기 위해 태조의 행적을 살펴보자.

재위 7년째인 1398년 제1차의 왕자의 난으로 신덕왕후 강씨 소생인 방석과 방번이 죽임을 당한데 분개한 태조는 왕위를 적장자의 원칙에 따라 둘째 아들 정종에게 물려주고 주변을 정리하며 불사(佛事)에만 매달렸다.

먼저 왕자의 난에 희생당한 사위 이제(李濟)의 영혼을 위로하고 그의 부인이며 태조가 가장 아꼈던 딸 경순공주의 머리를 손수 깎아 여승을 삼았다. 그리고 그녀의 어머니인 신덕왕후를 위해 지은 흥천사를 지키게 하였다. 그 후 신덕왕후의 능인 정릉에서 정근법석(精勤法席)을 열어 자신의 옷을 벗어 부처에게 바쳤다. 이는 속세의 모든 인연을 끊고 특히 왕의 지위를 몽땅 벗어 던졌다는 뜻일 것이다.

그리고는 오대산이나 낙산사 등을 유람하는 등 다섯 차례에 걸쳐 행재소에 행차하여 태종에게 시위하면서 태종의 애를 태웠다.

첫 번째 이성계의 시위는 1399년(정종 2) 10월 오대산과 낙산사 등의 행차였다. 이 행차는 이성계의 시위 중 가장 짧은 19일 만에 끝났다. 그것은 정종이 태종에게 왕위를 물려준 사건 때문이었다. 이성계가 속세를 털고 서울을 떠났지만 권력의 축은 점점 이방원에게 기울었다. 생명의 위협을 느꼈던 정종은 재위 3년 만에 세자인 이방원에게 왕위를 물려주었다. 적장자의 원칙에 따라 큰아들이 죽고 없으므로 왕위를 이어 받은 정종은 적자가 없기 때문에 동생인 이방원을 세자로 책봉했던 것이다. 정종은 어려서부터 말 타기와 활쏘기를 좋아하여, 일찍이 학문을 좋아하지 않았다. 정종이 즉위한 이래로 임금의 혜택이 백성에게 미치지 못하고, 나라에 재앙과 변괴가 거듭 되었기 때문에 정종으로서는 최선을 다했으나 어찌할 수가 없어 이방원에게 선위하였다.

정종은 좌승지 이원(李原)을 보내어 태상왕인 이성계에게 선위할 뜻을 알렸다. 태상왕은 "하라고도 할 수 없고, 하지 말라고도 할 수 없다. 이제 이미 선위하였으니 다시 무슨 말을 하겠는가!"고 하였다. 이 말 가운데에는 이방원에게 선위하는 것을 반대하는 뜻이 숨겨져 있었다.

그러나 이성계는 이방원이 왕위를 선위 받은 이틀 만에 오대산으로부터 서울인 개성으로 돌아와 태종의 선위를 인정하였다. 태종은 이성계의 마음에 들기 위하여 관리들을 데리고 장단까지 마중 나가 태조를 맞아 그 곳에서 잔치를 베풀었다. 개성에 돌아온 이성계는 선위를 문제 삼은 것이 아니라 한양(漢陽)으로 환도하는 문제를 들고 나왔다. 정종이 늘 한양으로 환도 하고자 하였는데 그 일을 다 이루지 못했으니, 태종이 그 일을 우선적으로 처리 해달라고 부탁하였다. 태종은 이성계의 뜻에 따르겠다고 약속하였으며 태조는 이 말을 듣고 매우 기뻐하며 태종에게 술을 따라 축하해 주었다.

이방원은 태조의 환심을 사기 위하여 최선의 노력을 기울였다. 그는 태조가 가장 아끼고 친하고 믿는 성석린·이거인(李居仁)·이서(李舒)·최유경(崔有慶) 등을 불러 잔치를 베풀었다. 성석린 등은 교대로 일어나 춤을 추어 태조의 마음을 풀려고 노력하였다. 『조선왕실록』에서는 이날 "지극히 즐기다가 파하였다."고 기록되어 있다.

그러나 이성계는 즐겁지 않았던지 20여일 만에 금강산(金剛山)으로 거둥하여 2차 시위에 들어갔다.

태종은 즉시 도승지 박석명(朴錫命)을 보내어 태조에게 문안하였다. 이 때에 태조는 금강산을 거쳐 안변부(安邊府)에 있었는데, 박석명이 궁중의

[양주 회암사터, 양주시청 제공]

음식을 싸 가지고 가서 태조를 대접하였다. 박석명이 안변에서 돌아와서 보고하기를 태조가 안변·함주 등 처에 정자를 지으라고 명령하고, 오래 머무르실 뜻을 내비쳤다고 하였다. 이 보고를 들은 태종과 정종은 눈물을 흘리면서 이성계를 모셔올 일을 걱정하였다.

태종은 성석린을 보내어 태조의 행재소에 문안하였다. 성석린은 모친상을 당해 그 상복 입는 기간이 끝나지 않았는데도, 도승지인 박석명(朴錫命)을 그 집에 보내어 태조가 믿는 사람은 성석린뿐이니 속히 가서 문안드리고 태조의 기분을 살핀 후 분위기가 좋을 때 은근한 말로 잘 아뢰어서 태조를 모셔 오라고 하였다. 성석린의 노력에 의하여 태조는 흔쾌히 환궁을 결정한다.

처음에 태조가 동북(東北)에 오랫동안 머무를 뜻이 있었는데, 마침 단주(端州)에 숯비(炭雨)가 내린 괴변이 있었고, 또 가뭄과 흉년으로 인하여 백성이 굶주려 죽는 사람이 많으므로 돌아오려고 하였다. 마침 성석린이

제1장 조선의 건국과 치열한 왕위쟁탈전 65

그곳에 이르니, 태상왕이 기뻐하여 말하기를, "일찍이 문안(問安)하는 자를 보아도 역시 기쁘지 않았었는데, 이제 경(卿)을 보니 반갑고 기쁘기 그지없다."하였다. 성석린이 곧 준비해간 궁중 음식을 바쳐 헌수(獻壽)하고, 술이 얼근히 취하였을 때, 조용히 돌아가시기를 청하였다. 태조가 웃으며 말하기를, "경이 돌아가자고 청한 것이 내가 돌아가려고 작정한 뒤이다. 경이 먼저 가라. 내가 뒤를 따르겠다."하였다. 성석린이 대답하기를, "주상께서 날마다 회가(回駕)하시기를 바랍니다."하였더니, 태조가 선뜻 고쳐 말하기를, "그렇다면 마땅히 경과 함께 돌아가겠다."하였다. 성석린이 머리를 조아려 사례하고, 곧 사람을 보내어 이 사실을 태종에게 급히 알렸다. 태종은 이를 듣고 감동하고 기뻐하여 태조가 도착할 때쯤에는 멀리 마이천(麻伊川)까지 마중 나가서 천막을 치고 기다렸다.

태조가 안변으로부터 마이천에 도착하자, 태종은 천막을 치고 잔치를 베풀고, 종친(宗親)과 대신(大臣)들이 같이 참여하였다. 조계승(曹溪僧) 익륜(益倫)도 또한 참여하여 극진히 즐기고 파하였다. 성석린에게는 태조를 모셔온 공로로 말 한 필을 내려 주었다. 이것이 성석린이 안변에서 태조를 모셔오는데 성공한 사실이다. 태조의 2차 시위는 48일 만에 끝났다. 태조는 함흥에 있지 않고 안변에 있었으므로 함흥차사하고는 좀 차이가 있는 것이다.

태조의 3차 시위는 소요산(逍遙山) 행궁에서 시작되었다. 이 시위는 130여 일이 걸린 가장 긴 시위이기도 하다.

처음에는 태조가 금강산에 순행하였다가 동북면(東北面)으로 가려고 하였는데, 명나라 사신이 온다는 소식을 듣고 그대로 행하지 못하였다.

사신이 다녀 간 후 태조는 사람들이 알지 못하게 밤을 이용하여 소요산으로 옮겼다.

태조가 소요산에 한 달 이상 머물게 되자 때가 몹시 추운 때이므로 여러 가지 부작용이 나타났다. 행재소가 비좁아 모시는 사람들은 밖에서 자야 했기 때문에 모두 동상에 걸려서 살가죽이 얼어 터졌다. 또 경기도에서는 태조를 모시는데 필요한 문물을 제공하기 위하여 왕래가 빈번했으므로 폐단이 많았다. 신하들은 나이 많고 덕이 높은 대신을 차사로 보내 태조를 모셔오도록 하자고 하였지만 태종은 신년 인사도 아직 못하였는데, 먼저 늙은 대신을 보내면 태조가 마음속으로 좋지 않게 여기실 것이므로 직접 가 뵙기로 하였다.

태종이 태조를 소요산에 가서 찾아뵙고 조용히 술잔을 올렸다. 태조와 태종이 술이 거나하자 시(詩)를 읊고 화답하였다. 모시고 있던 종친(宗親)과 성석린 등이 태조의 환궁을 극력 청하였다. 성석린이 아뢰기를, "염불하고 불경을 읽음에 어찌 꼭 소요산이어야만 되겠습니까?" 하니, 태조가 말하기를, "그대들의 뜻은 내가 이미 알고 있다. 내가 부처를 좋아하는 것은 다른 것이 아니라 다만 두 아들과 한 사람의 사위를 위함이다."하고, 공중에다 큰 소리로 말하기를, "우리들도 이미 서방 정토(西方淨土)로 향하여 있다."고 하였다. 두 아들은 방번과 방석이며 사위는 경순공주의 남편인 이제이다. 태조는 그들의 죽음을 노골적으로 들어 내놓고 태종에게 불만을 토로하고 있는 것이다.

태종이 태조를 위해 연회를 베풀고 태상왕이 일어나 춤을 추니, 태종도 일어나서 춤을 추면서 태조의 마음을 돌리려고 눈물겨운 노력을 하였다. 그러나 태조를 모시고 환궁하지는 못했다. 그 뒤로도 성석린과 정용수(鄭龍壽)를 보내 태조의 마음을 돌리려고 했지만 성석린은 "태상왕께서 빨리 돌아오실는지, 늦게 돌아 오실는지는 아직 모르겠습니다."는 막연한 대답이었다.

　태조가 소요산에 너무 오래 있었으므로 태종은 산람(山嵐: 산중의 습기 찬 독기)으로 인하여 태조의 건강이 나빠질까 걱정하며 의비(懿妃)의 기일(忌日)에는 반드시 돌아오실 것이라고 희망했지만 태조는 돌아오지 않았다.

　태조는 오히려 소요산 아래에다 별전(別殿)을 지었다. 태종 2년 4월에 동북면도순문사(東北面都巡問使) 박만(朴蔓)이 소요산으로 가서 태조에게 하직을 고하고 모두가 전하의 환궁을 바라고 있사온데 전하께서는 어찌하여 속히 환궁하시지 아니하십니까? 하고 박만이 울면서 사정하니, 태조가 돌아가겠다고 약속하였다. 제3차 시위는 130여 일이라는 긴 기간이었다.

　그러나 태조의 서울 생활은 2주를 못 넘기고 다시 소요산으로 행차하는 제4차 시위에 들어갔다. 태조는 소요산에 회암사를 중수(重修)하고, 또 궁실을 지어 머물러 살려고 작정하였다.

　의정부와 각사에서는 "우리 태상왕께서 매양 행재소에다 궁실을 지으시는데, 비록 백성의 힘을 사용치는 않으나, 역사를 하는 자는 백성이 아닙니까? 또 지존(至尊)으로서 오랜 동안 밖에 계시어, 전하의 어질고 효성스런 마음씨를 조석(朝夕)으로 펼 수 없게 하니, 천심(天心)에 어긋나지 않을까 두렵습니다. 원컨대 전하께서 백관을 거느리고 행재소에 납시어 지성으로 돌아오시기를 청하되, 만일 윤허하시지 않으면 전하께서도 또한 초야(草野)에 머무르시고, 백관유사(百官有司)가 모두 가서 거가(車駕)를 명하시기를 기다리소서."고 건의하였다. 신하들은 태조의 행재소 행차에 진력이 나서 이번 기회에 담판을 내어 달라는 요구였다. 태종은 왕사 자초(自超)를 회암사 감주(監主)로 삼고, 조선(祖禪)을 주지로 삼아 태조의 비위를 맞추며 환궁하기를 바랐었다. 제4차 시위는 60여 일만에 끝난 듯하다.

태조는 환궁한지 얼마 안 되어 제5차 시위에 들어갔다. 태조는 태종의 간곡한 만류도 뿌리치고 1402년(태종 2) 11월 초하루에 동북면으로 떠났다. 그런데 이번의 행차에는 문제가 발생하였다.

안변부사 조사의(趙思義) 등이 반란을 일으켰다. 조사의는 곧 신덕왕후 강씨(康氏)의 족속(族屬)인데, 강씨를 위하여 원수를 갚고자 군사를 일으킨 것이다. 조사의가 태조와 연결되어 반란을 일으켰는지에 대해서는 언급이 없지만 반란 시기에 때맞추어 함흥으로 출발한 사실이나 신덕왕후를 위해 반란을 일으킨다고 주장한 점으로 미루어 충분히 태조와 연결되었을 것이다. 태종은 곧바로 왕사 무학을 함흥으로 보내 태조가 반란군과의 관계를 끊고 환궁하기를 요청하였으나 소용이 없었다.

태종은 두 번째로 상호군(上護軍) 박순(朴淳)을 동북면에 보내었는데, 그는 반란군에게 피살되었다. 박순은 함흥에 도착하여 도순문사(都巡問使) 박만(朴蔓)과 그 곳 수령들에게 "조사의를 따르지 말라"고 회유하다가, 반란군에게 피살된 것이다. 함흥에 보낸 차사 중 첫 번째 희생자이다. 그 뒤 태종은 내관 노희봉을 두 번째로 태조의 행재소에 보내어 문안하였다. 태조가 노희봉을 죽였는지 반란군이 노희봉을 처단했는지는 알 수 없다. 아무 기록도 없고 반란군의 수중에 함흥이 장악되었던 때이므로 그도 희생되었을 것이다.

그 사이에 반란군 조사의는 이천우 군대를 격파하고 사기충천하여 평양으로 진군했다가 평양에서 대규모 진압군을 만나 반란을 일으킨 지 한 달도 채 못 되어 궤멸되고 만다.

태종은 세 번째로 안평부원군(安平府院君) 이서(李舒)와 설오(雪悟) 스님에게 좋은 음식을 가지고 태조의 행재소에 가서 문안하게 하였으나 이들은 반란군에 막혀 함흥에 도착하지도 못했다.

반란군이 진압되고 연산 부사(延山府使) 우박(禹博)이 역마를 타고 와서 태조가 환궁한다고 급보를 전하였으므로, 태종은 너무 기뻐서 우박에게 말 1필을 내려 주었다.

태조는 평양부를 거쳐 서울로 돌아오려고 하였다. 태조가 말하기를, "내가 동북면(東北面)에 있을 때에 국왕이 사람을 보내지 않았고, 맹주(孟州)에 있을 때도 역시 사람을 보내지 않았으니, 감정이 없지 않은 것이다." 하였다. 옆에 시중들고 있던 사람이 말하기를, "주상께서 전 정승(政丞) 이서(李舒)와 대선사(大禪師) 익륜(益倫)·설오(雪悟)를 시켜 문안하게 하였사온데, 길이 막혀서 도달하지 못하고 돌아갔습니다." 하니, 태상왕이 말하였다. "모두 내가 믿고 중하게 여기는 사람이기 때문에 보낸 것이다."

태종은 금교역까지 나아가서 태상왕을 맞이하여 서울로 돌아왔다. 이 이후 태조의 시위는 끝이 난 듯하다.

위에서 살펴 본대로 태조는 태종의 권력 탈취에 불만을 품고 5차에 걸쳐 시위를 하였다. 이 중에서 함흥차사와 관련이 있는 시위는 제5차 시위이다. 이 기간 동안에 차사로 갔던 박순과 내관 노희봉이 희생당하였다. 그러나 이것도 반란군에 의하여 이들이 희생된 것이지 태조의 의하여 직접 희생된 것은 아닌 듯하다. 그리고 성석린은 제2차와 제3차 시위 때 태조를 설득하였지 정작 함흥차사와는 직접 관련이 없다. 이와 같이 함흥차사는 역사적 사실과 달리 후대에 호사가들이 태종과 태조의 갈등을 극대화시키기 위하여 부풀린 얘기일 것이다.

7. 조(祖)와 종(宗)은 어느 쪽이 좋을까?

"태정태세 문단세, 예성연중 인명선, 광인효현 숙경영, 정순헌철 고순" 이것은 조선왕조 500년 동안을 다스렸던 역대 왕들의 묘호(廟號)다. 현재 60대 이상의 분들이라면 역사 시간에 지겹게 외우던 사실들이다. "태정태세 문단세" 조선초기의 일곱 명의 왕들이다. "태"자 들어가는 왕이 두 명이고 "세"자 들어가는 왕이 두 명이다. 누가 태조이고 누가 태종일까? 누가 세종이고 누가 세조일까? 조와 종은 어떻게 구분하고 어느 쪽이 좋은 것일까? 꽤나 혼동되었고 혼란스러웠던 사실들이었다.

태조·태종·세종·세조·성종·선조와 같은 호칭은 사실 왕들의 이름이 아니다. 이는 임금들이 죽은 후에 신주를 모시는 종묘의 사당에 붙인 칭호로서 묘호(廟號)라고 한다. 봉건 왕조시대에는 백성들이 감히 왕의 이름을 부르지도 쓰지도 못했다. 그래서 왕들은 생시에는 주상(主上)이나 전하(殿下)로 불리 우고, 죽은 후에는 존칭으로서 묘호나 능호(陵號)로 불리 운다. 세종은 영릉(英陵) 혹은 영묘(英廟)라고도 불리었다. 묘호는 그 왕이 죽은 후 신주를 종묘에 모실 때에 그 묘실(廟室)을 가리키기 위해 조정에서 의논해

제1장 조선의 건국과 치열한 왕위쟁탈전 71

정하는 것이다.

따라서 연산군과 광해군처럼 폐위되어 종묘에 들어가지 못한 왕들은 묘호가 없다. 왕의 호칭에는 묘호 외에도 사후에 중국 황제가 지어 보내주거나 신하들이 그 왕의 덕을 칭송하기 위해 지어 올리는 시호(諡號)와 존호(尊號) 등이 있다. 예를 들면 이성계의 정식 호칭은 '태조 강헌 지인계운 성문신무대왕(太祖 康獻 至仁啓運 聖文神武大王)'으로 태조는 묘호, 강헌 이하는 시호(존호)이다.

묘호는 원칙적으로 창업 개국한 왕과 그의 4대조까지만 '할아비 조(祖)' 자를 붙이고 그 뒤를 이은 왕들에게는 종통(宗統)의 계승자라 하여 종(宗)자를 붙이는 것이 원칙으로 되어 있었다. "종(宗)"자에는 또한 사당이라는 뜻이 포함되어 있다. 그러나 망한 나라를 다시 일으켜 새운 왕의 경우에도 "조(祖)"자를 붙이는 사례가 있다.

묘호를 정할 때는 흔히 "조공종덕(祖功宗德)"이니 "유공왈조(有功曰祖), 유덕왈종(有德曰宗)"이라 하여, 왕이 재위 기간 동안에 국가에 공(功)이 많으면 "조", 국가에 덕이 많으면 "종"자를 붙인다. 그러나 이것은 약간 애매한 원칙이라고 할 수 있다. 공이 많은지 덕이 많은지 판단하는 것은 그야말로 주관적인 것이므로 묘호를 정할 때의 의논에 좌우되기 마련이었다. 이로 인하여 때로는 조정에서 공론이 분열되어 소동이 일어나는 일도 있었다.

대개 "종"자보다 "조"자가 더 명예로운 것으로 생각하였으므로 신하들이 아첨하느라고 억지로 붙이는 경우도 있었다. 세조, 선조 그리고 순조의 경우 후대에 그러한 비난을 받았다. 중국의 역대 왕조에서는 창업자인 태조나 고조 및 그들의 4조 외에 후대의 황제들에게는 "조"자를 붙이는 일이 거의 없었다.

묘호는 때로 후에 개정하는 일도 있었다. 인조의 묘호는 본래 열종(烈宗)이라고 정하였는데 효종의 명령으로 고친 것이다.

정종과 단종은 오래 동안 묘호 없이 공정왕(恭靖王)과 노산군(魯山君)으로 불리었으나, 숙종 때 와서 비로소 묘호를 정하였다. 연산군과 광해군은 반정으로 축출되고 죽은 후 종묘에 들어가지 못하였기 때문에 당연히 묘호가 없었다. 연산군이나 광해군이라는 칭호는 그들이 왕자 시절에 받은 봉군 작호(封君爵號)이다. 이는 그들이 왕의 신분에서 다시 왕자의 신분으로 강등되었음을 뜻한다.

반대로 즉위하여 군림하지는 못하였으나 후에 왕으로 추존된 이들에게도 묘호를 올렸다. 성종의 생부인 덕종(德宗), 인조의 생부인 원종(元宗), 정조의 생부인 장조(莊祖), 헌종의 생부인 익종(翼宗)이 그들이다. 이들은 모두 왕자의 신분이었으나 사후에 아들들이 왕이 되어 국왕의 지위로 예우 격상된 것이다. 그러나 선조의 생부인 덕흥대원군이나 고종의 생부인 흥선대원군은 왕자가 아니었고, 또 소목(昭穆: 사당 안에서 조상을 모시는 순서)의 차례에도 맞지 않아 왕으로 추존되지 못하였다.

이제 각 왕들의 묘호와 그 정하던 절차를 알아보자

태조 이성계는 개국의 군주이기 때문에 묘호를 태조(太祖)로 정하는데 아무런 이의가 없었다. 태종·세종·문종 등도 묘호를 정하기가 순탄하였다. 문제는 제2대 정종과 제6대 단종인데 이 왕들은 묘호가 없이 200여년을 지나다가 숙종 때 비로소 묘호가 결정되므로 나중에 그 과정을 자세히

제1장 조선의 건국과 치열한 왕위쟁탈전 73

살펴보기로 한다. 제7대인 세조의 묘호는 처음에는 신종(神宗)·예종(睿宗)·성종(聖宗) 중에서 골라 선택하기로 하였는데, 세조의 아들인 예종이 신하들에게 말하기를 "대행 대왕께서 국가를 재조(再造)한 공덕은 일국의 신민으로 누가 알지 못하겠는가? 묘호를 세조(世祖)라고 일컬을 수 없는가?"라고 의견을 내자 신하들도 모두 좋다고 찬성하여 묘호를 세조로 정했다.

묘호를 정할 때에는 일찍이 정승을 지낸 관리와 의정부·육조·춘추관 등의 2품 이상 관리가 모여 정하는데 제8대 왕은 "예종(睿宗)"이라고 묘호를 정했다.

제9대 성종의 묘호를 정하는 문제는 쉽지 않았다. 그것은 인종(仁宗)으로 할 것이냐? 성종(成宗)으로 할 것이냐?로 의견이 나누어 있었다. 많은 신하들은 성종의 뛰어난 치적에 미루어 묘호를 인종으로 하고자 하였는데 다만 중국에 인종황제가 있기 때문에 같은 묘호를 쓸 수 없어 논란이 있었다. 신하들은 묘호는 한 글자로 돌아가신 왕의 덕을 나타내는 것인데, 고금 제왕의 휘호(徽號)가 인(仁)자 만한 것이 없다고 주장하였다. 인(仁)이란 것은 천지가 만물을 낳은 마음이요 마음의 큰 덕이라고 보았고, 성(成)은 집대성(集大成)의 뜻이 있으나 성(成) 자 위에 대(大) 자를 더한 까닭에 성(成)자가 아름다운 것이지, 만약 다만 성(成)자만 쓴다면 인(仁)에 견줄 바가 아니라고 주장했다. 신하들은 성(成)과 인(仁)의 경중이 서로 크게 다르다고 생각했다. 성종 자신은 평소에도 "내가 국가에 공이 없었으니, 모 대왕(某大王)이라고 칭하는 것이면 족하고 종(宗)이라 칭할 것도 없다."고 스스로 묘호를 사양하였다. 시법(諡法)에는 '백성을 편안케 하고 정사를 세운 것을 성(成)이라 한다(安民立政曰成).'고 쓰여 있으므로 성종으로 묘호를 정했다.

　제11대 왕의 묘호는 중종이다. 왕은 인후한 성덕으로 부지런하였으며, 오랑캐를 도(道)로써 통솔하고, 백성들의 어려움을 잘 알아 크고 작은 고통을 어루만져 구휼함에 힘입어 나라를 중흥 시켰으므로 묘호를 중종(中宗)이라 하였다.

　제12대는 묘호를 인종(仁宗)이라고 정하였는데 인(仁)을 베풀고 의(義)를 행함을 인이라 한다는 뜻이었다.

　제13대는 왕의 묘호는 명종(明宗)으로 하였다. 왕이 평일에 늘 이르기를, '시호는 명(明)자이면 족하다.'는 유훈을 받든 것이다.

　제14대 선조의 묘호는 처음에는 선종(宣宗)이었는데 광해군 때에 선조로 개칭하였다. 예로부터 제왕이 공을 세운 경우에는 조(祖)라고 일컫고 덕(德)이 있는 경우에는 종(宗)이라고 일컫는데 선조는 나라를 빛내고 임진왜란(壬辰倭亂)을 평정하여 전에 없던 큰 공을 세웠으므로 마땅히 조(祖)라고 해야 한다고 개칭하였다.

　제16대 인조도 처음에는 묘호를 열조(烈祖)라고, 하였는데 그 뜻은 "덕을 지키고 업(業)을 높였다"는 것이다. 그런데 중국 남당에 열조가 있으므로 왕의 묘호를 인조로 바꾸었다.

　제17대는 효종(孝宗)은 "시(諡)라는 것은 행한 업적의 자취이고 호(號)라는 것은 이룬 공의 표상인 것인데 이제 거의 그렇게 되었다."고 묘호를 정했다.

　제18대는 현종(顯宗)으로 묘호를 정하였는데 현종이란 "행실이 중외(中外)에 나타난 것을 현(顯)이라 한다."는 뜻에서 취한 것이다.

　제19대는 묘호를 숙종(肅宗)이라 하였는데, 시법에 강덕극취(剛德克就)

를 '숙(肅)'이라고 한다는 데서 취했고, 제20대는 경종(景宗)인데, 시법에 사색을 좋아하고 크게 국사를 염려함을 경(景)이라 한다는 뜻이다.

제21대는 영종(英宗)으로, 제22대는 올바름으로 감복시킨다는 뜻에서 정종(正宗)으로 정했다.

그런데 1897년 조선이 국호를 대한제국으로 고치고 고종이 황제로 즉위한 후 4대를 추존하여 "종"을 "조"로 고쳤다.

제 23대는 순종(純宗)으로, 제24대는 널리 듣고 다능하다(博聞多能)는 의미에서 헌종(憲宗)이라고 묘호를 정했다.

제25대는 철종(哲宗)이고, 제26대는 고종(高宗)이며, 제27대 마지막 왕은 순종(純宗)이다.

묘호를 정하는데 어려움이 많았던 왕은 제2대 정종, 제6대 단종이다. 두 왕은 200여 년간 묘호가 없다가 숙종 때 비로소 묘호가 정해진다.

정종은 태종에게 떼밀려 왕위에서 물려 났지만 그 후에도 태종의 그늘에 가려 철저하게 무시당하였다. 묘호도 없이 "공정대왕"이라고만 불려졌다. 물론 그 후손들이 묘호를 정해 달라고 청원했지만 채택되지 못했다.

1481년(성종 12)에 신종군(新宗君) 이효백(李孝伯)이 공정 대왕(恭靖大王)의 묘호를 정해 달라고 청원하였다. 조정에서는 공정 대왕(恭靖大王)이 왕위를 받은 것은 덕(德)으로 이룩된 것이 아니고, 다만 지위가 태종(太宗)보다 먼저이기 때문이었는데, 겨우 3년 만에 전위(傳位)를 하였고, 또 공렬(功烈)도 없는데, 지금 자손들의 청으로 인연하여 여러 조정에서 거행하지 아니한 법을 들추어 묘호를 더하여 올림은 크게 옳지 못하다고 반대하였다.

1482년(성종 13)에도 공정왕의 후손 이효성이 공정왕의 묘호를 추상하기를 청했으나 공정왕이 공덕이 없다고 반대하였다.

　1515년(중종 10)에도 창화수 이장손 등이 상소하여 공정대왕의 묘호를 정해 주기를 청하였다.

　중종은 공정 대왕(恭靖大王)의 묘호를 세종조(世宗朝)에 마땅히 정했어야 하는데 하지 않은 것은 어째서인가? 예종조(睿宗朝)에 희종(熙宗)으로 묘호를 하려고 하였으면서도 중지한 것은 어째서인가? 성종(成宗)께서도 이를 하지 않은 것은 또 어째서인가? 일기(日記)를 상고하여 보고 하도록 하였으나 성종 때와 같은 결론으로 묘호 결정을 미루었다.

　1681년(숙종 7)에 선원계보 교정청(璿源系譜 校正廳)에서 공정 대왕(恭靖大王)의 묘호가 빠졌다고 보고하므로 실록을 조사하여 그 경위를 살피고 협의하여 공정 대왕(恭靖大王)의 묘호를 정종(定宗)이라고 결정하였다. 대체로 시법(諡法)에서 "백성을 편안하게 하고 크게 염려하였다"는 글을 취한 것이었다. 200여 년 만에 공정대왕의 묘호가 정해진 것이다.

　단종은 1698년(숙종 24)에 사육신의 복권운동과 함께 묘호도 정해지는데 단종(端宗)이란 "예(禮)를 지키고 의(義)를 잡음을 단(端)이라 한다."는 뜻에서 정한 것이며 능호(陵號)는 장릉(莊陵)이라 하였다.

　제23대 순조의 묘호도 처음에는 순종(純宗)이라고 정했는데 1857년(철종 8)에 지돈녕(知敦寧) 이학수(李鶴秀)가 상소하여 순조는 사교(邪敎)를 막고 홍경래 난을 평정하는 등 국가에 공이 많으므로 "조공종덕"의 원칙에 따라 순종의 묘호를 순조(純祖)로 바꾸어야 한다고 주장하였다, 그는 "조(祖)는 공로(功勞)요 종(宗)은 덕화(德化)로서 두 가지가 모두 성대하고 아름다워서 조가 반드시 종보다 우월한 것은 아니고 종이 반드시 조보다 깎이는 것은 아니지만 특별히 당면(當面)한 시기에 의하여 그 칭호를 달리했을 뿐이다."라고 했다. 우리 세조 대왕과 인조 대왕은 계통을 이은 임금으로 조(祖)라고 일컬었으며, 선조 대왕은 종계(宗系)를 바르게 밝혔고 왜란(倭亂)을 평정하였기 때문에 조라고 일컬었으니, 이는 참으로 우리 선군(先君)들께서 이미 시행했던 전례(典禮)이었고 우리나라의 예제(禮制)에도 역시 마땅하였습니다."라고 주장하였다.

이것은 당시 순조의 계비인 순원왕후가 섭정하고 있을 때이므로 대비에게 잘 보이기 위하여 아첨한 것인데 대비의 권한이 막강하였기 때문에 아무도 이에 반대하는 신하도 없이 순조로 묘호를 바꾸었다.

8. "어진 사람을 고르소서(擇賢論)": 충녕대군을 세자로

태종은 즉위 4년만인 1404년에 10살 먹은 양녕대군 이제(李禔)를 세자로 삼았다. 세자는 원래 늦게 일어나고 일찍 잠자리에 들었으며, 한가하게 있을 때면 내시들과 더불어 장난하며 놀기를 좋아하고 학문에 힘쓰지 않았다.

태종이 세자에게 글을 외도록 명하였는데, 세자가 외지 못하였다. 세자가 태종을 모시고 식사를 하는데 예(禮)에 맞지 않는 것이 많았다. 태종이 이를 보고 말하기를, "내가 젊었을 적에 편안히 놀기만 하고 배우지 아니하여, 거동(擧動)이 절도가 없었다. 지금 백성의 임금이 되어서도 백성들의 바라는 바에 합하지 못하니, 마음속에 스스로 부끄럽다. 네가 비록 나이는 적으나, 그래도 원자(元子)이다. 말하는 것이나 하는 행동이 어찌하여 절도가 없느냐?"고 나무라자 세자가 부끄러워하고 두려워하였다.

양녕대군은 여자를 좋아하였다. 세자가 17살이 되던 1410년(태종 10)에 중국 사신들이 와서 환영연을 베풀었다. 그런데 세자는 그 연회에 참석하였던 기생 봉지련(鳳池蓮)에 반했다. 세자는 그 후에도 내시들을 시켜 봉지련을 궁중에 불러 들여 즐겼다.

1413년(태종 13)에는 평양(平壤) 기생 소앵(小鶯)을 동궁으로 불러들여 즐겼다. 1414년(태종 14)에는 세자(世子)가 기생 초궁장(楚宮粧)을 불러서 밤늦게까지 술을 마셨다. 태종이 이를 알고 기생 초궁장(楚宮粧)을 내쫓았다. 상왕(上王: 정종)이 일찍이 이 기생을 가까이 하였었는데, 세자가 이를 알지 못하고 초궁장을 가까이 하였기 때문이었다.

1417년(태종 17)에는 세자가 곽선의 첩 어리(於里)를 간통하여 궁중에 들여온 사건이 발생하였다. 악공 이오방(李五方)이 몰래 동궁(東宮)에 들어가 전 중추(中樞) 곽선(郭璇)의 첩 어리의 자색(姿色)과 재예(才藝)가 모두 뛰어났다고 칭찬하며 세자에게 추천하므로 세자가 즉시 이오방에게 어리를 데려 오라고 하였다. 이오방이 그 무리 홍만(洪萬)과 더불어 곽선의 생질녀의 남편 권보(權堡)에게 청하니, 권보가 말하기를, "곽선은 나와 인친(姻親)의 은혜가 있어 속일 수 없다. 그러나 감히 명을 따르지 않을 수 있겠느냐?" 하고, 그의 첩 계지(桂枝)를 시켜 어리에게 말하였으나, 어리가 이 제의를 거절하였다.

이법화가 세자에게 권고하기를, "신물(信物)을 보내느니만 같지 못합니다." 하여, 즉시 내시를 시켜 선물을 보내었으나, 어리가 사양하는데 억지로 두고 돌아왔다. 어리가 이 일을 곽선의 양자(養子) 이승(李昇)에게 알리고 그대로 그 집에서 유숙하였다. 이법화가 달려가 세자에게 고하기를, "이 기회를 놓쳐서는 안 됩니다." 하자, 세자가 내시를 거느리고 대궐 담을 넘어 도보로 이오방의 집에 가서 그와 함께 이승의 집에 이르렀다.

어리를 찾으니, 이승이 듣지 않으므로 그에게 강요한 뒤에야 만나게 되었다. 드디어 어리와 함께 이법화의 집에 가서 자고, 그를 궁중으로 데리고 온 다음, 세자가 활을 이승에게 보내고, 어리도 또한 비단을 이승의 처에게 보냈으나, 이승은 활만 받고 비단은 받지 아니하였다.

태종이 이승(李昇)을 불러 양녕대군과 어리가 만나게 된 사연을 물어보니 다음과 같이 상세하게 보고하였다. "작년 섣달에 신(臣)이 가족을 거느리고 곽선(郭璇)이 사는 적성현(積城縣)에서 서울로 돌아올 때, 어리가 서울에 사는 친척을 보고 싶다고 말하니, 곽선이 이를 허락하므로 즉시 신과 함께 왔었습니다. 며칠 있다가 신더러 말하기를, '근자에 기이한 일이 있다. 권보의 첩 계지(桂枝)가 처음에는, 「효령 대군(孝寧大君)이 너를 보고자 한다.」 말하더니, 나중에는 「세자가 너를 보고자 한다.」고 말하기에, 어리가 대답하기를, 「나는 본래 병이 있고 얼굴도 예쁘지 않은데다 더욱이 지금은 남편이 있는데 그것이 무슨 말인가?」고 거절하였다.

신이 놀라서 여종을 시켜 권보(權堡)의 집으로 가서 계지가 중매한 일을 말하게 하였더니, 권보가 대답하기를, '근일에 나갔다가 돌아오지 않아 아직 그 행방을 알지 못하겠다.'고 하였습니다. 날이 저물어 문을 두드리는 사람이 있기에 종을 불러 내다보게 하였더니, 바로 내시 김기(金奇)이었습니다. 김기가 말하기를, '세자께서도 오셨다.' 하기에, 신이 이를 듣고 황급하게 의관을 차리고 나가 뵙고 엎드렸더니, 세자께서 말씀하기를, '빨리 어리를 내라.' 하시므로, 제가 부득이 그 말을 좇았습니다만, 세자께서 데리고 가신 그 뒤로는 신(臣)도 그녀가 간 곳을 알지 못하고 있습니다."라고 보고하였다.

양녕대군은 충녕대군에게 자기가 어리를 만나게 되는 과정을 자랑스럽게 다음과 같이 말했다. "어리의 아름다움을 들은 적이 오래였으나, 그녀가 성 밖에 있기 때문에 어찌할 수 없었다. 그 뒤 서울에 들어왔다는 소문을 듣고 내가 직접 그 집에 가서 나오라고 했으나, 그 집에서 숨기고 내보내지 않으므로, 내가 강요했더니, 어리가 마지못해 나왔는데, 머리에 녹두분이 묻고 세수도 하지 아니했으나, 그러나 한 번 봐도 미인임을 알 수 있었다. 나는 그 집 사람더러 말을 대령하여 태우라고 했으나, 그 집 사람이 좋아하지 않는 태도였다. 그래서 나는 말하기를, '그렇다면 내가 탄 말에 태우고 나는 걸어가겠다.'고 했더니, 그 집 사람이 마지못해 말을 대령했다. 그래서 나는 어리의 옷소매를 끌어 말을 타게 하니, 어리는 말하기를, '비록 나를 붙들어 올리지 않더라도 나는 탈 작정이었다.'하고 곧 말을 탔다.

그 때 온 마을 사람들이 구름 같이 모여 구경하였다. 그날 밤에 광통교(廣通橋) 가에 있는 오막집에 와서 자고, 이튿날에 어리는 머리를 감고 연지와 분을 바르고 저물녘에 말을 타고 내 뒤를 따라 함께 궁으로 들어오는데, 어렴풋이 비치는 불빛 아래 그 얼굴을 바라보니, 잊으려도 잊을 수 없이 아름다웠다."고 자랑하였다.

세자가 어리를 자기 정실부인인 숙빈 김씨의 친정에 숨기고 어리가 세자의 딸을 임신한 사실까지 밝혀져, 태종이 대노하여 질책하자, 세자는

"아바마마도 첩이 많으면서, 왜 제가 축첩하는 것은 안 되는 것입니까?"라며 반박하는 내용의 수서(手書)를 올려 태종을 당황케 한 일도 있다.

태종은 세자의 잘못된 행실을 바로 잡고자 종묘와 부왕에게 반성하는 반성문을 지어서 고하게 하였다. 종묘에 고한 글은 8조목이었는데 "인자(人子)의 직분은 효도보다 더 큰 것이 없고, 인신(人臣)의 직분은 충성보다 더 큰 것이 없으니, 충효(忠孝)의 도리를 다해야 마땅한 것입니다. 이제부터는 부왕(父王)의 가르침을 일호(一毫)라도 감히 어기지 아니하고, 일시(一時)라도 감히 소홀히 아니하여 항상 마음에 두어, 그 힘을 다하여 죽은 뒤에야 그만두겠습니다."라고 맹서하였다.

또 태종에게 올린 글은 "지난해 가을에는 전하께서 특히 견책(譴責)을 가하므로, 신은 그 때에 겨우 스스로 회오(悔悟)하여 하늘을 두고 말하면서 허물을 되풀이 않기로 맹세하였더니, 아직도 어린아이의 습성이 있는 까닭에 소인의 유혹에 빠지고 또 다시 혼미함에 빠져, 드디어 하늘을 속이고 아버지를 속이고 임금을 속이기까지 하였는데도 반성하지 못했으니, 신의 죄를 생각하면 어디에서나 용납할 수 없습니다."라고 용서를 빌었다.

이러한 반성문은 태종의 마음을 조금은 누그러뜨릴 수 있었다. 모든 관리들이 "세자께서 허물을 뉘우쳤으니 더없이 기쁘게 하례합니다."하고 태종을 위로하였다. 태종도 "과인(寡人)이 세자를 보지 않으려고 했더니, 이제 허물을 뉘우치니 나도 기쁘다."고 안심하였다.

이 이후에도 양녕대군의 무도한 행동은 계속 되었기 때문에 오랫동안 고민을 해오다가 태종은 드디어 결단하여 세자 이제(李禔: 양녕대군)를 폐하여 광주(廣州)에 추방하고 충녕 대군(忠寧大君)으로서 왕세자를 삼았다.

태종은 "세자의 행동이 지극히 무도(無道)하여 종사(宗社)를 이어받을 수 없다고 대소 신료(大小臣僚)가 청하였기 때문에 이미 폐하였다. 무릇 사람이 허물을 고치기는 어렵다. 나라의 근본은 정하지 아니할 수가 없으니, 만약 정하지 않는다면 인심이 흉흉(洶洶)할 것이다. 제(禔)는 두 아들이 있는데, 장자(長子)는 나이가 다섯 살이고 차자(次子)는 나이가 세 살이니, 나는 제(禔)의 아들로써 대신 시키고자 한다. 장자가 유고(有故)하면 그 동생을 세워 후사(後嗣)로 삼을 것이니, 왕세손(王世孫)이라 칭할는지, 왕태손(王太孫)이라 칭할는지 고제(古制)를 상고하여 의논해서 아뢰어라."고 명령하였다.

우의정 한상경 이하의 군신(群臣)은 모두 제(禔)의 아들을 세우는 것이 가(可)하다고 하였으나, 영의정 유정현은 말하기를, "신은 배우지 못하여 고사(故事)를 알지 못합니다. 그러나 일에는 권도(權道)와 상경(常經)이 있으니, 어진 사람을 고르는 것(擇賢)이 마땅합니다."라고 택현론(擇賢論)을 들고 나왔다. 좌의정 박은(朴訔)도 동조하여 말하기를, "아비를 폐하고 아들을 세우는 것이 고제(古制)에 있다면 가(可)합니다만, 없다면 어진 사람을 골라야 합니다."고 택현론을 재차 강조하였다. 병조 판서 박신(朴信)·이조 판서 이원(李原)·공조판서 심온(沈溫) 등 15인도 말하기를, "어진 사람을 고르소서."라고 아뢰었다.

임금이 내전으로 들어가서 여러 신하들의 어진 사람을 고르자는 청(請)을 왕비에게 말하니, 왕비가 불가(不可)하다고 말하기를, "형을 폐하고 아우를 세우는 것은 화란(禍亂)의 근본이 됩니다." 반대하였다. 임금도 또한 이를 옳게 여겼으나, 한참 만에 곧 깨달아 말하기를, "금일의 일은 어진 사람을 고르는 것이 마땅하다."고 결심하였다.

　태종이 곧 전지(傳旨)하기를, "나는, 제(禔)의 아들로써 대신 시키고자 하였으나, 여러 신하들이 모두 말하기를, '불가(不可)하다.'고 하니, 마땅히 어진 사람을 골라서 아뢰어라."하였다.

　유정현 이하 여러 신하들이 또 아뢰기를, "아들을 알고 신하를 아는 것은 군부(君父)와 같은 이가 없습니다." 하니, 태종이 말하였다. "옛 사람이 말하기를, '나라에 훌륭한 임금이 있으면 사직(社稷)의 복(福)이 된다.'고 하였다. 효령 대군(孝寧大君)은 자질(姿質)이 미약하고, 또 성질이 심히 곧아서 자세하게 조목조목 일을 처리하는 것이 없다. 내 말을 들으면 그저 빙긋이 웃기만 할 뿐이므로, 나와 중궁(中宮)은 효령이 항상 웃는 것만을 보았다.

　충녕 대군(忠寧大君)은 천성(天性)이 총명하고 민첩하고 자못 학문을 좋아하여, 비록 몹시 추운 때나 몹시 더운 때를 당하더라도 밤이 새도록 글을 읽으므로, 나는 그가 병이 날까봐 두려워하여 항상 밤에 글 읽는 것을 금지하였다. 그러나 나의 큰 책(冊)은 모두 청하여 가져갔다. 또 치체(治體)를 알아서 매양 큰일에 헌의(獻議)하는 것이 진실로 합당하고, 또 생각 밖에서 나왔다. 만약 중국의 사신을 접대할 적이면 신채(身彩)와 언어 동작이 두루 예(禮)에 부합하였고, 술을 마시는 것이 비록 무익하나, 그러나 중국의 사신을 대하여 주인으로서 한 모금도 능히 마실 수 없다면 어찌 손님을 권하여서 그 마음을 즐겁게 할 수 있겠느냐? 충녕은 비록 술을 잘 마시지 못하나 적당히 마시고 그친다. 효령 대군은 한 모금도 마시지 못하니, 이것도 또한 불가(不可)하다. 충녕 대군이 대위(大位)를 맡을 만하니, 나는 충녕으로서 세자를 정하겠다."

영의정 유정현 등이, "신 등이 이른바 어진 사람을 고르자는 것(擇賢)도 또한 충녕 대군을 가리킨 것입니다." 하여, 의논이 이미 정하여지자, 임금이 통곡하여 흐느끼다가 목이 메었다.

이윽고 조말생 등에게 하교(下敎)하기를, "대저 이와 같이 큰일은 시간을 끌면 반드시 사람을 상(傷)하게 된다. 너는 선지(宣旨)를 내어서 속히 진하(陳賀)하게 함이 마땅하다."하니, 이때에 문무백관(文武百官)들이 예궐(詣闕)하여 세자를 정한 것을 하례하였다.

태종이 즉시 이종무(李從茂)를 종묘(宗廟)에 보내어 고(告)하기를, "세자 제(禔)가 지난해 봄에 허물을 뉘우치고 스스로 꾸짖는 글을 지어서 고(告)하였으므로 신이 오히려 보존하였는데, 일년이 되지 못하여 다시 전날의 잘못을 저질러서 자못 심함이 있었으나 신이 또 가볍게 꾸짖어 그가 뉘우치고 깨닫기를 바랐습니다. 요즈음 다시 상서하였는데 그 사연이 심히 패만(悖慢)하여 전혀 신자(臣子)의 예(禮)가 없어, 대소 신료가 합사(合辭)하여 폐하기를 청하고 충녕 대군(忠寧大君)이 효성스럽고 우애스럽고 온화하고 인자하여 진실로 세자에 합당하다는 여망이 있었으므로, 이것을 감히 고(告)합니다."

양녕대군은 폐세자가 되어 광주(廣州)에 안치되어 있었는데 어느 날 광주군수가 달려와 아뢰기를, "양녕이 지난밤 자정에 편지를 써서 봉해 놓고 담을 넘어 도망갔습니다."고 보고하였다. 태종은 근심과 한탄으로 식사도 전폐하고 "양녕대군은 골육의 지친이니, 경기 감사는 심력을 다해서 찾아 주길 바란다. 찾은 자에게는 중한 상을 주겠다."고 하였다.

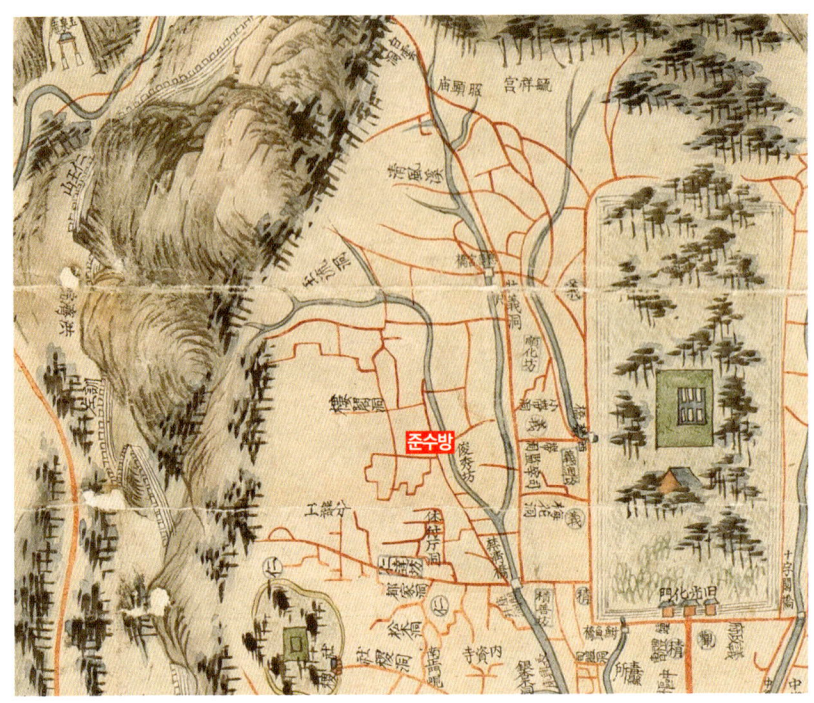

[세종인 충녕대군이 태어난 준수방, 서울대 규장각 한국학 연구원 소장]

[세종대왕이 태어난 준수방은 오늘날 통인시장이 있는 옥인동일대였다, 안 동립 촬영]

양녕대군이 달아남에 있어 상하가 다 허물을 애첩 어리(於里)에게 돌리니, 어리는 근심스럽고 분함을 이기지 못하여 이날 밤에 목을 매어 죽었다.

결국 태종은 양녕대군을 세자에서 폐하고 셋째 아들인 충녕대군을 새로운 세자로 세웠다. 충녕대군은 1397년(태조 6) 4월 10일 한양 준수방(俊秀坊)의 태종 사저(私邸)에서 출생하였다. 태종의 사저는 오늘날의 옥인동 일대를 아우르는 넓은 지역이었다.

태종의 기대대로 세종은 조선왕조 전시기를 통하여 가장 훌륭한 왕이었고, 많은 업적을 남겼다. 한글을 창제하였고, 측우기·자격루·앙부일귀 등을 발명하여 과학을 발전시켰으며, 4군과 6진을 개척하여 북방 영토를 넓혔다. 태종이 "택현론"에 의하여 충녕대군을 택하였기 때문에 우리 민족 문화가 찬란하게 발전 하였는데, "장자상속론"에 얽매여 양녕대군을 고집하였더라면 어떠한 결과가 나왔을까?

나라가 잘되고 잘못되고는 그 나라의 지도자에 달려 있고, 국정이 잘되고 잘못되고는 어떠한 인재들을 등용했느냐에 따라 결정된다고 한다.

9. 김종서와 4군6진 개척

1) 김종서의 생애

김종서의 출생 연도에는 1383년설과 1390년설이 있는데『조선왕조실록』의 1451년(문종 1) 기록을 보면 김종서가 다음 해에 나이 70세가 된다는 이유로 벼슬에 나오지 않는 장면이 나온다. 이를 토대로 역산하면 1383년이 정확한 생년이 되는데 과거 급제 연령이나 활약 시기를 감안해도 1383년설이 설득력이 있다. 1390년설의 경우는 16살에 급제한 것이 되어서 조선 시대 과거 급제 연령에서 연소자 쪽에서 2위가 된다.

출생지는 충청남도 공주시이고 선대와 부친 김수(金陲)의 고향은 전라남도 순천시이다. 생원시에 입격하고 1405년(태종 5년) 식년시 문과에 동진사 13위로 급제한 뒤 전형적인 문신 코스를 밟은 인물로 초기에는 주로 간언하는 간관직과 지방의 민정을 살피는 감찰직을 주로 맡았으며 세종에게 크게 신임을 받아 중용되었다.

> 삭풍(朔風)은 나무 끝에 불고 명월(明月)은 눈 속에 찬데,
> 만리변성(萬里邊城)에 일장검(一長劍) 짚고 서서
> 긴파람 큰 한소리에 거칠 것이 없어라.

세종 때 북방 개척의 1등 공신 이었던 김종서의 시조로 유명하다. 그의 변방 정벌의 포부를 엿볼 수 있는 구절이다.

그러나 그의 가장 유명한 활약은 바로 현재 대한민국의 국경선을 확정 짓게 된 세종의 북방 개척 때 활약이다. 1433년(세종 25)에 함경도 도절제사에 임명되어 북방에 파견된 이후 8년 동안 변방에 있으면서 4군 6진 중 6진의 개척을 총지휘하고 두만강 이남을 완전히 조선의 영토로 만드는 데 큰 공훈을 세웠다. 이때부터 "큰 호랑이(大虎)"라고 불리며 명성을 떨쳤다.

북방에서 돌아와서는 형조판서와 예조판서 직을 역임하다가 세종 말년에 명나라 황제 정통제가 타타르족에게 사로잡히는 사태가 발생하여

[김종서집터는 현재 농업박물관이 있는 자리였다, 안 동립 촬영]

요동 지역이 어수선해지자 다시 노구를 이끌고 평안도 도체찰사로 북방에 파견되기도 했다.

세종은 "북방의 일은 김종서가 있어도 과인이 없었으면 이루지 못했을 것이고 과인이 있어도 김종서가 없었으면 이루지 못했을 것이다."라는 말로 김종서의 공적을 평가했다. 하지만 북방에 있으면서 세종에게 "제발 한양으로 올라가게 해 주세요"라고 상소를 지속적으로 올렸다.

북방 개척 때의 활약 때문인지 세종 당시 영의정이자 원로였던 황희에게 인정을 받았는데 황희가 자신의 후계자로 김종서를 점 찍어놓고 맹사성이 말릴 정도로 사정없이 굴렀다. 오죽했으면 김종서가 황희 앞에서 늘 각 잡고 지냈다는 얘기까지 있다. 그런데 분명 전형적인 문신 코스를 밟았는데도 장군의 이미지가 강한데, 실제로도 여러 외직과 언관직을 거치며 훌륭한 행정 수완과 강직함으로 이름이 높았고 예학, 경학, 역사에도 밝아 고려시대 역사서인 『고려사』와 『세종실록』 편찬의 책임자를 맡기도 했다.

김종서의 체구는 작은 편이었다고 한다. 재미있는 사실은 '김종서는 궁예의 후손일 수도 있다'는 거다. 김종서의 본관인 순천 김씨는 족보에 가문의 시조 김총의 할아버지가 궁예라고 기록하고 있기 때문이다.

1440년(세종 22)에 세종은 "지금 함길도 도절제사 김종서는 본디 유신(儒臣)으로서 몸집이 작고, 관리로서의 재주는 넉넉하나 무예(武藝)는 모자라니 장수로서 마땅하지 못하다. 다만 그가 일을 만나면 부지런하고 조심하며 일 처리하는 것이 정밀하고 상세하며, 4진(鎭)을 새로 설치할 때에도 처치한 것이 알맞아서 갑자기 그 효과를 보았으니, 이것은 포상(褒賞)할 만하다."고 칭찬하고 있다.

세종 사후에 문종 즉위년에는 의정부 좌찬성이었다가 이듬해에 우의정에 올랐고, 단종 즉위년에 남지가 와병으로 사직하자 좌의정이 되면서 정계의 실력자가 되었다. 단종 시기에는 세종의 고명대신으로 영의정 황보인(皇甫仁) 우의정 정분(鄭苯)과 정국을 주도했는데 이 때 인사와 관련된 황표정사(黃標政事)라는 것을 펼친 것으로 유명하다. 황표정사는 의정부 대신들이 낙점한 사람의 이름에 누런 종이쪽지(黃標)를 붙이면 임금이 그대로 임명하는 인사제도로, 조선 단종이 어려 정사를 제대로 살피지 못할까 염려한 문종의 유지를 김종서, 황보인이 받들어 시행하였다.

의외로 단종을 지키려는 뜻은 같았으나 한 뜻이 되지 못했던 이들이 있었는데 바로 성삼문 등의 집현전 학사들이었다. 그 이유는 김종서의 전례 없는 독단정치 때문이라고 하는데 한 학사가 그의 황표정사를 비판하는 상소를 올리자 "대신을 참소하니 죽어 마땅하다."라는 말을 할 정도로 김종서는 서슬 퍼런 힘을 가지고 있었다.

그러나 당시 정권을 두고 다투던 수양대군에게 눈에 가시가 되었고 결국 계유정난 때 살해 0순위로 지목되게 된다. 수양대군은 김종서만 죽이면 나머지 무리는 걱정할 것도 없을 것이라고 호언장담했는데 후에 진짜 그렇게 되기는 했다. 적어도 이런 사육신을 포함한 소장파 신료들이 김종서를 포함한 고명대신들이 독단적으로 권력을 휘두른다는 인식을 가진 것은 확실했다고도 볼 수 있다.

모든 준비를 마치고 불시에 김종서의 집(盤松坊 雁馬洞: 현재 서대문 농업박물관 자리)에 들이닥친 수양대군이 "사모뿔을 좀 빌리고 싶다"는 한 마디 이야기를 하고 편지를 읽어보라고 김종서에게 건네주자 김종서는 편지를 달빛에 비추어 읽으려고 할 때 수양대군의 종인 임어을운(林於乙云)이 철퇴를 휘둘러 그를 살해하였다. 아들 김승규가 필사적으로 아버지를 몸으로 감쌌고, 양정(楊汀)이 칼로 찌르자 아들인 김승규만 절명하고 김종서는 그 자리에서 죽지 않았다.

살아남아 다시 깨어난 김종서는 궁에 들어가 수양대군과 대결하기 위해 여인 복장을 한 채 부인의 가마를 타고 돈의문, 소덕문, 숭례문 등 3대문을 모두 돌았으나 들어가지 못했다. 할 수 없이 둘째 며느리 친정인 사돈댁에 들어가 숨었는데 날이 밝자 있는 곳이 들통 났다. 다시 찾아온 수양대군의 부하였던 양정, 이홍상, 홍달손 등에게 향년 71세에 결국 살해당했다. 살해당하기 직전 마지막으로 남긴 말은 "정승의 몸으로 어찌 걸어가겠느냐! 초헌(軺軒: 외바퀴를 사용하는 높은 수레)을 가져오너라!"였으며 효수

형을 당했다. 김종서가 고관이면서 4대문 밖에 거주하였던 것은 그만큼 검소하였다는 증거이다.

　세조가 즉위한 이후 역적으로 남아서 『고려사』 편찬자 명단에서도 삭제되고 권력을 탐한 신하로 남았으나 정작 『조선왕조실록』에 김종서의 비리나 개인적 결점에 대한 기록은 거의 없다. 『조선왕조실록』의 기록이 이렇게 된 것은 김종서가 권력자의 자리에 올랐는데도 막나가지 않고 정도를 지켰다는 방증이라 하겠다. 오히려 정변으로 정권을 잡은 수양대군 일파야말로 갖은 부정축재와 비리 사건으로 많은 물의를 일으켰다. 한명회나 홍윤성이 대표적인 예이다. 수양대군 일파는 자신들의 쿠데타를 합리화시키기 위해 여러 가지 핑계를 꾸며내느라 김종서를 권신이라고 몰아붙인 것이다. 김종서뿐만이 아니라 세종 시대의 많은 명신들이 이 때 사라졌는데 그나마 살아남았다면 세조의 편에 선 정인지나 신숙주 정도일 것이다.

　이렇게 비극적인 최후를 맞았지만 선왕들의 뜻을 받들어 단종을 모신 충신이자 명신이면서도 의정부 서사제로 권력의 최정점에서 초기 조선을 호령한 권신이란 모습도 보여 진다. 그 활약상과 명성에 걸맞게 현재에 이르는 국경선을 확정하는데 큰 역할을 하였다.

　무덤은 세종특별자치시 장군면에 있다. 원래 공주시 장기면이었다가, 2012년 세종시에 편입되면서 장군의 묘소가 있는 곳임을 알리고 그를 기리기 위해 '장군면'으로 개칭됐다. 세조에게 죽고 역적으로 몰리는 바람에 시신 수습을 제대로 못하여 현재 묘에 묻혀 있는 것은 김종서의 다리 하나뿐이라는 이야기도 있다. 실제 위치한 공주 지역의 어른들은 '대교리'란 이름의 지명을 그를 기억하여 한다리라고도 부른다고 한다.

사실 역적으로 몰려 죽었으니 정확히는 다리도 묻지 못한 가묘라고 보는 것이 정확하겠지만 그래도 업적도 많이 남겼고 나라의 중추였던 충신이자 노신이었다.

세종은 4군과 6진을 개척하여 북방의 국경선을 확보하였다. 그리고 더 나가서 고려시대 윤관장군이 개척하였던 공험진과 선춘령에 대해서도 관심을 갖고 김종서에게 선춘령의 존재 여부를 조사시켰다. 세종은 1439년(세종 21) 8월에 함길도 도절제사인 김종서에게 다음과 같이 선춘령의 위치를 찾아 보고하라고 지시하였다. "동북 지경은 공험진(公嶮鎭)으로 경계를 삼았다는 것은 말을 전하여 온 지가 오래다. 그러나 정확하게 어느 곳에 있는지 알지 못한다. 본국(本國)의 땅을 상고하여 보면 본진(本鎭)이 장백산(長白山) 북록(北麓)에 있다 하나, 역시 허실(虛實)을 알지 못한다.『고려사(高麗史)』에 이르기를, '윤관(尹瓘)이 공험진(公嶮鎭)에 비(碑)를 세워 경계를 삼았다.'고 하였다. 지금 들건대 선춘점(先春岾)에 윤관이 세운 비(碑)가 있다 하는데, 본진(本鎭)이 선춘점의 어느 쪽에 있는가. 그 비문을 사람을 시켜 찾아볼 수 있겠는가. 그 비가 지금은 어떠한지. 만일 길이 막히어 사람을 시키기가 용이하지 않다면, 폐단없이 탐지할 방법을 경이 익히 생각하여 아뢰라.

또 듣건대 강밖(江外)에 옛 성(城)이 많이 있다는데, 그 고성(古城)에 비갈(碑碣)이 있지 않을까. 만일 비문이 있다면 또한 사람을 시켜 등서(謄書)할 수 있는지 없는지 아울러 아뢰라. 또 윤관이 여진(女眞)을 쫓고 구성(九城)을 설치하였는데, 그 성(城)이 지금 어느 성이며, 공험진의 어느 쪽에 있는가. 상거(相距)는 얼마나 되는가. 듣고 본 것을 아울러 써서 아뢰라."

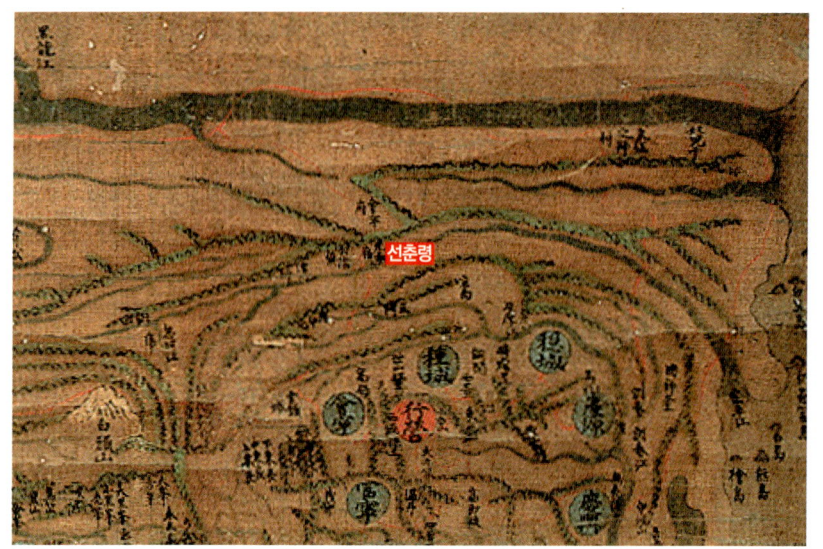

[팔도지도, 국사편찬위원회 소장]

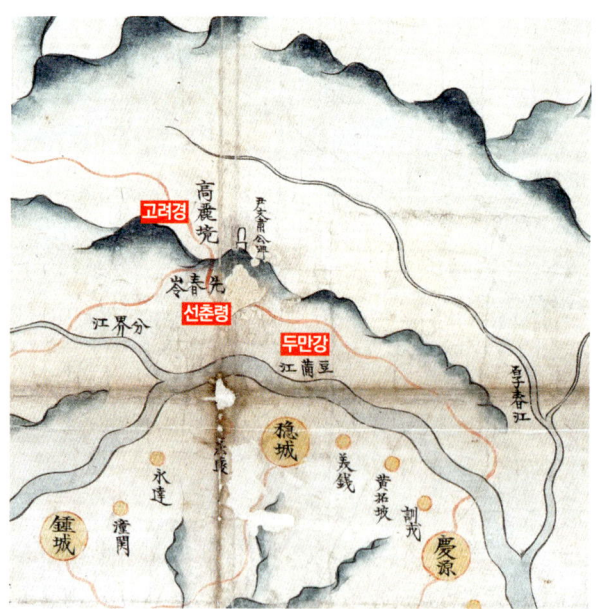

[서북피아양계지도, 서울대 규장각 한국학 연구원 소장]

여기에 대한 조사 보고서는 『세종실록 지리지』에 자세히 기록되어 있다. "두만강탄(豆滿江灘)을 건너서 북쪽으로 90리를 가면 오동 사오리참(吾童沙吾里站)이 있으며, 그 북쪽으로 60리에 하이두은(河伊豆隱)이 있고, 그 북쪽으로 1백리에 영가 사오리참(英哥沙吾里站)이 있으며, 그 북쪽으로 소하강(蘇下江)가에 공험진(公險鎭)이 있으니, 곧 윤관(尹瓘)이 설치한 진(鎭)이다."

『세종실록 지리지』 기사를 따라 자동차로 답사해보면 두만강탄인 회령 삼합진에서 북쪽으로 90리에 오동사오리참이 있다고 하였는데 현재에는 화룡시(和龍市)가 있다. 회령 삼합진에서 화룡시까지 자동차로 가면 30km이다. 실록의 기록대로라면 36km여야 맞지만 예전 길과 다르게 지금은 도로가 직선화되었으므로 6km 밖에 차이가 나지 않는 화룡시가 오동참에 해당될 것이다.

여기 오동참에서 60리 북쪽에 하이두은이 있다고 하였으므로 24km북쪽에 하이두은이 있어야 한다. 실제로 화룡시에서 용정시(龍井市)까지는 22km이므로 2km 정도 차이가 나지만 앞서 살펴 본대로 도로의 직선화를 감안하면 그리 큰 차이가 아니므로 용정시가 하이두은이었을 것이다.

여기까지는 실록의 기록이나 현지의 답사 기록이 비교적 일치하므로 별다른 문제점이 없다. 여기 하이두은에서 100리에 해당되는 곳이 영가사오리참(英哥沙吾里站)인데 이 영가참을 찾기가 매우 어렵다. 그것은 현지 사정이 조선 초기보다 많이 달라졌기 때문이다. 예전에는 연길시가 발달되지 않고 국자가(局子街)라는 조그마한 마을이었는데 지금은 연길시가 발달되어 있고 도로 사정도 크게 달라졌기 때문에 『세종실록지리지』에 표시된 영가참(英哥站)을 찾는 것이 매우 어렵다.

[중국 길림성 왕청현 백초구령에 있는 조선족 마을 표지판, 안 동립 촬영]

현지답사로는 용정시에서 연길시(延吉市)까지는 21km이므로 50리이다. 연길시에서 50리인 20km를 더 간 곳이 영가참일 것이다. 연길에서 영고탑 쪽으로 20km를 더 간 곳에 영가참의 예정지를 찾아야 하는데 이러한 지역은 왕청현의 백초구령(百草溝嶺)이 유력하다. 백초구령 주변에는 아직도 고려촌(高麗村)이 있다. 지금은 고성촌(高城村)과 여성촌(麗城村)으로 나누어졌지만 예전에는 고려촌이 있었다.

10. 계유정난과 사육신

1) 계유정난

조선 왕조의 초석을 탄탄히 다졌던 세종이 죽고 문종이 즉위했지만, 재위 2년 만에 죽고 13세의 단종이 갑자기 즉위하였다. 세종은 문종이 병약했으므로 성삼문 등의 집현전 학사와 황보인·김종서 등의 원로대신에게 문종 다음에 왕위를 계승할 단종을 잘 돌보아 달라고 부탁했었다. 그러나 세종에게는 7명의 왕자가 있었는데 그 중에서 둘째인 수양대군과 셋째인 안평대군은 야심이 많았다. 안평대군은 주로 문학예술을 좋아하여 그쪽 사람들과 교류관계가 돈독하였으며 수양대군은 문신보다는 무인들과의 사귐이 많고 한명회·권남 등을 끌어들인 후에 양정·홍윤성·홍달손 등의 무인들을 자기 휘하에 끌어들이고 기회를 엿보고 있었다.

안평대군과 수양대군의 가파른 대치는 수양대군이 선수를 쓰므로 무너진다. 1453년(단종 1) 9월에 권남(權擥)이 수양대군에게 황보인(皇甫仁) 등이 김종서와 함께 모여서 장차 단종을 폐하고 안평 대군(安平大君)을 세워서 임금으로 삼으려고 하는데, 거사 일을 오는 10월 12일과 22일로 정했다고 고해 바쳤다.

수양대군은 한명회·홍달손·양정 등과 더불어 상의하기를 "무릇 천하의 일은 상경(常經)과 권도(權道)가 있는데 어찌 하나만 굳게 지키고 통하지 못하여 일의 기회를 잃을 것인가? 변통하여 중(中)을 얻는 것이 곧 상경(常經)이니, 의(義)가 마땅히 먼저 발(發)하고 난 뒤에 계문(啓聞)할 것이다."라고 의논한 후 김종서 등을 죽이기로 작정하였다.

이것은 왕의 재가도 받지 않고 영의정과 좌의정을 자기들의 사병을 동원하여 죽이겠다는 혁명적 발상이다. 물론 이러한 무모한 계획에 대하여 반대하는 자들도 많았으나 한명회가 말하기를, "길옆에 집을 지으면 3년이 되어도 이루지 못하는 것입니다. 작은 일도 오히려 그러한데, 하물며 큰일이겠습니까? 일에는 역(逆)과 순(順)이 있는데, 순으로 움직이면 어디를 간들 이루지 못하겠습니까? 모의(謀議)가 이미 먼저 정하여졌으니, 지금 의논이 비록 통일되지 않더라도 그만둘 수 있습니까? 청컨대 공(公)이 먼저 일어나면 따르지 않을 자가 없을 것입니다."고 강경책을 건의하자 수양대군도 그대로 따랐다.

  수양대군이 김종서(金宗瑞)를 먼저 죽이기로 하고 자기 집 중문에 나서자 그의 부인이 갑옷을 입혀 주며 전의(戰意)를 돋우어 주었다. 수양대군은 갑옷을 입고 그의 종 임어을운(林於乙云)을 데리고 혼자 김종서의 집으로 갔다. 세조가 떠나기 전에 권남과 한명회가 의논하기를, "지금 대군이 몸을 일으켜 홀로 가니 후원(後援)이 없을 수 없다."하고 권언(權躽)·권경(權擎)·한서구(韓瑞龜)·한명진(韓明溍) 등으로 하여금 돈의문(敦義門) 안 내성(內城) 위에 잠복하게 하고, 또 양정(楊汀)·홍순손(洪順孫)·유서(柳溆)에게 경계하여 미복(微服) 차림으로 따라가게 하였다.

  김종서의 아들 김승규가 수양대군을 맞이하여 들이고 한참 만에 김종서가 나와 수양대군을 보았다. 두 사람은 서로를 의심하여 멀찍이 서서 대화하였다. 수양대군이 비밀한 청이 있다고 주위 사람들을 물리치기를 부탁한 후 김종서에게 편지 한 통을 주었다. 편지의 글씨가 흐릿하여 달에 비춰 보는 순간 수양대군이 눈짓하자 임어을운이 철퇴로 김종서를 쳐서 땅에 쓰러뜨렸다. 김승규가 놀라서 그 위에 엎드리자, 양정이 칼을 뽑아 쳤다. 김종서도 수양대군의 야심을 잘 알고 있었으므로 사람을 배치하여 수양대군을 경계하였으나 수양대군이 이를 간파하고 혼자 갔기 때문에 김종서가 방심하다가 허를 찔리게 된 것이다.

  김종서를 죽인 후 수양대군은 곧바로 사병을 동원하여 대궐을 장악하였다. 궐문에 이르러 입직하는 내금위(內禁衛) 봉석주(奉石柱) 등에게 완전 무장하여 남문 내정(內庭)에 늘어서서 김종서 일당의 반격에 대비하게 하였다. 또 입직하는 여러 곳의 별시위 갑사(別侍衛 甲士)·총통위(銃筒衛) 등으로 하여금 둘러서서 홍달손의 부서를 돕게 하고, 여러 순군(巡軍)은 시좌소(時坐所)의 앞뒤 골목을 파수하여 차단하였다.

수양대군은 순졸(巡卒) 수백 인을 거느려 남문 밖의 가회방(嘉會坊) 동구 돌다리 가에 주둔하고, 서쪽으로는 영응대군 집 서쪽 동구에 이르고 동쪽으로 서운관 고개에 이르기까지 좌우로 나누어 지키며 사람의 출입을 막고, 또 돌다리로부터 남문까지 마병·보병으로 문을 네 겹으로 만들고, 역사(力士) 함귀(咸貴)·박막동(朴莫同) 등으로 제3문을 지키게 하고, 어명을 내려 정승들을 입궐하도록 하였다.

그러나 출입구가 좁다는 핑계로 여러 재상들이 들어올 때 시종을 데리고 들어오지 말고 혼자 걸어서 들어오도록 하였다. 이 때 한명회는 "살생부"를 들고 있다가 신호하면 입궐하는 정승들을 차례로 죽였다. 조극관(趙克寬)·황보인(皇甫仁)·이양(李穰)이 제3문에 들어오다가 함귀 등의 철퇴에 맞아 죽었다. 그리고 입시하지 않은 윤처공(尹處恭)·이명민(李命敏)·조번(趙藩)·원구(元矩) 등을 사람을 보내 죽이고, 김연(金衍)과 민신(閔伸)도 그 집에서 목을 베었다. 의금부 도사 신선경(愼先庚)을 보내어 안평대군을 집에서 잡아서 강화(江華)로 압송하였다. 김종서의 부자·황보인·이양·조극관·민신·윤처공·조번·이명민·원구 등을 모두 길거리에 효수(梟首)하였다.

계유정난(癸酉靖難)에 성공한 수양대군은 군국의 중요한 일을 모두 위임받아 총괄하고, 군사 1백 40인을 호위병으로 배치하였다. 수양 대군은 영의정부사와 겸판이병조사(兼判吏兵曹事)가 되고, 정인지(鄭麟趾)를 좌의정, 이계전(李季甸)을 병조 판서로, 최항(崔恒)을 도승지로, 신숙주(申叔舟)를 우승지(右承旨)로, 박팽년(朴彭年)을 좌부승지(左副承旨)로 삼았다.

계유정란의 공을 논하여 수양대군·정인지·한명회 등 12명을 1등으로 삼고, 신숙주·양정·홍윤성 등 11명을 2등으로 삼고, 성삼문 등 20명을 3등으로 삼았다.

그리고 수양대군은 어린 성왕을 도왔던 주공(周公)처럼 행세 하다가 1455년(단종 3)에 선양 형식으로 단종을 폐위시키고 왕위를 찬탈하였다.

2) 사육신의 단종 복위 운동 실패

성삼문을 중심으로 한 집현전 학사 출신의 젊은 관리들은 세종의 당부를 못 잊어 단종 복위 운동을 비밀리에 추진하였다. 이들은 중국 사신이 서울에 도착하여 환영연을 열 때 별운검을 서는 무관을 시켜 세조를 죽이려고 계획하였으나, 그날 환영연 장소가 비좁았기 때문에 운검을 세우지 않아 이 계획은 연기될 수밖에 없었다.

이렇게 거사 계획이 연기되자 배신자가 나타났는데 그가 김질(金礩)이다. 그는 그의 장인인 우찬성 정창손(鄭昌孫)과 함께 비밀히 세조에게 이 계획을 밀고하였다.

김질은 좌부승지인 성삼문이 사람을 시켜서 자신을 보자고 청하기에 그 집에 갔더니, 성삼문이 말하기를, "근일에 혜성(彗星)이 나타나고, 사옹방(司饔房)의 시루가 저절로 울었다니, 장차 무슨 일이 있을 것인가?" 하므로, 신이 말하기를, '과연 앞으로 무슨 일이 있기 때문일까?' 하였습니다.

성삼문이 또 말하기를, '근일에 상왕(上王: 단종)이 창덕궁(昌德宮)의 북쪽 담장 문을 열고 이유(李瑜: 금성대군)의 구가(舊家)에 왕래하시는데, 이것은 반드시 한명회(韓明澮) 등의 헌책(獻策)에 의한 것이리라.' 하기에, 신이 말하기를, '무슨 말인가?' 하니, 성삼문이 말하기를, '그 자세한 것은 아직 알 수 없다. 그러나 상왕(上王: 단종)을 좁은 곳에다 두고, 한두 사람의 역사(力士)를 시켜 담을 넘어 들어가 불궤(不軌)한 짓을 도모하려는 것에 지나지 않는다.' 하였습니다.

이윽고 또 말하기를, '상왕(上王: 단종)과 세자(世子)는 모두 어린 임금이다. 만약 왕위에 오르기를 다투게 된다면 상왕을 보필하는 것이 정도(正道)이다. 모름지기 그대의 장인을 타일러 보라.' 하므로, 신이 말하기를, '그럴 리가 만무하겠지만, 가령 그런 일이 있다 하더라도 우리 장인이 혼자서 어떻게 할 수 있겠는가?' 하니, 성삼문이 말하기를, '좌의정(左議政)은 북경(北京)에 가서 아직 돌아오지 아니하였고, 우의정(右議政)은 본래부터 결단성이 없으니, 윤사로(尹師路)·신숙주(申叔舟)·권남(權擥)·한명회(韓明澮) 같은 무리를 먼저 제거해야 마땅하다. 그대의 장인은 사람들이 다 정직하다고 하니, 이러한 때에 창의(唱義)하여 상왕(上王)을 다시 세운다면 그 누가 따르지 않겠는가? 신숙주는 나와 서로 좋은 사이지만 그러나 죽어야 마땅하다.' 하였습니다.

신이 처음에 더불어 말할 때에는 성삼문은 본래 언사(言辭)가 너무 높은 사람이므로, 이 말도 역시 우연히 하는 말로 여겼는데, 이 말을 듣고 나서는 놀랍고도 의심스러워서 다그쳐 묻기를, '역시 그대의 뜻과 같은 사람이 또 있는가?' 하니, 성삼문이 말하기를, '이개(李塏)·하위지(河緯地)·유응부(兪應孚)도 알고 있다.'하였습니다."

김질의 밀고를 받은 세조는 승지인 성삼문을 급히 입궐도록 하여 체포한 후 묻기를,

"네가 김질과 무슨 일을 의논했느냐?"

하니, 성삼문이 하늘을 우러러보며 한참 동안 있다가 말하기를,

"청컨대 김질과 면질(面質)하고서 아뢰겠습니다."

하였다. 김질에게 명하여 그와 말하게 하니, 말이 채 끝나기도 전에 성삼문이 말하기를,

"다 말하지 말라."

하고서 이어 말하기를,

"김질이 말한 것이 대체로 같지만, 그 곡절은 사실과 다릅니다."

하였다. 세조가 성삼문에게 이르기를,

"네가 무슨 뜻으로 그런 말을 하였는가?"

하니, 대답하기를, "지금 혜성(彗星)이 나타났기에 신은 참소(讒訴)하는 사람이 나올까 염려하였습니다."하였다.

세조가 그를 결박하게 하고 말하기를, "너는 반드시 깊은 뜻이 있을 것이다. 내가 네 마음을 들여다보기를 폐간(肺肝)을 보는 듯이 하고 있으니, 사실을 자세하게 말하라."하고, 명하여 그에게 곤장을 치게 하였다. 성삼문이 말하기를, "신은 그 밖에 다른 뜻이 없었습니다." 하였다. 세조가 성삼문에게 공모한 자를 물었으나 말하지 아니하였다. 세조가 말하기를, "너는 나를 안지가 가장 오래 되었고, 나도 또한 너를 대접함이 극히 후하였다. 지금 네가 비록 그 같은 일을 하였다고 하더라도 내 이미 친히 묻는

것이니, 네가 숨기는 것이 있어서는 안 된다. 네 죄의 경중(輕重)도 역시 나에게 달려 있다."

하니, 대답하기를, "진실로 상교(上敎)와 같습니다. 신은 벌써 대죄(大罪)를 범하였으니, 어찌 감히 숨김이 있겠습니까? 신은 실상 박팽년·이개·하위지·유성원과 같이 공모하였습니다."하였다.

세조가 말하기를, "그들뿐만이 아닐 것이니, 네가 모조리 말함이 옳을 것이다."하니,

대답하기를, "유응부(兪應孚)와 박쟁(朴崝)도 또한 알고 있습니다."하였다.

명하여 하위지를 잡아들이게 하고 묻기를,

"성삼문이 너와 함께 무슨 일을 의논하였느냐?"하니, 대답하기를, "신은 기억할 수 없습니다."하였다. 임금이 말하기를, "성변(星變)의 일이다."하니,

대답하기를, "신이 전날 승정원에 이르러서야 비로소 성변을 알게 되었습니다."하였다. 임금이 말하기를, "성변의 일로 인하여 불궤(不軌)한 일을 같이 공모했느냐?"하였으나, 하위지는 말하지 아니하였다.

또 이개에게 묻기를, "너는 나의 옛 친구였으니, 참으로 그러한 일이 있었다면 네가 모조리 말하라."하니, 이개는 말하기를, "알지 못합니다."하였다.

임금이 말하기를, "이 무리들은 즉시 엄한 형벌을 가하여 국문함이 마땅하나, 유사(有司)가 있으니, 그들을 의금부에 하옥하라."

다시 성삼문 등을 끌어들이고, 또 박팽년 등을 잡아와서 친히 국문하였다. 박팽년에게 곤장을 쳐서 당여(黨與)를 물으니, 박팽년이 대답하기를, "성삼문·하위지·유성원·이개·김문기·성승·박쟁·유응부·권자신·송석

동·윤영손·이휘와 신의 아비였습니다."하였다.

다시 물으니 대답하기를, "신의 아비까지도 숨기지 아니하였는데, 하물며 다른 사람을 대지 않겠습니까?"하였다.

그 시행하려던 방법을 물으니, 대답하기를, "성승·유응부·박쟁이 모두 별운검(別雲劒)이 되었으니, 무슨 어려움이 있겠습니까?"하였다.

그 시기를 물으니 대답하기를, "어제 연회에 그 일을 하고자 하였으나 마침 장소가 좁다 하여 운검(雲劒)을 없앤 까닭에 뜻을 이루지 못하였습니다. 후일에 관가(觀稼)할 때 노상에서 거사하고자 하였습니다."

대개 어전(御殿)에서는 2품 이상인 무반 2명이 큰칼을 차고 좌우에 시립(侍立)하게 되어 있었다. 이날 세조가 중국 사신의 환영연에 참석하고, 성승·유응부·박쟁 등을 별운검으로 세우려고 하였으나, 세조가 전내(殿內)가 좁다고 하여 별운검을 없애라고 명하였다. 성삼문이 별운검을 없앨 수 없다고 아뢰었으나 세조가 신숙주에게 명하여 다시 전내(殿內)를 살펴보게 하고, 드디어 별운검을 세우지 않았다.

이번에는 이개를 잡아다가 곤장을 치고 물으니, 박팽년의 대답과 같았다. 나머지 사람들도 다 공초에 승복하였으나, 오직 김문기(金文起)만이 공초에 불복하였다. 유성원은 집에 있다가 일이 발각된 것을 알고 스스로 목을 찔러 자결하였다. 박팽년은 공초에 자복하였으나 형벌을 견디지 못하여 옥중에서 죽었다.

유성원·허조·성삼문·이개·하위지·성승·유응부·권자신의 시체는 백관들을 군기감 앞길에 모아서, 빙 둘러서게 한 다음, 수레를 이용하여 찢어 죽이고, 목을 베어 효수하였다. 백관들이 처참한 광경을 실제 보도록 하여 공포감을 조성하고, 시체를 팔도에 전시하게 하였으며, 그 재산을 몰수하고, 연좌된 자들은 친자식들은 모조리 교수형에 처하고, 어미와 딸·처첩·조손(祖孫)·형제·자매와 아들의 처첩 등은 한적한 국경지역의 노비로 영구히 소속시키고, 백·숙부(伯叔父)와 형제의 자식들은 먼 지방의 노비로 삼았다.

세조는 사육신들이 개인적인 불평을 가졌기 때문에 모여서 공모하였는데 그들의 불평 사항을 다음과 같다고 파악하였다.

성삼문은 성격이 출세에 조급하여 스스로 중시(重試)에 장원하여 이름은 남의 앞에 있으나 오래도록 제학과 참의에 머물러 출세가 늦어졌기 때문이라고 보았다. 그 아비 성승(成勝)은 본래 안평대군과 가까이 지냈는데, 일찍이 의주 목사로 있을 때 사람을 죽이고 관직이 떨어져 고신(告身)과 과전(科田)을 거두었으나, 안평대군의 노력으로 고신을 환급 받았기 때문이며, 박팽년은 사위 이전이 안평대군 편에 섰다가 처벌받았으므로 항상 화가 자기에게까지 미칠까 두려워하였다. 하위지는 일찍이 세조에게 견책을 받았으므로 원한을 품었었고, 이개와 유성원은 관직이 낮은 것이 불만이었다고 보았다. 김문기는 박팽년과 족친으로 친밀히 교제하였는데, 그때 김문기가 도진무(都鎭撫)가 되었으므로 박팽년·성삼문과 함께 모의하기를,

"그대들은 안에서 일이 성공되도록 하라. 나는 밖에서 군사를 거느리고 있으니, 비록 거역하는 자가 있다 한들 그들을 제재하는 데 무엇이 어렵겠는가?" 하였다.

세조는 단종 복위 운동에 연좌된 부녀자를 대신들에게 나누어주게 하였다.

박팽년의 아내 옥금(玉今)을 영의정 정인지에게 주고, 성삼문의 아내

차산(次山)과 딸 효옥(孝玉)은 박종우(朴從愚)에게 주고, 이개의 아내 가지(加知)는 우참찬 강맹경(姜孟卿)에게 주고, 김문기의 딸 종산(終山)은 대사헌 최항(崔恒)에게 주고, 김문기의 아내 봉비(奉非)는 도절제사 유수(柳洙)에게 주고, 유성원의 아내 미치(未致)와 딸 백대(百代)는 좌승지 한명회에게 주고, 민보흥(閔甫興)의 아내 석비(石非)는 밀고자인 판군기감사 김질에게 주고, 하위지의 아내 귀금(貴今)과 딸 목금(木今)은 지병조사(知兵曹事) 권언(權躽)에게 주고, 유응부의 아내 약비(若非)는 예빈시윤(禮賓寺尹) 권반(權攀)에게 주었다.

 또한 사육신의 전지도 몰수하여 공신들에게 나누어주었다.

 성삼문의 당진 논과 양주 논은 임영 대군에게 내려 주고, 유성원의 광주 논, 성승의 고양 논은 계양군(桂陽君)게 내려 주었다. 유응부의 배천(白川) 땅은 영해군(寧海君)에게 내려 주고, 김문기의 영동 땅은 영의정 정인지에게 내려 주고, 하위지의 선산 땅은 죽은 좌의정 한확(韓確)에게 내려주었다. 이개·성삼문의 함열 땅은 우의정 강맹경(姜孟卿)에게 내려 주고, 박팽년의 신창 땅, 이개의 한산 땅, 성삼문의 예산 토지, 이개의 임피 토지는 이계전에게 내려 주었다. 김문기의 옥천 토지는 파평군 윤암(尹巖)에게 내려 주고, 유응부의 포천 토지는 우찬성 신숙주에게 내려 주고, 이개의 충주 토지, 성삼문의 평산 토지는 우참찬 박중손(朴仲孫)에게 내려 주었다. 김문기의 안동 토지, 성승의 양주 토지는 이조 판서 권남에게 내려 주고, 박팽년의 삭녕 토지, 성삼문의 고양 토지는 병조 판서 홍달손에게 내려주고, 김문기의 옥천토지, 이개의 한산 토지는 예조 판서 홍윤성(洪允成)에게 내려 주고, 박팽년의 온양 토지, 유성원의 청주 토지, 이개의 여산 토지는 도승지 한명회에게 내려 주고, 박팽년의 천안 땅은 우승지 윤자운(尹子雲)에게 내려 주고, 최치지(崔致池)의 은진 토지는 동부승지 김질에게 내려 주었다. 만약 가사(家舍)가 있는 곳에는 아울러 가재(家財)도 내려 주었다.

1456년(세조 2) 6월에는 의정부 우의정(右議政) 이사철(李思哲)이 백관을 거느리고 전문(箋文)을 올려 역신(逆臣)을 주륙(誅戮)한 것을 하례하였다. 그 전문은 이러하였다.

"천도(天道)가 거짓이 없어서 죄인들이 이미 그 죄에 복주(伏誅)되었으며, 은택(恩澤)이 넘쳐 흘러 은명(恩命)이 아래에 반포되니, 기뻐하는 소리가 먼 곳에까지 퍼지고 기쁜 기운이 넓게 오릅니다. 가만히 생각하건대, 사사로이 신하는 장(將: 임금을 배반하는 마음)이 없어야 하는데 천고의 떳떳한 가르침이 밝고 국가의 법제에 정한 것이 있으니, 두 가지 마음을 품은 자는 반드시 주륙하게 되는 법입니다. 오로지 대의(大義)가 그러한 까닭이 불궤(不軌)는 용서 못하는 것입니다. 전자에 역도들이 서로 선동하여 흉포한 계략을 행하려 하였으므로, 성주(聖主)께서 비록 간악한 자들을 삼제(芟除)하였다 하지만, 뭇 추악한 자들의 여당이 남아 있어 마음에 보복할 것을 품고 장차 국가에 화(禍)를 끼치려고 하니, 그 뜻이 흉악하고 잔악하여 군부(君父)에 대하여 감정을 풀고자 하였습니다. 그러나, 역리(逆理)와 순리(順理)는 반드시 바른 데로 돌아가며 귀신을 속이기는 어려운 것입니다. 이에 불일간(不日間)에 하늘까지 넘치는 악을 바로잡을 수가 있었습니다. 바람이 날리고 우레가 엄하여 요사한 기운은 확청(廓淸: 깨끗하게 소제함)되고, 하늘과 별이 질서 있게 돌면서 현묘한 변화가 묵묵히 운행되고 있으니, 삼가 생각하건대, 전하께서는 천년의 운수를 타고나고 덕은 백왕(百王)의 으

뜻이십니다. 천토(天討)의 위세를 딛고 일어나 공손히 행하고 신무(神武)의 측량할 수 없는 천품을 타고나 더욱 귀신과 사람의 소망을 위로하고, 영구히 종묘와 사직의 안정을 굳혔습니다. 신 등은 모두 용렬한 자질로 성대한 공렬(功烈)을 얻어 보게 되었으므로, 대궐 뜰에 줄지어 서서 칠덕(七德: 임금의 덕)의 노래를 화답하여 부르고 호배(虎拜: 임금 뵈올 때의 큰절)로 아름다움을 선양하며 성상의 만년의 수(壽)를 빕니다."

생각이 다르면 똑같은 사실을 보고도 위와 같이 엄청난 차이가 있는데 오늘날의 좌파와 우파의 극한 대립을 보는 것 같다.

3) 사육신의 복권 운동

성삼문·박팽년 등의 단종 복위운동은 성종 때 남효온이 육신전(六臣傳)을 지어 그들의 충절을 기린 다음부터 선비들 사이에 높이 추앙되었다. 중종 때에도 이들을 복권시키려는 논의가 있었지만 당대에는 버려두고 논의하지 않는 것이 좋겠다는 의견이었다.

인조 때에는 사육신을 당대의 난신(亂臣)이었지만 후세의 충신이라 규정하고 선비들의 기풍을 일으키기 위해서는 이들을 복권시켜야 한다고 하였다.

효종 때에도 박팽년·성삼문·이개·하위지·유성원·유응부 여섯 신하들을 정려를 세워 기리자고 논의 하였으며, 현종 때에는 사육신을 "명나라 방효유(方孝儒) 등과 같은 사람이다."라고 여기고 충의를 포상하려고 하였다.

숙종은 효종의 뜻을 받들어 사육신을 복권 시켰다. 1691년(숙종17)에 숙종은 노량진을 건너 성삼문(成三問) 등 육신(六臣)의 무덤이 길 옆에 있는

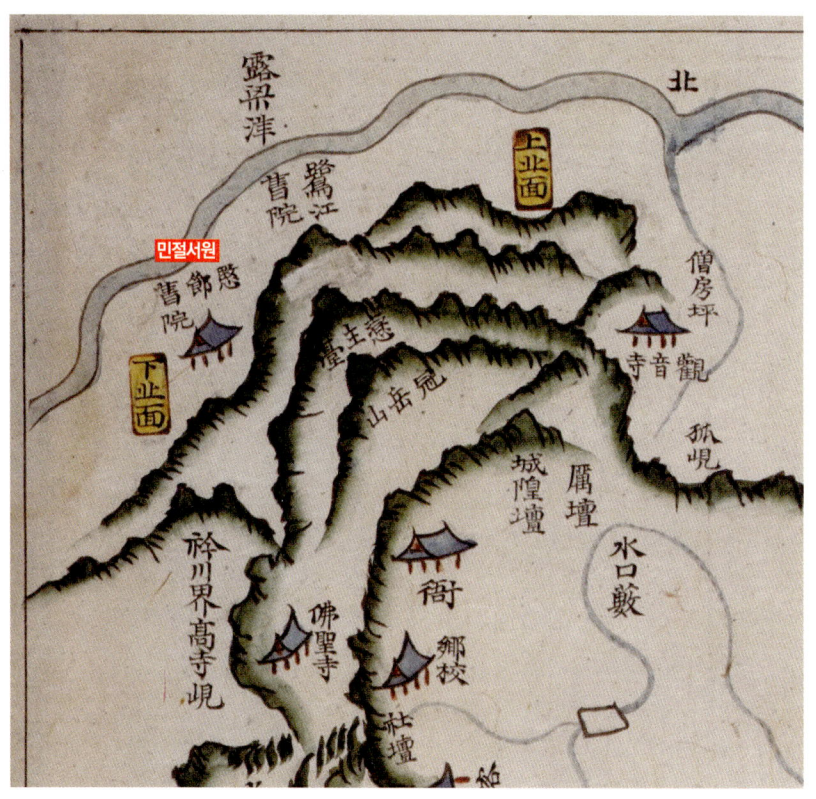

[사육신 사당인 민절서원, 서울대 규장각 한국학 연구원 소장]

것을 보고 그 절의(節義)에 감동하였다. 그리고 특별히 관원을 보내어 이들의 무덤에 제사하게 하고, 이어서 명하여 근시(近侍)를 노산대군(魯山大君)의 묘에 보내어 제사하게 하였다.

판부사(判府事) 김덕원(金德遠)이 말하기를, "육신의 무덤은 예전부터 전하여 오는 말이 있기는 하나, 그래도 명백히 의거할 만한 증험이 없습니다. 박팽년의 후손인 고(故) 군수 박숭고(朴崇古)가 일찍이 이를 위하여 비석을 세워 표지 하였으나 감히 조상의 무덤이라고 틀림없이 말하지 못하였다 합니다."하니, 임금이 드디어 그 사당에 제사하게 하였다. 사당은 강가에 있어 무덤과는 언덕하나 사이로 가까운데, 선비들이 일찍이 세운 것이었다. 또 예관(禮官)이 복관(復官)하지 못하였다는 말을 들었다고 말함에 따라, 전교하기를, "육신은 명(明)나라의 방효유(方孝孺)와 무엇이 다르겠는가?"하고, 곧 복관하고, 사당의 편액을 내리라고 명하였다. 그러나 승지 목창명(睦昌明) 등이 여러 조정에서 서두르지 않은 데에는 은미한 뜻이 있는 듯하니, 이제 쉽사리 결정하는 것은 마땅하지 못하니 신중을 기하자고 하여 사육신의 복권은 잠시 보류되었다.

숙종은 곧 성삼문 등 사육신을 복작하고, 사당을 민절사(愍節祠)라고 하였으며 관원을 보내 치제하고 사육신의 후예들에게 관직을 주었다. 후에 민절사를 민절서원으로 고쳤다.

사육신은 200여 년 만에 복권되고 충신으로 추앙받게 되었다.

영조 때에는 사육신에게 특별히 정경(正卿)을 증직하도록 하고, 시호를 내려 주며, 예관(禮官)을 보내어 치제하도록 하였다. 사육신의 후손으로는 박팽년의 후손인 감찰 박성협(朴聖浹)만이 남아 있었으므로 그에게 특별히 그 관직에 준하여 승진시켜 서용(敍用)하도록 하였다.

사육신(死六臣)에게 "충(忠)"자를 가지고 시호를 내려 주도록 명하였다.

4) 생육신의 활동

사육신의 충절을 높이 평가하여 평생 벼슬하지 않고 절의를 지킨 선비들을 생육신이라고 하였는데 다음 6명의 선비들이다.

청간공(淸簡公) 김시습(金時習)은 5살에 신동이라 하여 세종의 특별한 인정을 받았다. 단종이 왕위를 세조에게 빼앗긴 뒤에는 절간에 의탁하여 종신토록 벼슬하지 않았다.

사육신 사건이 일어났을 때, 김시습은 북한산(北漢山) 중흥사(重興寺)에서 과거 공부에 매진하고 있었다. 그는 왕위 찬탈 소식을 듣고는 크게 충격을 받아 방문을 걸어 잠근 채 사흘 동안이나 바깥으로 나오지 않았다고 한다. 이어 그는 책을 불사르고 자리를 박차고 일어났다.

이때의 출발이 평생 동안의 방랑으로 이어질 것이라는 점을 그는 알고 있었을 것이다. 비록 단종의 밑에서 벼슬살이 한 번 하지 않았건만, 김시습은 마음으로 단종을 국왕으로 모신 채 평생 벼슬길에 나아가지 않고 처사(處士)로 살았다.

정국은 계속 흉흉했다. 1456년(세조 2) 6월에는 성삼문·박팽년·이개·하위지·유성원·유응부 등이 단종의 복위를 도모하다 발각되어 사형에 처해졌다. 지방에 머물던 김시습은 사육신이 체포되었다는 소식을 듣고 한달음에 서울로 달려와 그들의 충절을 지킨 채 죽어가는 것을 목도하였다. 이들 사육신(死六臣)은 온 몸이 토막 나는 거열형(車裂刑)에 처해져 죽었으나, 분노한 세조를 두려워 한 나머지 아무도 나서서 그들의 시신을 수습하려 하지 않았다.

그러던 어느 날 거리에 나뒹굴던 이들의 시신이 사라졌다. 시신을 수습한 사람은 바로 김시습이었다. 그는 사육신의 충의를 추모하여 그들의 시신이 훼손되는 것을 그냥 내버려 두지 못하고 수습하여 노량진에 매장하였다. 현재의 사육신묘(死六臣墓)가 바로 김시습이 이들의 시신을 매장한 곳이다.

이이(李珥)는 김시습이 절의를 높이 세우고 윤리 강상을 부식한 것은 비록 백대의 스승이라 해도 근사할 것이라고 칭찬 하였다.

문정공(文貞公) 남효온(南孝溫)은 18세에 글을 올려 소릉(昭陵: 문종의 왕비)의 복위를 청하고 드디어 과거 공부를 그만두었다. 일찍이 육신전(六臣傳)을 지으면서 말하기를 "내가 어찌 죽음을 아껴 대현들의 이름을 인멸시키겠는가."하였다.

정간공(貞簡公) 원호(元昊)는 집현전 직제학으로 단종 초년에 원주에 은퇴하여 살다가 단종이 승하하시자 영월로 들어가 삼년상을 지냈으며 세조가 특별히 호조 참의를 제수하고 여러 차례 불렀으나 끝내 가지 않았다. 1698년(숙종 24) 무인년에 특별히 그의 마을에 정문을 세웠다.

정숙공(靖肅公) 성담수(成聃壽)는 교리 성희(成熺)의 아들이다. 성혼(成渾)의 잡저(雜著)에 "희가 성삼문의 사건에 연좌되어 종신토록 벼슬하지 않았다. 그의 아들 담수는 지극한 정성과 높은 식견을 지니고 파주(坡州)에 물러가 살았는데, 그 당시 죄인의 자제들에게 으레 참봉을 제수하여 그 거취를 시험하였을 때 모두 머리를 숙이고 벼슬살이를 하였으나 유독 담수만은 끝내 벼슬하지 않았다."고 하였다.

정간공(靖簡公) 이맹전(李孟專)은 일찍이 우수한 성적으로 과거에 급제하여 한림으로 뽑혔으나 1454년(단종 2)에 귀먹고 눈멀었다고 평계하고 종신토록 벼슬하지 않았다. 정조 때 시호를 추증 받았다.

정절공(貞節公) 조려(趙旅)는 태학생(太學生)으로 단종이 손위하게 되자 여러 유생들과 하직하고 함안군(咸安郡)으로 돌아가 은둔하여 소요자적하다가 일생을 마쳤다. 1702년(숙종 28) 임오년에 특별히 이조 참의를 추증하였고, 정조 신축년에 이조 판서로 올려 추증하고 시호를 내렸다.

충숙공(忠肅公) 권절(權節)은 이이가 지은 『율정난고(栗亭亂稿)』 서문에 "세조가 왕위에 오르기 전에 여러 번 그의 집에 가서 거사하는 문제를 은밀히 말했으나 귀먹은 체하고 대답하지 않았으며, 은둔하여 한평생을 마쳤다."고 하였다. 1702년(숙종 28)에 강원도 유생들이 상소하여 육신의 사당에 사액(賜額)할 것과 권절을 함께 배향할 것을 청하자 그 마을에 정문을 세울 것을 명하였다. 갑신년에 양주(楊州) 유생들이 또 상소하여 사당을 건립할 것을 청하니, 증직하고 시호를 내렸다.

5) 사육신묘는 공동묘지였다

1699년(숙종 25)에 만들어진 과천 읍지에 의하면 사육신 묘지는 공동묘지였다. 예전에 노량진이나 동작진 그리고 양재동까지 과천현에 속해 있었다. 과천현지에 의하면 묘지 항에 "박선생 팽년, 성선생 삼문, 이선생 개, 유선생 응부의 네 묘는 과천 현청에서 북쪽으로 20리 떨어진 노량리에 있는데, 모두 조그마한 비석이 있다. 유선생 성원과 성지사 승의 두 묘도 역시 그곳에 있다. 세월이 오래 지나 지키는 사람이 없으니 첩첩이 여러 무덤이 뒤섞이게 되어 지금은 분간할 수가 없으니 뜻 있는 사람들이 한탄하고 애석해 한다."라고 쓰여 있다.

또 사우(祠宇) 항에는 민절서원(愍節書院)의 설명이 있다. "민절 서원은 현청의 북쪽으로 20리 떨어진 노량리에 있다. 즉 단종 때의 육신인 박팽년·

[사육신묘 가군, 원래의 묘역에는 박팽년·성삼문·유응부·이개의 묘만 있었으나 후에 하위지·유성원·김문기의 묘도 만들어 함께 모시고 있음. 안 동립 촬영]

[사육신묘 나군, 원래의 묘역에는 박팽년·성삼문·유응부·이개의 묘만 있었으나 후에 하위지·유성원·김문기의 묘도 만들어 함께 모시고 있음. 안 동립 촬영]

성삼문·이개·하위지·유성원·유응부 선생들의 제사처이다. 박, 성, 이, 유의 네 선생 묘가 서원의 뒷동산에 있기 때문에 1681년(숙종 7)에 그 아래에 창건하였고 1692년(숙종 18)에 서원의 패액을 받았다."라고 적었다.

위의 과천현지에 의하면 박팽년·성삼문·이개·유응부의 네 묘는 조그마한 비석이 있기 때문에 다른 무덤과 구분하여 쉽게 찾을 수 있으나 유성원의 묘는 성승의 무덤과 같이 있어 짐작은 가지만 비석이 없어 확증 할 수가 없으며 특히 하위지의 무덤에 대해서는 두 항목 어디에도 설명이 없다. 아마도 하위지의 무덤은 다른 곳에 있었던 모양이다. 그러나 이들의 무덤도 돌보는 사람이 없어 여러 무덤 가운데 뒤섞여 있어 구분하기가 쉽지 않았던 듯하다. 1691년(숙종 17)에 판부사(判府事) 김덕원(金德遠)도 사육신의 무덤은 예전부터 전하여 오는 말이 있기는 하나, 그래도 명백히 의거할 만한 증험이 없다고 하였으며, 박팽년의 후손인 고(故) 군수 박숭고(朴崇古)가 일찍이 이를 위하여 비석을 세워 표지 하였으나 감히 조상의 무덤이라고 틀림없이 말하지 못하였다는 보고를 보면 사육신묘는 후손도 없고 돌보는 사람 없이 200 여년 이상 방치하였기 때문에 명확히 구분하기가 어려웠을 것이다.

11. "누구나 사육신이 될 수 없다."

신숙주는 어려서부터 한번 들으면 바로 기억할 정도로 총명하였으며, 과거 시험에도 장원급제하였다. 그는 성삼문과 함께 훈민정음을 창제하는데 큰 역할을 담당하였으며, 이를 바탕으로『동국정운』을 편찬하였다.

일본에 통신사로 다녀오면서 『해동제국기(海東諸國記)』를 썼고, 여진을 정벌하여 북방의 국토를 넓히는 등 혁혁한 공로를 남겼다. 이러한 공로로 영의정까지 승진하였으며 세조는 "경은 나의 위징(魏徵, 당 태종의 최고 참모)"이라고 신임을 받았지만, 후세에는 신의를 버렸다고 "숙주나물"이란 비난도 받았다. 녹두나물이 변절한 신숙주처럼 잘 변한다고 신숙주를 미워한 백성들이 녹두나물에 '숙주'라는 이름을 붙여서 신숙주를 비난했다고 전해진다. 또한 숙주나물로 만두소를 만들 때 이걸 짓이기기 때문에 숙주나물을 짓이기면서 신숙주를 짓이긴다는 의미도 담겨 있다고 한다. 사실이야 몰라도 신숙주의 후손들인 고령 신씨 가문에서는 며느리나 배우자에게 녹두나물이라고 부르도록 가르치고 숙주나물이란 명칭을 못 쓰게 한다고 한다. 이들이 시장가서 녹두나물을 사려고 하면 가게에서 못 알아듣는 경우가 있으며 집안에서 '숙주나물'이라고 칭하면 집안 어르신들에게 혼났다는 사례도 있다. 고령 신씨 집안에서는 제사상에 숙주나물을 올리지 않는다고도 한다.

세종은 문종에게 부탁하기를 성삼문과 신숙주는 "국가의 큰일을 맡길 만한 인물"이라고 칭찬하였고, 문종은 두 사람에게 단종의 뒷일을 부탁하였다. 이들의 운명이 바뀌기 시작한 것은 신숙주가 수양대군을 따라 중국에 사신으로 다녀온 이후부터이다.

성삼문은 수양대군이 단종을 몰아내고 왕위를 차지하자 세종과 문종의 당부를 생각하여 단종 복위운동을 도모하였다. 그는 가장 친했던 신숙주에게 먼저 의사를 타진하였는데 신숙주는 이 제의를 거절하였다. 김질이 성삼문의 거사 계획을 밀고할 때에 "성삼문이 신숙주는 나와 서로 좋은 사이지만 죽어야 마땅하다."고 증언한 사실이 이를 뒷받침한다.

성삼문이 살이 헤지고 뼈가 부러지는 모진 고문을 당할 때 신숙주가 "어서 용서를 구하고 마음을 바꿔 수양대군에게 예를 갖추게."하고 설득을 시도하지만 성삼문은 "네 이놈 숙주야! 어찌 문종 대왕님을 잊었느냐!" 하면서 되묻자 신숙주는 고개를 들 수 없었다.

1845년(현종 11)에 임금이 신하들과 경연하면서 "신숙주는 어찌하여 육신(六臣)이 한 일을 하지 않았는가?"라고 묻자, 승지 이시우(李時愚)가 말하기를, "육신은 명절(名節)이 실로 백세(百世)에 특립(特立)한 무리인데, 어찌 사람마다 여기에 미칠 수 있겠습니까?"라고 대답하였다.

성삼문은 의(義)로서 자신의 목숨을 바쳐서까지 선왕에 대한 충성을 다했지만, 신숙주는 자신의 능력, 학문으로써 나라에 충성을 다했다. 물론 누가 잘했다고 단정 지을 수는 없을 것이다. 명분과 실리, 가치관의 차이가 있었던 것이다.

2

임진왜란과 병자호란을 겪은 한양의 변화

1. 경정공주(慶貞公主)와 소공동(小公洞)
2. 한명회와 압구정
3. 정업원(淨業院)과 단종왕비
4. 연산군은 최고의 시인이었다
5. 임진왜란과 민중의 참상
6. 홍순언(洪純彦)과 보은단동(報恩緞洞)
7. 선릉(宣陵)과 정릉(靖陵)의 비극
8. 환향녀(還鄕女)와 화냥년
9. 소현세자는 독살당했다
10. 사도세자는 뒤주 속에서 7박8일만에 죽었다

1. 경정공주(慶貞公主)와 소공동(小公洞)

경정공주(慶貞公主)는 1387년(우왕 13)에 이방원(태종)과 부인 민씨(원경왕후)의 둘째 딸로 태어났다. 1401년(태종 1)에 이방원이 왕위에 오르자 경정공주(慶貞公主)에 봉해졌다. 실록에는 정경공주(貞慶公主)로도 기록되어 있다.

1403년(태종 3)에 개국공신인 조준의 아들 평양군(平壤君) 조대림(趙大臨)과 혼인하였고 이후 1남 4녀를 낳았다. 혼인 당시 조대림은 모친상을 당한 지 넉 달밖에 지나지 않은 상황이었지만, 명나라에서 공주와의 혼인을 요구하려 하고 있었기에 태종은 서둘러 공주를 결혼시켰다.

1430년(세종 12)에 남편 조대림이 사망하였고, 공주는 1455년(단종 3)에 사망하였다.

태종은 경정공주에게 남별궁(南別宮)을 하사하였는데 한성부 남부의 회현방에 위치하였다. 경정공주는 작고 예쁘기 때문에 소공주(小公主)라고 불렸으며, 그녀가 살던 남별궁을 '작은 공주골'이라 부르고 소공주제(小公主第), 소공주댁(小公主宅) 등으로 불렸다. 경정공주가 죽은 뒤 자녀들의 재산 분쟁으로 남별궁은 국가에 환속되었다.

선조는 인빈 김씨를 총애하였는데 인빈은 의안군(義安君)을 낳았다. 의안군은 총명해서 아버지 선조의 사랑을 많이 받았다. 임진왜란이 일어나기 전인 1583년(선조 16)에 왕은 남별궁을 크게 수리해 셋째 아들 의안군에게 주었는데, 이곳을 소공주동궁(小公主洞宮)으로 불렸다. 여기에서 오늘날

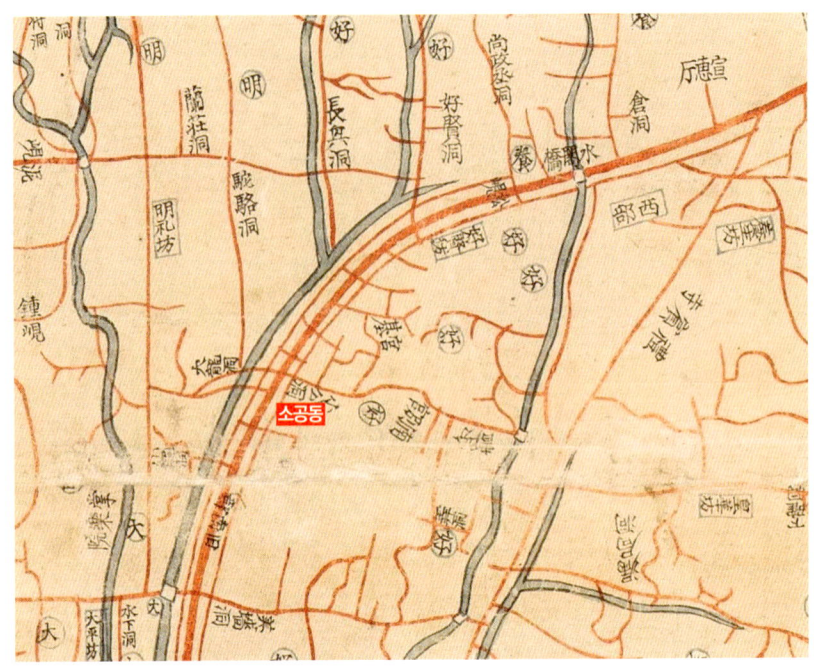

[소공동, 서울대 규장각 한국학 연구원 소장]

의 소공동(小公洞)이라는 명칭이 유래하였다. 그런데 의안군은 1588년(선조 21년) 역병으로 11살의 나이에 요절했다.

임진왜란 때에 대부분의 집들이 불탔지만 소공동의 경정공주의 집은 화를 면하고 온전하여 왜장 우키타 히데이에가 머물렀고, 그가 물러난 후 명나라 장수 이여송이 머물렀다. 그 뒤 청나라 사절을 맞는 영빈소를 삼아 남별궁이라고 하였다. 임오군란 후에는 3,000명의 청나라 군대가 이곳에 주둔하였다.

대한제국이 선포될 때 하늘에 제사를 지내는 환구단(圜丘壇)을 이곳에

[현재의 소공로 거리, 안 동립 촬영]

세웠는데, 조선이 망하자 일제는 1912년에 환구단을 헐고 그 자리에 조선총독부 철도호텔을 건축하였다. 1938년에는 환구단 터에 8층 건물인 반도호텔이 신축되었다. 반도호텔은 1953년까지 서울에서 가장 높은 건물이었다. 반도호텔은 지금의 롯데호텔 소공동점으로 바뀌었다.

소공동을 가로지르는 소공로는 1950 - 1970년대 고급맞춤양복점의 거리로 유명했다. 당시 해창양복점, 프라자양복점, 라이프양복점, GQ 양복점 등 당시 정재계 인사들이 자주 드나들던 맞춤양복점 거리였다. 현재 남아있는 맞춤양복점은 소공로 서쪽 부영호텔 건축으로 인해 남대문로7길로 이전했다.

서울대학교 치과대학도 이곳 소공동에 오랫동안 자리 잡고 있었다. 치과대학의 전신인 경성치과의학교는 1922년 4월 설립되었다. 당시 교사

(校舍)는 조선총독부 의원 건물 일부 및 경성의학전문학교 교사 일부를 빌려서 사용하였다. 그러나 임상실습실이 부족하여 1924년 4월 당시 황금정(현 을지로) 일본생명보험주식회사의 건물 일부를 빌려서 부속 기관을 이전하였다. 이후 1927년 무상으로 물려받은 남대문로 3가 관유지 662평에 새롭게 교사를 건축하여 1928년 교사 및 부속병원을 이전하였다.

서울대학교 발족 당시 치과대학은 이곳 소동공 자리에 계속 위치하고 있었다. 해방 후 1946년 사립 경성치과의학교는 국립서울대학교에 편입되어 치과대학 및 부속병원으로 재편성되었다. 6·25 전쟁 피난 시절에는 부산시 중구 대청동에 대강의실, 중강의실, 소강의실, 직원실, 숙직실 등 임시 교사를 마련하였다. 서울로 돌아온 후에는 소공동 캠퍼스를 계속 사용하다가 1969년 12월 연건동 의과대학 구내에 교사를 신축하여 이전하였다.

2. 한명회와 압구정

1) 칠삭둥이 한명회

조선은 농업경제 사회였으므로 토지가 중요한 생활 근거였다. 조선시대 관리들은 대부분 고향에 농토를 소유하고 이를 기반으로 한 생활근거지가 있었기 때문에 벼슬을 그만둔 후에는 모두들 고향으로 낙향하였다. 낙향한 후 그 고을의 지도자적 위치를 차지하고 또 그 역할을 충실히 감당하였다. 그러므로 벼슬을 그만두고도 서울에 머물러 사는 경우는 거의 없었다. 조선시대 서울의 인구는 대개 20만 명이었는데 이 숫자가 별로 늘어나지 않았다. 그것은 서울로 들어오는 사람과 나가는 사람이 대체로 같았기 때문이다. 이러한 전통을 깨고 벼슬을 그만둔 후에도 서울에 머물러 계속적으로 정계에 영향을 미쳤던 사람이 한명회이다.

한명회의 자(字)는 자준(子濬)이고, 본관은 청주이다. 어머니 이씨(李氏)가 임신한 지 일곱 달 만에 낳은 칠삭둥이이다. 그의 배 위에 검은 점이 있어, 모양이 태성(台星: 자미성 가까이 있는 별)과 두성(斗星: 북두칠성) 같아 신기하게 여겼다. 일찍이 어버이를 여의고, 가정이 가난하여 스스로 떨쳐 일어나지 못하였지만, 글 읽기를 좋아하여 여러 번 과거에 응시하였으나 합격하지 못하였다.

2) 궁지기가 세조의 장자방이 되다

한명회는 1452년(문종 2)에 어렵게 경덕궁(敬德宮: 개경에 있는 태종의 잠저) 궁지기가 되었다. 그가 영통사(靈通寺: 개성 교외 오관산 사찰)에 놀러 갔었는데, 그 곳의 한 노승(老僧)이 사람을 물리치고 그에게 조용히 "그대의 머리에 불타는 광채가 있는데, 이는 귀한 징조이다."라고 말해 주었다.

당시 문종이 죽고 단종이 즉위하였지만, 나이가 어려 정권(政權)이 대신(大臣)들의 손에 있었다. 한명회가 권람에게 "지금 임금이 어리고 나라가 위태로운데, 간사한 무리들이 권세를 함부로 부리고, 또 안평대군 이용(李瑢)이 마음속으로 다른 뜻을 품고 대신들과 친밀하게 지내며, 여러 소인들을 불러 모으니, 화가 일어날 기미가 매우 급박하오. 듣자니, 수양대군이 활달하기가 한고조(漢高祖)와 같고 똑똑하기가 당태종(唐太宗)과 같다 하니,

진실로 난세를 평정할 재목이오. 그대가 옆에서 모신 지가 오래인데, 어찌 은밀한 말로 그 뜻을 떠보지 아니하였소." 했다.

권람은 한명회가 한 말을 수양대군에게 전했다. 수양대군은 기뻐서 한명회를 불렀다. 함께 이야기해 보니 의기가 상통하였다. 한명회는 무사(武士) 홍달손(洪達孫) 등 30여 인을 수양대군에게 천거하였다.

1453년(단종 1) 겨울 10월 10일에 세조가 먼저 군사를 일으켜 김종서 등을 치려고 하였다. 의논이 분분하여 결론을 내리지 못할 때였다. 한명회는 "길옆에 집을 지으면 3년이 되어도 이루지 못하는 것입니다. 모의(謀議)가 이미 먼저 정하여졌으니, 청컨대 공(公)이 먼저 일어나면 따르지 않을 자가 없을 것입니다."고 수양대군을 부추겼다.

수양대군은 김종서 등을 먼저 죽이고, 궁중에 들어가 세 겹으로 궁성을 에워싼 후 한명회가 살생부를 들고 신호하여 조극관·황보인·이양·윤처공·이명민·조번·원구 등을 죽이고, 계유정난을 성공시켰다.

3) 궁지기가 10년 만에 영의정이 되다

한명회는 군기녹사(軍器錄事)가 되고, 정난공신(靖難功臣)의 호를 받았다. 1454년(단종 2)에 승정원 동부승지로 건너뛰었고, 1455년(세조 1) 여름에 세조가 선위받자, 여러 번 승진하여 좌부승지가 되고, 가을에 좌익공신(左翼功臣)의 호를 받았다.

1456년(세조 2)에 성삼문 등이 단종을 복위시키고자 창덕궁에서 중국 사신을 맞아 연회를 베푸는 날에 거사하기로 약속하였다. 이 날의 거사를 한명회는 미리 눈치 챘다.

"창덕궁은 좁고 무더우니, 세자가 참석하는 것은 불편하고, 운검(雲劒)을 세우는 것도 마땅치 않습니다."하여 세조는 운검을 세우지 않았다.

연회가 시작되려 하자, 성삼문의 아버지 성승(成勝)이 운검으로서 들어가려고 했다. 한명회는 "이미 제장(諸將)들로 하여금 입시(入侍)하지 말게 하였소."라고 저지하였으므로 성승이 마지못해 나갔다.

성삼문 등은 일이 이루어지지 못할 것을 알고 "세자가 오지 아니하고, 제장(諸將)이 입시(入侍)하지 않으니, 어찌해야 하겠는가?"고 개탄했다. 그 무리 가운데에 한명회를 해치려는 자가 있었다. 성삼문은 "대사(大事)를 이루지 못하였는데, 비록 한명회를 제거한다 한들, 무슨 이익이 되겠는가?"고 만류하였다. 이튿날 복위운동이 실패하자 김질이 밀고하여 일이 발각되었고 결국 모두 죽었다.

한명회는 이 해 가을에 좌승지로 올랐다. 1457년(세조 3) 여름에 이조판서로 임명되고, 상당군(上黨君)에 봉해졌으며, 겨울에 병조 판서로 옮기었다. 1461년(세조 7)에 보국숭록대부(輔國崇祿大夫: 정1품의 하계)에 승진하고, 상당부원군(上黨府院君)에 봉해져서, 판병조사(判兵曹事)를 겸하였다. 1462년(세조 8)에 대광보국숭록대부(大匡輔國崇祿大夫: 정1품의 상계) 의정부 우의정이 되고, 1463년(세조 9)에 좌의정에 올랐으며, 1466년(세조 12)에 최고위직인 영의정에 올랐다가, 곧 병으로 사임하였다.

1467년(세조 13)에 길주에서 이시애(李施愛)가 반란을 일으켰다. 이시애는 "한명회가 신숙주(申叔舟)와 더불어 반역을 꾀한다."고 터무니없는 뜬소문을 만들어 퍼뜨렸다. 이 일로 한명회는 옥중에 갇혔으나 무죄임이 밝혀져 석방되었다. 1468(세조 14)년 가을에 세조가 승하하고, 예종(睿宗)이 즉위하자, 한명회는 원로대신들과 더불어 승정원에서 윤번으로 숙직하며 국정을 결정하였다.

당시 혜성(彗星)이 나타났다. 이를 보고 한명회는 "성문(星文)이 변(變)을 보였으니 그 응험이 두렵습니다. 창덕궁에 성(城)이 없으니, 마땅히 중신(重臣)들로 하여금 군사를 거느리고 숙위하게 하소서."고 하였다. 예종은 그대로 따랐다. 얼마 지나지 않아 남이(南怡) 등이 반역을 꾀하다 죽었다. 한명회는 정난익대공신(定難翊戴功臣)의 호를 받았으며, 1469년(예종 1) 봄에 다시 영의정이 되었다.

예종이 승하하고 성종이 즉위하자, 정희왕후(貞熹王后)가 임시로 청정(聽政)하였는데, 한명회에게 이조판서와 병조판서를 겸하게 하니 한명회는 이를 사양하였다. 정희왕후는 "세조께서 경을 사직지신(社稷之臣)이라고 하셨소. 지금 국상(國喪)이 잇달아 인심이 매우 두려워서 당황하니, 대신이 자신만 편할 때가 아니오."라고 간곡히 부탁했다. 한명회는 "재주는 없고 임무는 중하여, 국사(國事)를 그르칠까 두렵습니다."면서 병조판서만 맡았다.

1471년(성종 2) 여름에 좌리공신(佐理功臣)의 호(號)를 받았다. 이 해에 혜성이 또 나타나자, 한명회가 군영(軍營)을 대궐의 동쪽·서쪽에 설치하기를 청하고, 한명회가 서영(西營)을 거느리었다. 하루는 성종의 부름에 응하여 홍학(興學)의 중요함을 진언하여 허락을 받아냈다. 이때 한명회는 사재(私財)를 내어 비용을 대었다.

1484년(성종 15) 봄 한명회는 나이가 많은 것을 이유로 벼슬을 그만두기를 청했다. 성종은 윤허하지 않고 궤장(机杖)을 내려 주었다. 이즈음에 병으로 자리에 눕게 되었다. 성종은 내의(內醫)를 보내어 치료하게 하고 날마다 중관(中官)을 보내어 문병하게 하였다. 병이 위독해지자 승지를 보내어 하고 싶은 말을 물었다. 한명회는 시중드는 사람에게 관대(冠帶)를 몸에 걸치게 하고 혀를 겨우 움직여 입 속으로 "처음에는 부지런하고 나중에는 게으른 것이 사람의 상정(常情)이니, 원컨대, 나중을 삼가기를 처음처럼 하소서.(始勤終怠, 人之常情, 願慎終如始)"라고 했다. 말을 마치자 운명하였는데, 나이가 73세였다.

성종은 매우 슬퍼하여 음식을 들지 아니하고, 특별히 내신(內臣)을 보내어 제사를 내렸다.

한명회는 성품이 관대하고 도량이 넓어 조그마한 일에 구애하지 아니하고, 항상 화평에 힘썼다. 일을 결단함에 있어서는 강령(綱領)을 들어서 행하였기 때문에 세조가 '한명회는 나의 자방(子房)이다.'라고 칭찬하였다.

4) 사신(史臣)의 한명회에 대한 인물평

"한명회는 젊어서 유학을 업으로 삼았으나 학문을 이루지 못하고, 충순위(忠順衛)에 속하여서, 뜻을 얻지 못하고 불우하게 지냈다. 권람과 더불어 의형제를 맺고, 권람을 통하여 세조가 잠저(潛邸)에 있을 때에 알아줌을 만나, 대책(大策)을 올려, 그 공이 제일이었다.

10년 사이에 벼슬이 정승에 이르렀고, 마음속에 항상 국무(國務)를 잊지 아니하고, 품은 바가 있으면 반드시 아뢰어, 국가에 기여한 바가 많았다. 그러므로 권세가 매우 성하여, 따르며 아부하는 자가 많았고, 빈객이 문에 가득 하였으나, 대접하기를 게을리 하지 아니하였다. 그러므로 재상들이 그 문(門)에서 많이 나왔으며, 조관(朝官)으로서 채찍을 잡는 자까지 있기에 이르렀다.

성격이 번잡한 것을 좋아하고, 뽐내기를 기뻐하며, 재물을 탐하고 여자를 좋아하여, 전민(田民)과 보화(寶貨) 등의 뇌물이 잇달았고, 집을 널리 점유하고 예쁜 첩을 많이 두어, 그 호부(豪富)함이 당대에 떨쳤다. 여러 번 사신으로 명나라의 서울에 갔었는데, 늙은 환자(宦者) 정동(鄭同)에게 아부하여, 많이 가지고 간 뇌물로써 사사로이 황제에게 바쳤으나, 부사가 감히 말리지 못하였다.

만년에 권세가 이미 떠나자, 빈객이 이르지 않으니, 초연히 적막한 탄식을 하곤 하였다. 비록 여러 번 간관(諫官)이 논박하는 바가 있었으나, 소박하고 솔직하여 다른 뜻이 없었기 때문에 그 훈명(勳名)을 보전할 수 있었다."

5) 한명회는 왕실에 두 딸을 시집보내 겹사돈을 맺었다

한명회는 적처 소생으로는 한 아들과 두 딸밖에 없었다. 그런데 그 두 딸을 모두 왕실에 출가시켜 겹사돈을 맺어 하늘을 나는 새도 떨어뜨릴 정도의 권세를 부릴 수 있었다.

그는 먼저 큰 딸을 왕세자였던 예종에게 출가시켰다. 그러나 다음해 장순왕후는 열일곱 살의 나이로 원손을 낳다가 요절하고 말았다. 6년 뒤 한명회는 또 한 명의 딸을 예종의 조카 자을산군(者乙山君)에게 시집보냈다.

예종에게도 아들이 있고, 자을산군에도 형인 월산군이 있어 자을산군이 왕위에 오를 가능성은 적었다. 그러나 2년 뒤 예종이 갑자기 죽고 예종의 아들은 너무 어려서 왕위계승권이 예종의 조카인 월산군과 자산군 쪽

[공릉, 예종의 왕비인 장순왕후 능, 한명회의 셋째 딸임. 강 덕화 촬영]

[순릉, 성종의 첫 번째 왕비 공혜왕후 한씨의 능임. 한명회의 넷째 딸임. 강 덕화 촬영]

으로 기울게 되었다. 월산군은 몸이 약하여 늘 병상에 있었기 때문에 차남인 자산군이 왕위에 오르는데 이 분이 성종이다. 이렇게 해서 부원군을 향한 한명회의 꿈은 결실을 보게 되었다. 한명회는 세조·예종·성종의 3대를 좌지우지하는 권세를 누릴 수 있었고 영의정만도 세 번이나 역임하였다.

한명회의 둘째 딸 공혜왕후는 열두 살에 자산군에게 출가하여 성종이 왕위에 오르는 1469년에 왕비로 책봉되었다. 그러나 왕비의 자리에 오른 지 5년 만에 열아홉의 꽃다운 나이로 후손도 없이 죽었다.

큰 딸 장순왕후는 경기도 파주시 조리면 봉일천리에 묻혔고, 그 능을 공릉(恭陵)이라고 한다. 작은 딸 공혜왕후도 장순왕후와 같은 지역에 묻혔고 순릉(順陵)이라고 한다. 우리나라에서 자매가 왕비가 된 경우는 고려 때 이자겸이 예종과 그의 아들 인종과 겹사돈 맺은 경우를 들 수 있지만 조선시대에는 한명회 한 사람뿐이다. 그러나 권력의 희생물이었던 두 딸은 스무 살도 못 되어 죽었고 공교롭게도 한 지역에 자매가 묻혀있다. 두 딸은 아깝게 죽었지만 한명회는 이를 바탕으로 온갖 부귀영화를 누렸다.

6) 중국까지 소문난 한명회의 별장 압구정(狎鷗亭)

한명회는 중국에 사신으로 여러 번 다녀왔다. 1475년(성종 6)에도 중국에 사신으로 다녀와서 『신증강목통감(新增綱目通鑑)』・『요사(遼史)』・『금사(金史)』 등과 더불어 한명회가 중국 조정의 문사들과 화답한 시축(詩軸)을 왕에게 올렸다. 특히 예겸(倪謙)과 교류가 많았는데 그로부터 압구(狎鷗)라는 호를 받았고 이때부터 그는 압구정이란 호를 썼었다. 예겸은 한명회를 높이 평가하여

"갈매기는 물새의 한가한 자이다. 강이나 바다 가운데 빠졌다 떴다 하고, 물가나 섬 위에 날아다니는 것으로, 사람이 길들일 수 있는 물건이 아닌데 어찌 친압할 수 있겠는가?

그러나 위태로운 기미를 보면 바로 날아 떠오르고, 공중을 휘 날은 뒤에라야 내려앉는 것이니, 새이면서 기미를 보는 것이 이 같은 까닭으로, 옛적에 해옹(海翁)이 아침에 해상으로 나갈 적에, 갈매기가 이르러 오는 수를 백으로 헤아린 것은 기심(機心: 기회를 보고 움직이는 마음)이 없는 까닭이요, 붙들어 구경하고자 하기에 미쳐서는 공중에서 춤추며 내려오지 아니하니, 그것은 기심이 동했기 때문이다. 오직 기심이 없으면 갈매기도 자연히 서로 친하고 가까이할 수 있을 것이다.

공은 큰 키가 옥처럼 섰고 거동과 풍도가 빼어났으며, 위대하여 조선에서 벼슬할 때, 인재를 뽑아 쓰는 데 공명(公明)한 재주를 나타내었고, 중국에 사신 오매 공경하고 두려워하는 예절로 삼갔으니, 나라에 돌아가면 등용됨이 융숭할 것이어서, 어찌 갈매기와 친압할 수 있겠는가."

라는 압구정기를 써 주었다.

그 후 그는 한강 건너에 압구정이란 정자를 지었다. 이 정자는 상당히 호사스럽게 지은 듯 김시습 등이 야유하는 시를 짓기도 하였다.

김시습(金時習)이 언젠가 서강(西江)을 여행하다가 한명회의 시를 인용해 그를 비난했다고 전한다. 한명회의 시에

"젊어서 사직을 떠받치고(靑春扶社稷),

늙어서 강호에 누웠네(白首臥江湖)"라는 구절이 있었다.

김시습이 거기서 부(扶)를 망(亡)으로, 와(臥)를 오(汚)로 각각 고쳐 써넣었다.

"젊어서는 사직을 망치고(靑春亡社稷),

늙어서는 강호를 더럽혔네(白首汚江湖)."라는 뜻으로 바꾼 것이다.

압구정은 특히 중국에까지 널리 알려져 우리나라에 오는 중국 사신들

은 누구나 이곳을 구경하고 싶어 하였다.

1481년(성종 12)에 중국 사신이 압구정을 구경하자고 하였다. 한명회는 그 사신이 맘에 들지 않았던지 자기의 정자가 매우 좁아서 구경시키지 않는 것이 좋겠다고 하였다. 성종은 승지를 시켜 중국 사신에게 이 정자가 좁아서 구경시킬 수 없다고 전달했다. 그러나 중국 사신은 정자가 좁더라도 가보겠다고 의지를 굽히지 않았다.

정자가 좁다는 것은 핑계였다. 한명회는 궁중의 차일을 빌려 쓰려고 꾀를 냈던 것이다. 그런데 성종은 그 곳이 좁으면 사신 접대를 제천정에서 하도록 조처하고 차일을 빌려 줄 수 없다고 했다. 성종은 여기에서 한 걸음 더 나아가 압구정을 헐어 없애겠다고 했다. 중국 사신이 이 정자를 한 번 보고 가서 이 정자의 풍경이 아름답다고 칭찬하면, 뒤에 우리나라에 사신으로 오는 사람이 모두 구경하겠다고 할 것이므로 폐단이 적지 않을 것을 우려했기 때문이다. 성종은 한강 가에 정자를 짓는 것을 마땅치 않아 했다. 성종은 한강 가의 정자 중에서 희우정(망원정의 원래 이름)과 제천정(한강변 언덕에 있던 왕실의 별장)만 남겨 두고 모두 올해 안에 헐도록 명했다. 그러나 당시 막강한 권세를 휘둘렀던 한명회의 압구정은 헐지 못하고 말았다. 임금의 명령도 통하지 않을 만큼 한명회의 권력은 대단했던 것이다.

그는 정계를 은퇴한 후에도 그의 근거지인 청주로 귀향하지 않고, 압구정에서 죽는 날까지 지내며 조정에 영향력을 행사하였다. 이는 관계에서 은퇴한 관리는 고향으로 돌아가는 전통을 깬 것이며, 서울의 인구를 증가시키는 단서가 되었다. 오늘날도 압구정은 서울에서 가장 화려한 지역이다.

칠삭둥이 한명회는 앞날을 내다보는 안목이 있었던 것일까? 수양대군

[압구정지, 압구정이 있던 자리임. 현대아파트 72동과 74동 사이에 있음. 안 동립 촬영]

의 야심을 간파한 것이나, 자산군(성종)에게 자기 딸을 출가시키고 왕비로 삼은 것이나, 중국 사신이 왔을 때 운검을 세우지 않은 것 등은 순전히 그의 통찰력과 순발력에서 나온 조치이며, 이러한 조치들은 대개 적중했던 것이다. 세조의 장자방, 그에게는 통찰력이 있었던 것일까?

3. 정업원(淨業院)과 단종왕비

정업원은 비구니들이 거처하던 여승방으로 고려시대부터 있었다. 한양에 도읍을 건설한 조선 초에는 개경의 정업원을 옮겨 건립하였다. 정업원의 소재지에 대해서는 응봉(鷹峰) 아래 창경궁(昌慶宮)의 서쪽이었다는 설과 동대문 밖 동망봉(東望峰) 아래였다는 주장이 있다.

정업원의 비구니 스님들은 대부분 양반들의 미망인이었고, 주지는 왕족이었다. 조선에 들어와서는 공민왕 후궁이었던 혜화 궁주(惠和宮主)가 비구니가 되어 첫 번째 주지가 되어 정업원에 머물다가 1408년(태종 8)죽었다. 혜화궁주는 고려 시중(侍中) 이제현(李齊賢)의 딸인데, 공민왕이 아들이 없어 후궁(後宮)에 뽑히어서 혜비(惠妃)로 봉하여졌고, 뒤에 여승(女僧)이 되어, 정업원(淨業院)에 머물다 죽었다. 나라에서는 쌀·콩 30석과 종이 1백 권을 부의(賻儀)로 주었으며, 소도군(昭悼君)의 처(妻) 심씨(沈氏)를 정업원의 제2대 주지(住持)로 삼았다. 소도군은 제1차 왕자의 난으로 희생된 이성계의 8남인 방석(芳碩)이며 심씨는 그의 부인이었다.

이렇게 조선 초기에는 정업원이 국가에서 하사한 노비와 전답도 받고, 향을 피워 부처님께 예배를 올리며 기도하는 데 드는 비용도 지급받는 등 국가로부터 보호를 받았다. 그러나 태종 때부터 유생들에 의해 정업원을 폐지하자는 논의가 일어났고, 1448년(세종 30) 척불정책에 의해 폐지되었다. 1457년(세조 3) 다시 정업원이 설치되었고, 1459년(세조 5)에는 원사(院舍)가 중창되었다. 이 해에 정업원의 비용으로 국가의 재정이 지원되었고, 이듬해에는 왕이 두 차례 행차하는 한편, 200구의 노비를 지급하였다.

국가적인 비호는 예종 때까지 계속되었으나, 성종 때에는 다시 유생들이 정업원을 폐지하자는 논의가 여러 차례 대두되었다. 그 뒤 1505년(연산군 11) 왕의 타락정치로 정업원은 다시 혁파되고 여승들은 성 밖으로 축출되었다.

그 뒤 정업원은 독서당(讀書堂)으로 사용되다가, 독서당을 두모포(頭毛浦)로 옮긴 1517년(중종 12) 이후에는 빈 절로 남게 되었다. 중종은 정업원을 다시 세우고자 했지만 유생들의 반대에 부딪쳐 뜻을 이루지 못하다가, 1550년(명종 5) 3월에 다시 세웠다.

이때에도 유생들의 강한 반발이 있었기 때문에 정업원을 후궁들의 별처로 한다는 구실을 붙여 인수궁(仁壽宮)이라고 했다가 뒤에 다시 정업원이라고 하였다. 유생들의 정업원 폐지운동은 꾸준히 계속되었지만, 특히 선조가 즉위한 이후에는 격심해졌다. 그리하여 1612년(선조 40)에 정업원은 폐지되고 비구니들은 성 밖으로 쫓겨났으며, 그 뒤 다시 복구되지 못하였다.

정업원이 많은 사람들에게 알려지게 된 것은 제3대 주지인 정순왕후와 얽힌 사연이 많기 때문이다. 정순왕후는 15세에 단종의 왕비가 되었다가 계유정난으로 18세에 단종과 이별하고, 부인으로 강등되어 평생을 혼자 살아가야 했던 불운한 인물이다.

단종은 1457년(세조 3) 숙부인 수양대군에게 왕위를 물려주고도 복위 사건으로 인해 영월 청령포로 유배되어 억울한 죽음을 맞게 되었다. 단종이 유배 길을 떠날 때 동대문 밖의 영도교(永渡橋)에서 단종과 정순왕후가 두 손을 꼭 잡고 다시 돌아오겠다고 약속했지만 끝내 돌아오지 못했고 사람들은 이 다리를 영도교라고 불렀다. 영월로 유배 갔던 단종이 3년만에 죽었다는 소식을 들은 정순왕후는 아침저녁으로 산봉우리에 올라가 단종의 유배지인 동쪽을 향해 통곡을 했는데, 곡소리가 산 아랫마을까지 들렸으며 온 마을 여인들이 땅을 한 번 치고 가슴을 한 번 치는 동정곡(同情哭)을 했다고 전한다. 그 뒤부터 이 봉우리는 왕후가 동쪽을 바라보며 단종의 명복을 빌었다 하여 동망봉(東望峯)이란 이름으로 불리게 되었다.

『한경지략』에 의하면 영도교 부근에 부녀자들만 드나드는 금남(禁男)

[정업원 터, 낙산 청룡사의 한 모퉁이에 있음, 안 동립 촬영]

[정업원 터 비석, 안 동립 촬영]

의 채소시장이 있었다고 한다. 이는 정순왕후를 동정한 부녀자들이 끼니 때마다 왕후에게 채소를 가져다주다가 궁에서 말리자 왕후가 거처하는 곳에서 멀지 않은 곳에 여인 시장을 열어 주변을 혼잡하게 하고, 계속해서 몰래 왕후에게 채소를 전해주려는 여인들의 꾀에서 비롯되었다고 하는 일화가 전해진다.

1771년(영조 47) 영조는 정업원(淨業院)과 마주 대하고 있는 봉우리 바위에 "동망봉(東望峰)" 세 글자를 쓰고 새기도록 명하였는데, 곧 정순 왕후가 올라가서 영월(寧越) 쪽을 바라다보던 곳이다. 그러나 동망봉은 일제 강점기 채석장(採石場)이 되면서 바위가 깨어져나가 영조의 글씨는 사라졌고 그 위치에 표지석만 숭인(崇仁) 근린 공원 내 있다.

자식을 낳은 후궁이야 그들과 함께 살 수도 있었겠지만, 자식도 없이 갑자기 출궁된 후궁은 대개 머리를 깎았다. 수절하면서 죽은 왕의 명복을 빌기 위해서였다. 한때 지엄한 주상의 총애를 한 몸에 받던 후궁이 여생을 보내는 절간 같은 곳, 그곳이 바로 정업원(淨業院)이었다.

4. 연산군은 최고의 시인이었다

1) 연산군의 실정

조선의 역대 왕 중에 왕위에서 쫓겨나 왕자 신분으로 강등된 왕은 노산군, 연산군, 광해군 등 3인이다. 이 중 노산군은 본인의 실정 때문이 아니라 정치적 이유로 강등되었기 때문에 숙종 때 단종으로 복권된다. 연산군과 광해군은 본인들의 잘못으로 쫓겨났기 때문에 끝내 복권되지 못했다.

연산군은 성종의 뒤를 이어 즉위하였다. 초기에는 성종 때의 옛 신하들이 많이 남아 있어 정령(政令)이 문란하지 않았다. 1498년(연산군 4) 무오사화가 있은 뒤부터는 왕의 뜻이 점차 방자해져 엄한 형벌로 아랫사람들을 억제하였으므로, 선비의 기개가 날로 꺾여져 감히 바른 말을 하거나 곧은 말을 하는 사람이 없었다. 연산군은 꺼릴 것이 없어 방탕해졌다.

1502년(연산군 8) 무렵에 이르러서는 장녹수(張綠水)에게 빠져 날로 방탕을 더해갔고 또한 광포(狂暴)한 짓도 많았다. 이때 임사홍(任士洪)이 내쫓긴 지 거의 30년 만에 발탁되었다. 그는 왕의 뜻을 미리 짐작하고 술책을 꾸미었다. 임사홍을 총애한 연산군은 아무 때나 불러 만났고, 하고 싶은 일을 꼭 임사홍에게 물었다. 임사홍은 왕의 부름을 받으면 반드시 수수한 옷차림을 하고 어둠을 타 뒷문으로 들어갔다. 또 연산군은 항상 '내 벗 활치옹(豁齒翁)이 왔다'고 하였는데, 아마 임사홍이 이가 부러져 이 사이가 넓었기 때문에 그렇게 부른 듯하다.

연산군은 자신을 비판하는 언관(言官)·대간(臺諫)·시종들을 거의 죽이거나 귀양 보내었으므로 조정은 텅 빈 것 같았다. 그는 국가의 옛 제도를 마구 고쳐 제도 운영을 혼란스럽게 했다. 홍문관·사간원을 혁파하고 또 사헌부의 지평 2원(員)을 없애 언로(言路)를 막았다.

형벌에도 잔인하기 이를 데 없었다. 손바닥 뚫기(穿掌)·당근질하기(烙訊)·가슴빠개기(斮胸)·뼈바르기(剮骨)·마디마디 자르기(寸斬)·배가르기(刳腹)·뼈를 갈아 바람에 날리기(碎骨飄風) 등의 무자비한 형벌을 가했다. 조금이라도 자신의 뜻에 거슬리면 명령을 거역한다고 죄를 얽어 처벌하였기 때문에 숱한 신하들이 죽어 나갔다.

또 자신을 비방하는 의논이나 둘이서 마주 대하여 이야기 하는 것을 금하는 법을 만들었다. 감찰로 하여금 날마다 방방곡곡을 사찰하여 초하루나 보름에 보고하게 하였고, 각 관사(官司)와 부(府)도 또한 초하루나 보름에 시사(時事)를 비방하는 자가 있나 없나를 보고하게 했다. 비록 부자간이라도 관청에 보고한 뒤에라야 서로 만나도록 하므로, 모두 서로 손을 저어 말을 막았고, 사람들도 서로 위태롭게 여겨 길에서도 눈짓만 했다.

　1504년(연산군 10)에는 '입은 화의 문이요, 혀는 몸을 베는 칼이다. 입을 닫고 혀를 깊이 간직하면 몸이 편안하여 어디서나 굳건하리라.[口是禍之門 舌是斬身刀 閉口深藏舌 安身處處牢]'는 네 글귀를 나무패에 새겨 환관(宦官)들이 모두 차게 하였다.

　도성 밖에는 사방 10리를 한계로 삼았는데 이를 백 리로 늘려 모두 금표(禁標)를 세웠다. 금표 안에 있는 주현(州縣)과 군읍(郡邑)을 폐지하고 주민을 철거시킨 뒤에 사냥터로 삼았다. 만약 여기를 들어가는 자는 당장 베어 조리를 돌렸다. 결국 연산군은 기전(畿甸) 수백 리를 쓸모없는 풀밭으로, 짐승을 기르는 마당으로 만들었던 것이다.

　또 이궁(離宮)을 장의사동(藏義寺洞)과 소격서동(昭格署洞)에 짓고 징발하는 명목을 다 셀 수가 없을 정도로 백성들을 역사에 동원하여 피곤하게 하였다.

　연산군은 수많은 후궁을 거느렸지만 그 중에서 가장 굄을 받은 것이 전숙원(田淑媛)과 장 소용(張昭容)이다. 두 후궁이 하는 말을 따르지 않음이 없고, 두 후궁이 하려는 것을 해주지 않는 것이 없었다. 이렇게 되자 두 후궁은 옥사(獄事)를 농간하고 벼슬을 팔며 남의 재물과 노비를 빼앗는 등 못하는 짓이 없었다.

　시녀 및 공·사천(公私賤)과 양가(良家)의 딸을 곳곳에서 뽑아 들였다. 채홍사(採紅使)를 팔도에 보내 빠짐없이 찾아내어 그 인원이 거의 만 명에 이르렀다. 뿐만 아니라 그들의 급사(給使)·수종(隨從)·방비(房婢)라고 일컫는 자의 수도 그와 같았다. 그들을 7원(院) 3각(閣)을 설치하여 거처하게 했는데, 운평(運平)·계평(繼平)·채홍(採紅)·속홍(續紅)·부화(赴和)·흡려(洽黎) 따위의 호칭을 주었다.

따로 뽑은 자를 흥청악(興淸樂)이라 하고 악에는 세 과(科)가 있었다. 굄을 거치지 못한 자는 지과(地科)라 하고 굄을 거친 자는 천과(天科)라 하며, 굄을 받았으되 흡족하지 못한 자는 반천과(半天科)라 하였다. 그 중에서 가장 굄을 받은 자는 작호를 썼는데, 숙화(淑華)·여원(麗媛)·한아(閑娥) 따위의 이름이 있으며, 그 기세와 굄이 전숙원이나 장소용과 더불어 등등한 자도 많았다.

연산군은 매일 매일 흥청(興淸) 등을 거느리고 금표 안에 달려 나가 혹은 사냥하거나 혹은 술을 마시며 춤추고 질탕하게 놀았다. 성질이 급해서 한 곳에 오래 머물지 못하고 내달려 동쪽에 있다 서쪽에 있다 하므로 비록 가까이 모시는 나인이라도 행방을 헤아리지 못했다.

내연(內宴)을 자주 베풀었는데 반드시 종친이나 재상·사대부의 아내를 참가시켜 궁중에 잡아두어 며칠씩 나오지 못하는 부녀자가 있었기 때문에 추문이 파다하였다. 연산군은 자신의 백모인 월산대군의 아내에게 승평부 대부인(昇平府大夫人)이라는 호를 주고 잔치를 베풀고 가까이 하였다. 얼마 후 승평부대부인 박씨가 죽었는데 사람들은 그녀가 연산군에게 총애를 받아 잉태하자 약을 먹고 죽었다고 말했다.

궁내(宮內)에 조준방(調隼坊)을 두어 매와 개를 수없이 기르므로 먹이는 비용이 엄청났으며, 사방의 진기한 새와 기이한 짐승을 모아 들여 역시 그 속에 두되, 따로 응군(鷹軍)이란 것을 두어 내응방(內鷹坊)에 소속시켰다.

중종의 반정군이 들이 닥치자 승지 윤장(尹璋) 등이 연산군에게 보고했다. 연산군이 놀라 턱이 떨려 말을 하지 못할 지경이었다. 승지들은 바깥 동정을 살핀다고 핑계대고는 차차 흩어져 모두 수채 구멍으로 달아났다. 그 중 더러는 실족하여 뒷간에 빠지는 자도 있었다.

연산군이 교동으로 내쫓기자 백성들이 이가(俚歌: 사람들 사이에서 유행하는 속된 노래)를 지어 불렀다.

> 충성이란 사모요
> 거동은 곧 교동일세.
> 일 만 흥청 어디 두고
> 석양 하늘에 뉘를 쫓아가는고.
> 두어라 예 또한 가시의 집이니
> 날 새우기엔 무방하고 또 조용하지요

사모(紗帽)와 사모(詐謀), 거동(擧動)과 교동은 음이 서로 가깝고, 방언에 각시(婦)와 가시(荊棘)는 말이 서로 유사하기 때문에 뜻을 빌어 노래한 것이다.

2) 연산군은 역대 왕 중 최고의 시인이었다.

이처럼 연산군은 많은 실정을 저질렀다. 연산군이 이처럼 실정을 거듭하게 된 데에는 즉위 초부터 자기의 생모인 윤비(尹妃)가 폐비된 사실을 알게 되면서부터 비극의 싹이 텄다고 할 수 있다. 연산군은 성종의 묘지문을 보고 판봉상시사(判奉常寺事) 윤기무(尹起畝)가 윤비의 아버지인 것을 알았고, 윤비가 죄로 폐위(廢位)되어 죽은 줄도 알게 되었다.

또 한 가지 중요한 사실은 성리학자들인 당시의 관리들은 정치에 도움 되는 경사(經史)에만 관심이 많았고 사장(詞章)에는 관심이 없었다. 이 두 가지 사실은 연산군이 정부의 관리들과 정면으로 대결하는 양상을 띠게 되며 그 탈출구의 하나가 시(詩)를 짓는 일이었을 것이다.

연산군의 실록인『연산군일기』에는 총 117수라는 많은 양의 시가 수록 되어 있다. 그것도 무오사화 다음해인 1499년(연산군 5)부터 수록되어 있다. 이것은『연산군일기』를 편찬하는 편찬자들의 편찬의식을 충분히 짐작 할 수 있는 대목이다. 연산군은 정치에 필요한 경사에는 소홀히 하고 시를 짓는 등 사장에만 치중하여 정치를 그르쳤다고 하고 있는 것이다. 중종반 정 후에 반정군들은 사고(史庫)에 있는 연산군의 시집을 찾아내어 불살랐 다. 그럼에도 불구하고 정작 연산군의 실록에 이렇게 많은 시를 수록한 것 은 연산군의 실정을 부각시키기 위함이었을 것이다.

아무튼 연산군은 조선시대 어느 왕보다도 주옥같은(?) 많은 시를 남겼 다. 그 중에 몇 편을 소개하면 다음과 같다

> 가) (화창한 시) (1506년: 연산군 12)
>
> 향기로운 꽃이 이슬을 머금어 봄날에 빛나는데
> 그림자가 구르는 향연(香烟)은 난풍이 감도네.
> 미친 듯이 취한 생각에 얽혀 호기로운 흥취가 가득한데
> 맑은 연기 채색 구름은 푸른 솔에 걸려 있네.
> 芳華露帶春華日, 轉影香烟繞暖風。

狂絆醉思豪滿興, 淡烟雲彩曳蒼松。

나) (자신을 호걸로 자칭한 시) (1505년: 연산군 11)

대궐 안에서 꽃과 달의 시구를 누가 가르쳤던가?

두고 읊으매 생각이 간절하여 정분이 더하기만 하이

다시 보매 복숭아 오얏꽃 밝은 햇살이 옹호하였으니

나야말로 삼한에서 제일가는 호걸이야

誰教宸衷花月句? 留吟思婉款情高。

更看桃李昭陽擁, 眞覺三韓第一豪。

다) (궁중 비밀을 누설하지 말라는 시) (1505년: 연산군 11)

내 성품 어리석어 잘못 모르고

신하와 즐겨 마셔 위엄 잃었네.

궁중 비밀 누설하는 사람 있으면

풍상 맞은 역적 시체 면치 못하리.

라) (충성을 요구하는 시) (1506년: 연산군 12)

국가를 만홀히 여기고 임금을 기만함은 용서할 수 없는 죄요

몸을 아끼고 명예를 구함은 간흉들의 짓이로다.

누가 능히 단심의 정성을 가져다 바쳐

큰 은혜 갚으며 태평세월 즐기게 하려는고.

마) (모후를 위하여 지은 시) (1506년: 연산군 12)

장하게 선 선봉은 푸른 하늘에 솟았고

신령스러운 자라와 학은 때맞추어 조화를 이루네.

뭇 영재는 연회에 감사하여 충성스러운 마음이 흡족하고

외로운 귀신은 구석을 부끄러이 여겨 간사한 마음이 괴롭네.

안개 낀 각(閣)에는 곱게 단장한 용가가 돌고

아득히 봉루에는 구름사다리와 노래하는 악기라

이는 구경에 팔려 민력을 수고롭게 함이 아니라

모두 모후(母后)를 위하여 장수를 표하는 것이로다.

바) (대비 탄일(誕日)에 쓸 술그릇에 새긴 시) (1506년: 연산군 12)

화산 봉우리 없어지도록 수(壽)하시고

푸른 강물 마를 때까지 복 누리소서.

정성스런 마음으로 은혜 갚기 생각하여

옥 술잔에 옥 술병을 아우르오.

사) (대비전의 은혜에 감사하는 시) (1506년: 연산군 12)

곱게 물들인 자하(紫霞) 황운에 닿아 있고

궁전에 꽃이 날려 휘황하게 눈부시네.

깊은 사랑 신에게 중한 줄 누가 알랴

황연히 넓은 은혜 홍군을 내리누나.

아) (정사의 중요성을 강조한 시) (1504년: 연산군 10)

용렬한 자질로 위에 있은 지 10년이 되는데

너그러운 정사 못하니 부끄러운 마음 금할 수 없네.

조정에 보필하고 종사(宗社) 생각하는 자 없으니

나이 어린 이 몸이 덕이 없어서이네.

자) (군신관계를 강조한 시) (1504년: 연산군 10)

덕도 없이 외람하게 왕업을 이어받아

백성에게 임한 지 십년이 넘네.

매양 밝지 못해 부끄럽고,

항상 교화가 허소함을 한하노라

나라에 충성은 혜소(嵇紹: 진나라 시중)를 생각하고

간하는 정성은 사어(史魚: 위나라 대부)를 바라네.

임금과 신하가 이와 같다면

무슨 일로 뜻이 막히랴.

*史魚: 죽어서도 시신으로 간한 충신

차) (나라의 정치가 잘되기를 비는 시) (1505년: 연산군 11)

경연을 오래 폐해 거칠어지니

본디 경망한 선비 임금을 속이네.

어진 정승 마음껏 도움이 아니면

나라 번창 다시는 바랄 수 없네.

카) (철쭉꽃 한 가지를 승정원에 내리고 지은 시) (1501년: 연산군 7)

　　은대(銀臺)에 일은 없고 해는 길기도 한데

　　매양 책상머리 반벽(半壁)에 기대었도다.

　　취한 뒤 졸음 오니 마음이 고달픈 듯

　　어찌 선온과 꽃향기 감상함을 사양하리오.

타) (산국화 화분 하나를 승정원에 내리고 지은 시) (1501년: 연산군 7)

　　가을바람은 곳곳마다 맑은데

　　황국의 향기 뜰에 가득하여라.

　　적막한 승정원 안에는

　　내려준 술잔에 그 꽃이 뜨리.

파) (인생무상을 노래한 시) (1505년: 연산군 11)

　　사물을 궁리하니 하늘보다 높고

　　인간사 헤아리니 꿈속과 같네.

　　공명에 얽맴은 한갓 부질없는 것

　　길이 취해 꽃구경함만 못 하리.

　　명예를 구하느라 수고하지 말고

　　모름지기 자주 술에 취하라

　　한 번 이 세상 떠나가면

　　황천객 면하기 어렵나니

　　동산에 옮겨 심은 복숭아나무 만나지 못한 한 얼마더냐,

남몰래 고운 얼굴 아끼며 부질없이 정 보내네.

이 몸 죽어 예쁜 나비 되고자 하나

구중궁궐 앉을 가지 없을까 의아하네.

전횡을 일삼던 연산군도 후기에 갈수록 점점 인생의 무상함을 느꼈는지 그런 심정을 자주 노래하였다. 그는 공명도 죽은 후에 다 허무한 것이므로 평시에 음악과 술에 취하여 편히 지내는 것이 좋다고 하였다. 쓸데없이 명예를 구하느라 수고하지 말고 술에 취해 인생을 즐기자고 하였다. 그는 죽은 후에 예쁜 나비가 되고 싶어 했다.

하)(강혼의 시에 화답한 시)(1506년: 연산군 12)

구슬 같은 화월 시구를 잊기가 어렵노니

생가를 들을 적엔 이내 마음 경에게로

고요한 주루에 야경이 맑기도 한데

호탕한 이내 심정 어느 누가 위로할까?

難忘花月句如瓊, 每聽笙歌意到卿.

賞景朱樓淸夜裏, 一無人合慰豪情.

3) 중종반정과 연산군의 묘(墓)

중종반정은 1506년(연산군 12)에 성희안(成希顔)·박원종(朴元宗) 등이 폐정을 거듭하던 연산군을 폐위 시킨 사건이다. 그들은 진성대군을 왕으로 추대하고 연산군을 바로 강화의 교동으로 유배 보냈다. 강화로 보내진 연

[연산군 묘, 안 동립 촬영]

[앞에 있는 무덤은 딸과 사위이고 뒤쪽에 있는 무덤이 연산군묘임, 안 동립 촬영]

산군은 그 곳에서 두 달도 못된 1506년(중종 1)에 역질(疫疾)로 사망하였다. 연산군은 처음에는 교동의 부군당에 안치하였다. 1512년(중종 7)에 부인인 거창 군부인 신씨가 양주 해촌(海村)으로 이장할 것을 청하여 1513년(중종 8) 대군의 예로 개장하였다. 해촌(海村)은 양주군 해등면 원당리이고 현재는 서울특별시 도봉구 방학동이다.

이 땅은 세종의 넷째 왕자인 임영 대군(臨瀛大君)이 사패지로 받은 토지였다. 그런데 태종의 후궁이었던 의정 궁주(義貞宮主)가 후사가 없이 1454년(단종 2)에 사망하자 왕명으로 임영 대군에게 제사를 모시고 무덤도 이곳에 조성하였다. 그 후 임영 대군의 외손녀인 거창 군부인 신씨(연산군의 부인)의 요청에 의하여 의정 궁주의 묘 위쪽에 연산군 묘역이 이장되어 마련된 것이다.

이후 1524년(중종 19) 연산군의 사위인 구문경과 딸 휘순 공주의 무덤이 이곳에 조성되었다. 그리고 1537년(중종 32) 거창 군부인 신씨의 묘가 연산군의 봉분 동쪽에 마련되었다.

5. 임진왜란과 민중의 참상

1) 임진왜란의 발발과 선조의 비참한 몽진

일본은 조선에 아무런 예고도 없이 1592년(선조 25) 4월 14일에 280,000명의 대군을 침략시켰다. 선발대 17,000명은 700여척의 군선을 타고 4월 13일에 부산포에 상륙하였다.

적선(賊船)이 바다를 덮어 쳐들어올 때, 부산 첨사 정발(鄭撥)은 마침 절영도에서 사냥을 하다가, 조공하러 오는 왜(倭)라 여기고 대비하지 않았다. 그가 미처 군진(軍鎭)에 돌아오기도 전에 왜적은 이미 부산성을 포위하였다. 정발은 싸움 한번 변변히 못하고 전사했다.

이튿날 동래부사 송상현(宋象賢)이 죽음으로 항전하였지만, 중과부적으로 성이 함락되고 그도 장렬히 전사하였다. 적은 드디어 두 갈래로 나누어 진격하여 김해·밀양 등을 함락시켰다. 2백 년 동안 전쟁을 모르고 지낸 백성들이라 각 군현들이 왜적이 침입한다는 풍문만 듣고도 놀라 무너졌다.

변보가 서울에 도착하자마자, 조정에서는 이일(李鎰)을 순변사로 삼아 정예병을 이끌고 상주에 내려가 왜적을 막도록 하였다. 그러나 이일은 싸움 한번 제대로 못하고 패하여 혼자 달아났다.

조정에서는 여진 정벌에 공이 많은 신립(申砬)을 삼도 순변사로 삼고, 선조가 친히 전송하면서 보검 한 자루를 하사하면서 "그 누구든지 명을 듣지 않는 자는 경이 모두 처단하라."고 전권을 주었다. 신립은 군사적 요지인 조령(鳥嶺)을 포기하고 충주 탄금대에서 배수의 진을 치고 항전하였다. 그러나 처참하게 패배하였다.

충주에서의 패전 보고가 이르자 선조는 비로소 파천(播遷)에 대한 말을 꺼냈다. 대신 이하 모두가 눈물을 흘리면서 부당하다고 반대하였다. 영중추부사 김귀영(金貴榮)이 "종묘와 원릉(園陵)이 모두 이곳에 계시는데 어디로 가시겠다는 것입니까? 경성(京城)을 고수하여 외부의 원군을 기다리는 것이 마땅합니다." 하고, 우승지 신잡(申磼)은, "전하께서 만일 신의 말을 따르지 않으시고 끝내 파천하신다면, 신의 집엔 80노모가 계시니 신은 종묘의 대문 밖에서 스스로 자결할지언정 감히 전하의 뒤를 따르지 못하겠습니다."라고 항의하였다.

수찬 박동현(朴東賢)은 "전하께서 일단 도성을 나가시면 인심은 보장할 수 없습니다. 전하의 연(輦)을 멘 인부도 길모퉁이에 연을 버려 둔 채 달아날 것입니다."하면서, 목 놓아 통곡했다. 선조는 얼굴빛이 변하여 내전으로 들어갔다.

기성 부원군(杞城府院君) 유홍(兪泓)도 경성을 고수할 것을 상소했다. "미투리(繩鞋)는 궁중에서 쓰는 것이 아니고, 백금(白金)은 적을 방어하는 물건이 아닙니다. 지금 급한 것은 화살입니다. 전하께서는 어찌 이토록 나라를 망치는 일을 하십니까."

선조가 유홍을 불러 "내가 여기를 버리고 어디로 가겠는가. 미투리는 바로 출정하는 군사에게 주려고 무역하게 하였고, 백금은 변란 전에 무역하게 한 것이니 이는 날조된 말이다. 경은 의심하지 말라."고 회유했다.

이때 파천에 대한 논의가 이미 결정되어 종실(宗室) 해풍군 이기(李耆) 등 수 십명이 합문을 두드리고 통곡했다. 선조는 "가지 않고 마땅히 경들과 더불어 목숨을 바칠 것이다."고 하였다. 이러한 선조의 태도는 6.25사변 때 이승만 대통령이 서울을 사수한다고 방송하면서 정부는 이미 대전으로 천도(遷都)했던 것과 너무나 흡사하다.

4월 그믐에 선조가 서행(西幸)하기로 의논을 결정하자, 대궐 안의 이복(吏僕)들이 떠들다가 물러가더니 조금 뒤에는 호위하는 군사들은 모두 달아나고 궁문엔 자물쇠가 채워지지 않았으며 시각을 알리는 북소리도 끊어졌다.

밤이 깊어서야 이일의 장계가 비로소 도착하였다. 왜적이 금명간에 도성에 이를 것이 분명하다고 하였다. 장계가 들어온 뒤 얼마쯤 있다가 선조가 돈의문을 빠지어 나가 서행하였는데, 제관(祭官)으로 하여금 종묘와 사직의 신주판을 받들고 앞서게 하고 세자가 그 뒤를 따랐다. 왕은 융복을 입고 말을 타고, 왕비는 걸어서 인화문(仁和門)을 나왔는데, 수십 명의 시녀가 따랐다. 밤이 칠흑같이 어둡고 비가 내려 지척을 분변할 수 없었다. 도승지 이항복이 촛불을 잡고 앞을 인도할 뿐이었다. 종묘 각 실의 인보(印寶) 외의 의장(儀仗)은 모두 버렸으며, 문소전의 위판(位版)을 지키던 관원들은 이를 묻어두고 도망하였다.

선조의 행차가 떠나려 할 즈음 도성 안의 성난 백성들이 먼저 내탕고(內帑庫)에 들어가 보물을 다투어 가져갔다. 선조가 떠나자 난민이 크게 일어나 먼저 장예원과 형조를 불태웠는데, 이 두 곳의 관서에 공사 노비의 문적(文籍)이 있기 때문이었다. 그리고는 마침내 궁성의 창고를 크게 노략하고 불을 질러 흔적을 없앴다.

경복궁·창덕궁·창경궁의 세 궁궐이 성난 백성들이 불을 질러 일시에 모두 태워버렸다. 역대의 보완(寶玩)과 문무루(文武樓)·홍문관에 간직해 둔 서적, 춘추관의 각조 실록, 다른 창고에 보관된 전조(前朝)의 사초(史草)(『고려사』를 수찬할 때의 초고(草稿)이다.), 『승정원일기』가 모두 남김없이 타버렸고 내외 창고와 각 관서에 보관된 것도 모두 도둑을 맞거나 불탔다. 임해군의 집과 병조 판서 홍여순(洪汝諄)의 집도 불에 탔는데, 이 두 집은 평상시 많은 재물을 모았다고 소문이 났기 때문이었다. 이양원 유도대장(留都大將)이 몇 사람을 목 베어 군중을 경계시켰으나 난민이 떼로 일어나서 금지할 수가 없었다.

새벽에 선조의 행차가 모래재(沙峴)를 넘었다. 이날 많은 비가 내렸는데 경기 감사 권징(權徵)이 뒤따라 와서 입고 있던 우의를 바쳤다. 일행이 비를 맞으며 벽제역에 이르러 점심을 벽제관에서 먹었다. 왕과 왕비의 반찬은 겨우 준비되었으나 동궁은 반찬도 없었다. 병조 판서 김응남(金應南)이 흙탕물 속을 분주히 뛰어다녔으나 여전히 어찌 해 볼 도리가 없었다. 경기 관찰사 권징은 무릎을 끼고 앉아 눈을 휘둥그레 뜬 채 어찌할 바를 몰랐다. 조금 쉬고 곧 출발하였는데, 따라가던 뭇 관원 중 다수가 다시 도성으로 들어가 가족을 데리고 피난하였으며, 대각(臺閣)의 문관으로 수행한 자는 그 수가 1백 명도 되지 않았다.

저녁에 임진강 나루에 닿아 배에 올랐다. 선조가 이산해·이항복 등을 보고 엎드려 통곡하니 좌우가 눈물을 흘리면서 감히 쳐다보지 못하였다. 밤은 칠흑같이 어두운데 한 개의 등촉도 없었다. 강가의 정자를 불태워 겨우 건넜다. 파주 목사와 장단 부사가 임시 부엌을 미리 설치하여 수라를 준비하여 올리려고 할 때에, 호위하던 하인들이 난입하여 음식을 빼앗아 먹었으므로 선조가 먹을 것이 없게 되자, 장단 부사가 두려워하여 도망하였다.

이튿날 아침에 선조가 동파관(東坡館)을 출발하면서, 이산해와 유성룡을 불러 손으로 가슴을 두드리며 괴로운 모습으로 말했다. "이모(李某)야 유모(柳某)야! 일이 이렇게까지 되었으니 내가 어디로 가야 하겠는가? 꺼리거나 숨기지 말고 속에 있는 생각을 털어놓고 말하라."

신하들이 엎드려 눈물을 흘리면서 얼른 대답을 하지 못했다. 선조가 이항복을 돌아보며 "승지의 뜻은 어떠한가?"고 물었다. 이항복은 "거가가 의주에 머물 만합니다. 만약 형세와 힘이 궁하여 팔도가 모두 함락된다면 바로 명나라에 가서 호소할 수 있습니다."고 대답했다.

유성룡은 "안됩니다. 대가(大駕)가 우리 국토 밖으로 한 걸음만 떠나면 조선은 우리 땅이 되지 않습니다."고 반대했다.

2) 임진왜란 발발의 징조(1): 궁중에서 이상한 새가 울었다.

마치 비둘기처럼 생긴 회색빛 나는 새 한 마리가 13일 밤부터 대궐 안 숲에서 울었는데 그 소리가 마치 "각각화도(各各禍逃: 모두가 재난을 피해 도망친다)" 또는 "각각궁통개(各各弓筒介)"라고 우는 듯 들렸으며 소리가 몹시 슬프고도 다급했다. 수일 동안 분주하게 오가며 온 성안을 두루 날아다니면서 울어댔다. 어떤 사람은 그것이 바다에서 왔다고 했고 어떤 사람은 깊은 산중에 그런 새가 있다고 하는데, 울기 시작한 날이 바로 왜구가 상륙한 날이었다. 또 지난해에는 죽은 자라들이 상류로부터 강을 뒤덮고 떠내려 왔으며 강물마저 붉게 변하여 사람들이 많이 걱정했었는데 이때에 이르러 왜변이 일어난 것이다.

3) 임진왜란 발발의 징조(2): 선조에게 푸른 색 무지개가 따라다니다.

왜구가 상륙한 후에 선조가 침전(寢殿)에 앉아 있었는데 침전 서쪽 작은 못에서 푸른색 무지개가 나타나 그 기운이 동쪽을 향하다가 북쪽으로 향하여 중문(中門)을 뚫고 전상(殿上)에 올라 선조의 좌석에까지 접근했다. 선조가 피하여 서쪽으로 앉으면 서쪽을 향하고 동쪽으로 피하면 동쪽으로 향했다고 한다.

4) 임진왜란 발발의 징조(3): 승려 무학이 지은 도참비기

국초에 승려 무학이 지은 도참기에 역대 국가의 일을 말했는데, 1592년(임진년)에는 "악용운근(岳聳雲根) 담공월영(潭空月影) 유무하처거(有無何處去) 무유하처래(無有何處來)"란 말이 있다. 이 말이 1588년(무자년)·1589년(기축년)으로부터 세상에 행해지다가 임진년에 이르러서 크게 성행했으나 아무도 그 말을 해석하는 이가 없었다. 그러던 중에 왜구가 갑자기 들이닥치자 조정에서 순변사 신립(申砬)을 보내어 방어하도록 하였다. 그러나 신립이 충주에서 패전하고 전군이 월낙탄(月落灘)에서 몰사했다.

이른바 '악(岳)'은 곧 유악강신(維岳降申)이며, '용(聳)'은 '입(立)'의 뜻이며, '운근(雲根)'은 곧 돌(石)이다. 그러므로 '악용운근(岳聳雲根)'은 '신립'이란 말이 된다. 또 '담공월영(潭空月影)'은 곧 '달이 여울에 떨어진 것(月落灘)'이니 '물에 빠져 죽는다.'는 말이다. 그 아래 구절은, 도성 안의 백성은 피난 가고 왜구가 입성(入城)한다는 말이다.

또 동요가 있어 임진년 정월부터 도성 안에 퍼지기 시작하더니 4월에는 크게 유행했다. 동요는 곧 '이팔자 저팔자 타팔자(此八字彼八字打八字), 자리봉사 고리 첨정(自利奉事高利僉正), 경기감사 우장직령(京畿監司雨裝直領), 큰달마기(大月乙麻其)'였는데, 임진 난리 뒤에 해석하는 자가 이렇게 말하였다.

"중국 사람은 남녀가 간음하는 것을 일러 '타팔자(打八字)'라고 하는데 이는 중국 군대가 우리나라의 여인을 간음한다는 말이고, '자리고리(自利高利)'는 우리나라의 방언으로 '냄새나고 더럽다.'는 뜻인데 이것은 임진 난리 뒤에 생긴 납속 군공(納粟軍功)을 의미하며, '자리봉사(奉事)·첨정(僉正)'은 다 낮고 미천한 벼슬로 돈 주고 산다는 뜻이다. 선조가 4월 그믐에 파천하였으니 그 달은 큰달이며 큰달 그믐 곧 큰달 말일이란 뜻이다. 이른바 '큰달마기'란 곧 '큰달 끝(大月末)'이란 뜻이고, 그날은 마침 큰비가 내려 경기 감사가 우장(雨裝)과 직령(直領)을 입고 선조의 행차를 뒤따르게 된다는 뜻이다."

5) 민중의 참상

당시 백성들은 왜군에게 약탈당하고 국가에 수탈당하여 끼니를 이을 수가 없는 형편이었다. 기근이 극도에 이르러 심지어 사람의 고기를 먹으면서도 전혀 괴이하게 여기지 않았다. 그러므로 길가에 쓰러져 있는 굶어 죽은 시체에 완전히 붙어 있는 살점이 없을 뿐만이 아니라, 어떤 사람들은 산 사람을 도살(屠殺)하여 내장과 골수까지 꺼내 먹었다.

기근이 얼마나 심했으면 사람들이 서로 잡아먹는 식인종 사태까지 발생했겠는가?

6) 일본 교과서의 임진왜란 표현

도요토미 히데요시는 국내통일을 성취 한 후에는 일본이 동아시아의 중심이 되기를 꾀하여, 해외에 진출을 계획했다. 그리하여 조선에 대해서 일본에 조공과 대명침공 때에 선도(先導)를 맡기를 요구했다. 조선이 이를 거절하자, 1592년(선조 25) 도요토미 히데요시는 큐슈의 나고야에 진을 치고, 대군을 동원해서 조선을 침략했다. (임진왜란)

히데요시군은 평양에까지 진출했으나, 이순신이 이끄는 조선 수군의 공격과 조선의 의병에 의한 저항, 명의 원군 때문에 점차 궁지에 몰리게 되었다. 강화의 교섭에 대하여, 히데요시는 일단 병력을 철퇴시켰으나, 교섭이 성립되지 않자, 1597(慶長 2)년, 다시 출병하여 침략했다. (정유재란)

그러나, 이 싸움은 처음부터 고전(苦戰)에 시달렸고, 다음해 히데요시의 죽음으로 조선에서 철퇴하였다. 막대한 전비(戰費)와 많은 병력을 투합한 이 출병은 여러 다이묘 사이의 대립을 야기 시켰고, 토요토미 정권의 몰락을 앞당긴 결과가 되었다.

전쟁터가 된 조선에서는 많은 인명을 잃게 되었고, 귀중한 문화재의 대부분도 피해를 입었다. 여러 다이묘는 조선에서 활자 인쇄술과 많은 서적을 가지고 왔고, 또 조선의 도자기 기술자들을 데리고 와서, 아리타야끼(나베시마씨), 사츠마야끼(島津氏), 하끼야끼(毛利氏)등의 도자기업이 각지에서 일어났다.

7) 임진왜란 때 왜군이 명나라에 보낸 항복문서

왜군이 명나라에 보낸 항복문서인데 일본의 국민성을 알 수 있는 내용이다. 일본은 강한 자에게는 무조건 약하고 약한 자에게는 무조건 강하게 나온다.

"만력(萬曆) 21년(1593 선조26) 12월 모일에 일본의 전 관백(關白) 신(臣) 평수길(平秀吉)은 참으로 황공하여 머리를 조아리고 말씀을 올려 사례(謝禮)를 드립니다. 엎드려 생각건대, 상성(上聖)의 널리 비추는 밝음은 아무리 미미한 것에도 다하지 않음이 없으시니 하국(下國)의 숨겨진 곡절을 저희 입으로 말씀드리지 않을 수 없습니다. 이에 비루한 정성이나마 펼쳐 우러러 천청(天聽)에 호소합니다.

공손히 생각하건대, 황제 폐하께서는 하늘이 일덕(一德)을 도우시어 날마다 사방을 다스리시니 황제가 건극(建極)하시자 양계(兩階)에서 간우(干羽)로 춤추었고, 성무(聖武)를 밝히사 만국(萬國)의 먼 곳에 있는 사람까지 오게 하였습니다. 천은(天恩)이 넓고 넓어 먼 곳의 창생(蒼生)에까지 미치니 멀고 미미한 일본이지만 모두 천조(天朝)의 적자(赤子)가 되었습니다. 여러 번 조선에 전하여 아뢰도록 부탁하였으나, 끝내 비밀히 숨겨두고 아뢰지 않았으니, 호소할 길이 없어 한을 품어 왔습니다. 부득이하여 원한을 맺었으니, 까닭이 없이 용병(用兵)한 것은 아닙니다.

또 조선은 거짓되게 마음을 먹고 신청(宸聽)을 거짓말로 번거롭혔지만, 만약 일본의 충정(忠貞)을 허여하셨다면 감히 왕사(王師: 중국의 군사)를 칼날로 맞이하였겠습니까. 유격(遊擊) 심유경은 충고(忠告)도 하고 분명히 효유하여 평양(平壤)에서 양보하였고, 풍신수길(豊臣秀吉)과 소서행장(小西行長) 등은 정성을 바쳐 향화(向化)하여 경계를 넘지 않았습니다.

거짓으로 조선이 이간질함으로써 전쟁을 일으켰는데, 비록 우리 병졸이 죽고 다쳤지만 끝내 보복할 생각도 없었습니다. 왕경(王京)에서 심유경은 옛 헌장(憲章)을 다시 밝혔고, 일본의 여러 장수는 처음의 마음을 바꾸지 않았습니다. 성곽(城郭)을 돌려주고 양초(糧草)를 바쳤으니 정성의 간곡함을 보여주었으며, 왕자를 보내고 강토(疆土)를 돌려주어 공순한 마음을 폈습니다.

지금 한 장수 소서비탄수(小西飛彈守)를 보내어 적심(赤心)을 진달하오니, 천조(天朝)에서 봉작(封爵)의 은사(恩賜)를 베푸시어, 일본의 나라를 진

수(鎭守)하는 영광을 삼게 하소서.

　바라옵건대 폐하께서는 일월(日月)과 같은 빛을 밝히시고 천지와 같은 도량(度量)을 넓히시어 옛날 예에 비추어 특별히 번왕(藩王)의 명호를 책봉(冊封)해 주소서. 신(臣) 수길은 지우(知遇)가 크고 아름다움에 감격했으니 정려(旌呂)가 더욱 무거웠고, 높고 깊은 큰 공덕에 보답함에 어찌 몸인들 아끼겠습니까. 대대로 번리(藩籬)의 신하가 되어, 길이 해방(海邦)의 공물을 바치겠습니다. 황기(皇基)가 천년토록 크게 드러나기 바라며, 성수(聖壽)가 만세토록 연장(延長)되기를 축원합니다. 신(臣) 수길은 하늘을 우러러 감격하고 황공함을 이기지 못하여 삼가 표를 올려 아룁니다."

6. 홍순언(洪純彦)과 보은단동(報恩緞洞)

　고려 말 1390년(공양왕 2) 이성계의 정적(政敵)이었던 윤이(尹彝)·이초(李初)가 명나라로 도망가서 이성계를 타도하려는 목적으로, 공양왕이 고려 왕실의 후손이 아니고 이성계의 인척이라 한 적이 있다. 이 때 윤이(尹彝) 등은 이성계가 명나라를 치려고 한다면서, "이성계는 권신 이인임(李仁任)의 아들"이라고 거짓말 했다. 그래서 명나라에는 이성계는 이인임의 아들로 기록되었다. 더구나 "이인임의 아들인 이성계는 모두 4명의 고려왕을 죽이고 나라를 얻었다"고 기록되어 있었다. 그 뒤 명나라는 이 이야기를 믿고, 그 내용을 명나라의 『태조실록』과 『대명회전(大明會典)』에 그대로 기록하였다. 조선에서 이러한 종계(宗系)의 기록이 잘못되었다는 사실을 알게 된 것은 1394년(太祖 3) 4월이었다.

조선 태조에 관한 종계오기(宗系誤記)는 표면적으로 명나라와는 무관한 일이었다. 그렇지만 건국 직후의 조선으로서는 왕통의 합법성이나 왕권 확립에 매우 중요한 문제였다. 그러나 명나라에서는 종계 문제를 계기로 이성계를 무시하고 의심하였다. 뿐만 아니라, 종계오기를 빌미로 조선을 복속시키려고까지 하였다. 더구나 이인임은 우왕 때의 권신으로 이성계의 정적이었다. 그런데 이성계가 그의 아들이라는 것은 가장 모욕적인 말로서 도저히 용납될 수 없는 사항이었다.

그리하여 이 문제는 이후 양국 간에 매우 심각한 외교 문제가 되었다. 그래서 조선 측에서는 그해 6월 명나라의 사신 황영기(黃永奇)의 귀국 편에 변명주문(辨明奏文)을 지어 사실의 잘못된 점을 지적해 보냈다. 그 내용은 태조 이성계의 가계 22대를 간략하게 기록하고, 태조 즉위의 정당한 이유에 대해 밝히면서, 이인임의 불법적인 행위를 상세히 알렸다. 그러나 명나라에서는 별다른 반응이 없었다. 오히려 1402년(太宗 2) 1월 성절사 장온(張溫)의 귀국 복명 속에 명태조의 유훈 가운데 조선왕의 가계는 이인임의 후손이라고 기록되어 있다고 하여 지난번의 변명이 헛되었음을 알게 되었다.

그 뒤로 조선은 종계변무 문제를 바로잡기 위하여 여러 번 사신을 파견하였지만 명나라에서는 묵묵부답으로 조선의 애를 먹이기도 하고, 다음 번 책이 개정될 때 고쳐 준다고 미루기도 했다. 1584년(宣祖 17)에 변무사(辨誣使) 황정욱(黃廷彧)을 파견하였는데 일행 중에 홍순언(洪純彦)도 역관으로 참여하였다. 홍순언은 서얼 출신의 역관으로서 1562년(明宗 17)부터 중국 사신의 역관으로 참여하였다.

역관 홍순언은 기상이 호협(豪俠)하고 의리를 좋아하였다. 젊은 시절에 중국에 가서 일세(一世)의 빼어난 미인을 보려고 수백 냥의 은(銀)을 품속에 지니고서 화방(花房: 몸을 파는 여자들이 있는 곳)에 갔다.

어떤 여자 하나가 용모와 자태가 과연 절세의 미인이었는데 소복(素服: 흰옷)을 입고서 얼굴에는 부끄러워 수줍어하는 기색을 띠었다. 홍순언이 이상히 여겨 물어보니, 여자가 대답하기를, "저는 귀족 가문의 딸인데 객지(客地)에서 아버지와 어머니를 연거푸 여의고 또 오빠 하나를 잃었습니다. 세 사람의 시신이 아직까지도 관에만 넣고 장례를 치루지 못하고 있는데 고향에 돌아가 장례를 치를 방도가 없는 까닭에 마지못해 몸을 팔아서 장례비용을 마련하려고 합니다."하였다. 또 전에 다른 남자를 겪었느냐고 물으니, 여자가 대답하기를, "오늘에야 처음 이곳에 왔고 아직 몸을 더럽히지 않았습니다."하였다.

이에 홍순언은 크게 감복하여 즉시 수중(手中)에 있는 돈 전부와 동료에게서 공금까지 빌려서 여자에게 주면서 말하기를, "이 정도면 충분히 고향으로 운구하여 장례를 치를 수 있을 것이니, 몸을 깨끗이 하고서 고향에 돌아가 장례를 치르고 부디 사족(士族)에게 시집을 가도록 하오."하고는, 뒤도 돌아보지 않고 즉시 그곳을 떠났다.

귀국하여 홍순언은 공금을 갚지 못하고 공금 유용죄로 감옥에 갇히고 귀양 가는 신세가 되었다.

그 여인은 뼈에 사무치도록 은혜를 고마워하다가 뒤에 시집을 가서 상서(尙書) 석성(石星)의 부인이 되었다. 매년 몸소 누에를 기르고 손수 길쌈을 하

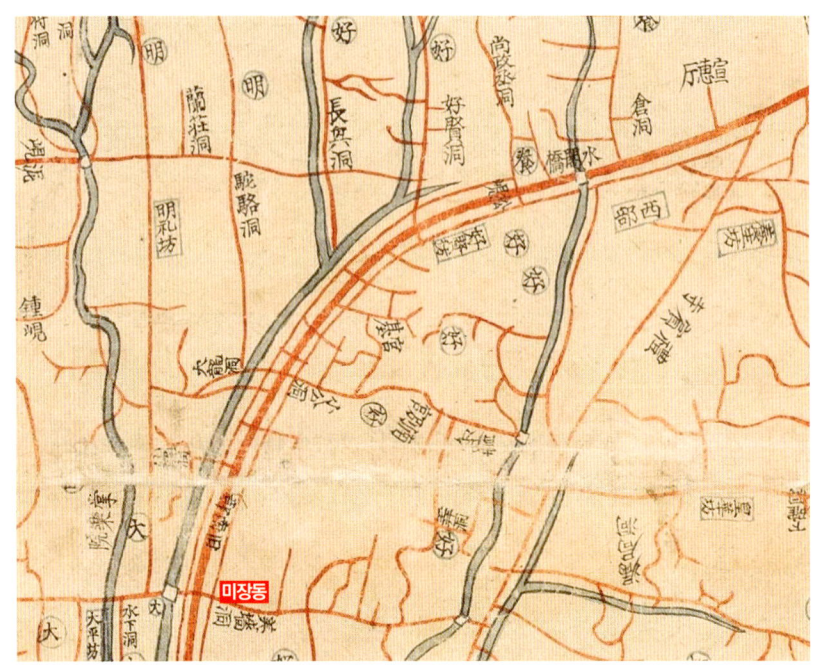

[보은단동은 곤담골 미장동(美墻洞) 미동(美洞)으로 동네 명칭이 바뀌고 현재는 롯데백화점이 있는 곳이다.]

여 비단의 첫머리에 '보은단(報恩緞: 은혜를 갚는 비단)'이라는 세글자를 자수(刺繡)하여 간직하고 홍순언을 만날 기회만 기다렸다.

   1584년(선조 17)에 홍순언이 종계변무(宗系辨誣)의 임무를 띤 변무사(辨誣使) 황정욱(黃廷彧)을 따라 북경에 갔다. 이 때 석성이 마침 예부 시랑(禮部侍郎)으로 있었는데 홍순언을 보고 일을 제대로 마칠 수 있도록 흔쾌히 허락하였다.

   하루는 석성이 홍순언을 자기 집으로 초청하여 음식을 푸짐히 차려 대접을 하였다. 그때 성장(盛粧)을 한 부인이 뜰아래 엎드려 절을 하고는 이어 마

[보은단동, 안동립 촬영]

루에 올라와 술잔을 올렸다. 홍순언이 황공하고 놀라서 달아나 피하려고 하니, 석성이 붙잡아 앉히어 술잔을 받도록 하고는 이어 사연을 자세히 말하였으므로 홍순언이 사양하고 물러 나왔다.

홍순언이 압록강을 건너려 할 즈음에 어떤 사람이 다가와 석성 부인의 편지와 예단(禮單)을 받들고 와서 바쳤다. 예단에는 보은단 수십 필(疋)과 그 밖의 진귀한 물건들이 이루 다 셀 수 없을 만큼 많았고, 혹시 그가 받지 않을까 염려하여 강가에 놓아두고 가 버렸다. 이에 홍순언은 할 수 없이 그것을 가지고 귀국하여 큰 부자가 되었다.

홍순언은 종계변무 문제를 제대로 완수한 공으로 광국공신(光國功臣)에 녹훈(錄勳)되어 당릉군(唐陵君)에 봉해졌다. 홍순언은 중국에서 가져 온 예단을 팔아서 부자가 되었고 그가 살고 있던 집을 아주 잘 지었기 때문에 장안에 소문이 쫘악 쫘악 퍼졌고, 그가 살던 거리를 보은단골(報恩緞洞)이라고 부르기 시작하였다. 보은단골은 담장이 예쁘기 때문에 '고은담골' 또는 '곤담골'이라고 불리고 한자로는 미장동(美墻洞)이라고 불렀다.

19세기 전반기에 오면 서울 지명들이 3자에서 2자로 줄여서 부르기 시작하였으므로 미장동은 미동(美洞)이 되었다. 1960년대부터 1970년대까지 서울에서 명문 중학교 입학 성적이 좋아서 알아주던 초등학교는 덕수·교동·수송·미동 등이었는데 이름은 같지만 미동초등학교는 서대문 극장 부근에 있었고, 미근동의 준말이었다. 홍순언이 살던 미동은 현재 롯데백화점이 있는 을지로 입구에 있었던 동네 명칭이다.

석성의 도움은 여기에서 끝나지 않았다. 석성은 임진왜란 당시 병부상서로서 황제를 설득해 조선에 원병을 파견했다. 명에 원병을 요청하는 청원사(請援使)는 이덕형과 역관 홍순언이었다. 석성은 홍순언과의 인연 때문에 조선에 원병을 보내는데 결정적인 역할을 했다. 물론 이것은 조선이 무너지면 명나라가 위험하다는 생각에서 결단을 내린 것이기는 하다. 그러나 반대파들도 많았다. "오랑캐들끼리 싸우도록 놓아두지, 명나라가 끼어들 필요가 없다는 것"이다.

이러한 국가의 중대사들이 일개 역관 홍순언의 남아다운 한 번의 기개로 풀려나갔다는 것은 어찌 하늘의 뜻이 아니겠는가? 조선시대 역관은 오늘날의 외교관 역할을 담당하였다.

[선릉, 성종의 능임. 임진왜란 때 왜군에게 도굴 당한 빈 무덤임. 안 동립 촬영]

7. 선릉(宣陵)과 정릉(靖陵)의 비극

　서울에서 지하철 2호선을 타고 강남 지역을 지나려면 선릉역이 있다. 이 선릉역을 매일 오르내리는 사람들도 선릉이 누구의 능이고 그 능 옆에 정릉(靖陵)이 있는 것은 모를 것이다. 더구나 두 능은 임진왜란의 쓰라린 상처를 안고 있다는 사실은 더욱 모를 것이다.
　선릉은 제9대 왕인 성종과 그의 계비인 정현 왕후의 능이고, 정릉은 제11대 중종의 능이다. 이 두 능은 임진왜란 때 왜군들에 의하여 철저하게 도굴 당하고 시신마저 소각 당하여 그 재를 모아서 개장한 슬픈 왕릉이다.
　중종 능인 정릉이 왜군에 의하여 파헤쳐졌다는 소식은 임진왜란이 일어난 지 5개월이 지난 1392년(선조 25) 9월에 왕의 행재소에 전해졌다. 선조는 형조 판서 이헌국(李憲國)을 보내 사실을 확인시켰으나 전쟁 중이었기 때문에 길이 막혀 알 수가 없었다.

이 사실이 확인된 것은 1393년(선조 26) 4월 경기좌도 관찰사 성영(成泳)의 보고이다. 그는 왜적이 선릉과 정릉을 파헤쳐 관마저 찾을 수 없다고 하였다.

선조는 "천하에 어떻게 이와 같은 변고가 있단 말인가?" 통곡하면서 영의정 최홍원, 예조 참의 이관(李灌) 등을 보내어 선릉과 정릉의 형편을 자세히 살펴서 보고하도록 하였다.

경기좌도 관찰사 성영이 다시 보고하기를 선릉은 광중(壙中)이 이미 비어 있고, 정릉은 염습(斂襲)한 옷은 없어졌으며 중종의 시신만 광중에 가로 놓여 있다고 하였다.

선조는 선릉과 정릉을 잘 지키지 못한 광주 목사 이기빈과 경기 감사 성영을 파직시켰다.

계속적인 보고서가 속속 도착했는데, 도체찰사 유성룡은 제일 먼저 현장을 수습한 이홍국(李弘國)과 서개똥(徐叱同)의 말을 참고하여, 중종의 시신은 이미 양주의 송산(松山)에 있는 인가에 옮겨 모셨고, 선릉은 두 능을 판 구덩이가 현궁(玄宮)에까지 이르지는 않았다고 조금은 상황이 낳은 보고를 하였다.

대신들은 정릉의 유의(遺衣)가 모두 없어져 옥체가 드러났으므로 염습할 때에 충분히 살피고 철저하게 중종의 시신이 맞는지를 확인하자고 하였다. 특히 중종 때의 구신(舊臣)·고로(故老)·노환(老宦)·궁인(宮人) 중에 살아 있는 자가 있으면 모두 불러서 조사 확인시켜 훗날에 후회가 없도록 하자고 하였다. 현재 조신(朝臣) 중에는 심수경(沈守慶)·송찬(宋贊) 등이 살아 있으니 그들도 불러서 확인하기로 하였다.

선조는 능변(陵變)을 국가의 중대사로 인식하고 영의정 최흥원(崔興源)을 다시 보내 봉심케 하고, 또 여러 중신(重臣)과 재신(宰臣) 및 종실(宗室)·궁인(宮人)을 차례로 보내 확인시켰다. 덕양군부인(德陽君夫人) 권씨(權氏), 상궁(尙宮) 박씨(朴氏), 서릉군(西陵君)의 어머니와 종실(宗室)인 수원 수(水原守)·부안 도정(扶安都正) 및 동지(同知) 송찬(宋贊)으로 하여금 참여하여 봉심하게 하였는데, 이들은 모두가 중종(中宗)을 직접 섬긴 사람들이었다.

이들을 불러 중종의 시신을 조사하기 전에 중종 모습에 대한 각자의 소견을 들었는데 다음과 같다

덕양군 부인 권씨(權氏): "임금의 얼굴은 수척하고 갸름하며, 턱의 끝이 약간 굽었다. 수염은 많지 않았는데 뿌리는 누렇고 끝은 검었으며, 콧등은 높고, 옥체는 보통 사람보다 약간 컸으며, 허리둘레는 훤칠하고 풍만하지 않았다."고 말하였다.

상궁 박씨(朴氏): "임금의 양 눈 사이에 검은 사마귀가 있었는데 녹두(菉豆)보다 약간 적었고, 얼굴에 약간 얽은 흔적이 있으며, 콧등은 높고, 코끝은 길고 약간 굽었으며, 수척하면서 갸름하였고, 수염은 누런 편이었다."

서릉군의 모친: "옥체는 보통 사람보다 키가 컸고, 콧등은 높았으며, 용안은 갸름한데 약간 얽은 흔적이 있었고, 수염은 많지 않되 황자색(黃紫色)으로 길이는 말아 올리면 입을 덮을 정도였다."

부안 도정과 영원수: "옥체의 키는 보통 사람들 중에서 큰 키로서, 비

만하지도 않고 수척하지도 않아 훤칠하였고, 수염은 그리 많지는 않았으나 또한 적은 편도 아니었는데, 길이는 한 치 반이 넘고 빛깔은 약간 자황색이었으며, 콧등은 좀 높은 편이었다."고 하였다.

이들의 증언을 종합하면 중종은 보통 사람보다 키는 컸고, 얼굴은 가름하고 수척하였으며, 약간 얽은 흔적이 있고, 양 눈 사이에 검은 사마귀가 있었는데 녹두(菉豆)보다 약간 적었고, 콧등은 높고, 코끝은 길고 약간 굽었으며, 수염은 누런 편이었다.

실제로 이들이 중종의 시신을 살펴본 후 말한 사실은 다음과 같다.

덕양군 부인 권씨: "봉심해 보니 비록 상세히 알아볼 수는 없었으나 평시의 용안과는 다른 듯하다."

상궁 박씨: "봉심해 보니 비록 반복하여 살펴보았으나 확인할 수가 없다."

서릉군의 모친: "봉심해 보니 알아볼 수는 없으나 용안이 평시보다 짧은 듯하다."

중종을 직접 섬기던 사람들도 평소에 그들이 본 바와 중종 능에서 발견된 시체를 비교하여 살펴보니, 키의 장단(長短)과 얼굴의 광협(廣狹)등이 같지 않고 차이가 있다고 하였다.

송찬도 일찍이 검열(檢閱)로 중종때 입시했던 사람인데, 단지 "용안(龍顔)은 길면서 코는 우뚝하고 눈동자는 모난 듯한 모습이었다."고 기억하였다.

영의정 최흥원이 심수경(沈守慶) 등과 더불어 의논드리기를,

"선릉 및 왕후릉(王后陵)과 정릉 세 곳에 모두 불탄 재가 있는데, 재속에 다 편쇄(片碎)된 옥회(玉灰)가 있었으니, 의복과 관곽이 탄 것이 아님은 분

명합니다. 세 능의 재가 대체로 한 모양이니, 정릉의 탄 것만이 옥체가 아니라고 할 수 없습니다. 사리로 말한다면 적이 능을 발굴할 때 반드시 재궁을 태우기에 앞서 시신을 별도로 다른 곳에 봉안했어야 만이 재궁이 타도 옥체가 보전될 수 있었을 것입니다. 그런데 지금 재궁을 전부 태우면서 옥체를 광중에 도로 두었을 리는 없습니다. 오래된 시체를 다른 곳에서 구해다가 광중에 넣음으로써 보고 듣는 자들을 현란케 할 수도 있었을 것입니다." 하고, 유홍(兪泓)·최황(崔滉)·김응남(金應南)·이덕형(李德馨)·이증(李增)·백유함(白惟咸)·이제민(李齊閔)·이관(李瓘) 등의 의논도 대개 다 같았다. 또 대부분이 송산의 시체를 살펴보고는 "50년가량이나 오래된 시체가 아니다."고 하였다.

유성룡은 "모발(毛髮)이 다 벗겨진 것으로 보아 오래된 시체인 듯하며, 왼쪽 견갑(肩甲)에 하나는 크고 하나는 작은 구멍이 있었습니다. 발견된 것은 오직 이것뿐 그 밖의 것은 알 수 없습니다. 이는 변 중에도 극심한 변이니, 변별이 조금만 틀린다 하더라도 일이 차마 말하지 못할 바가 있을 것이니, 식견이 어두운 후생은 감히 가볍게 의논드릴 수 없습니다. 오직 심사 숙고하고 능위에서 본 것들을 참고하는 동시에 능 근처의 고총(古塚)이 파헤쳐져 있는지의 여부를 확인하는 등 다방면으로 찾아보면 혹시 만에 하나라도 실증을 얻을 희망이 있을지 모르겠습니다."고 하였고,

성혼(成渾)의 의논도 여러 재상들과 같았는데 그 말미에, "지혜로써 구할 수 있는 것이 아니고 또 사증(事證)으로써 서로 참고할 수도 없는 일이므로 신자의 마음은 망극하기 그지없어 주달할 바를 모르겠습니다." 하였다.

선조가 조정의 의논을 수합해 보니 의논이 모두, "그 시체는 의심스러

우니 별도로 관곽을 갖추어 능 근처의 정결한 곳에 묻고 재를 거두어 선릉에서와 마찬가지로 장례를 지내는 것이 마땅합니다."하므로 선조가 그대로 따랐다.

　송산의 시체를 매장할 때 시신(侍臣) 신식(申湜)이 염장(斂葬)을 감독하였는데, 신식이 항상 말하기를, "그 시체를 진짜라고 하다니 그야말로 망언이다."하였는데 어디에 근거해서 한 말인지 아무도 몰랐다.

　중종의 시신을 확인하는 일은 당시로서는 국가의 최대의 중요한 사실이었다. 그러므로 여러 날에 걸쳐 영의정에서부터 6조 판서에 이르기까지 수 십 인이 동원되어 확인 작업을 하였다. 그들은 썩다 남은 냄새가 코를 찌르는 시체를 직접 만져보면서 조사할 수밖에 없었다.

　송산의 시체가 중종의 시신이 아니라는 결론이 나자 가짜 시신을 중종의 시신이라고 주장하여 한바탕 소동을 겪게 한 책임을 추궁하였다.

　먼저 정릉의 옥체를 찾은 곡절을 고언백(高彦伯)의 군관에게 들으니 '도체찰사(都體察使)'의 군관으로 수문장(守門將)인 이홍국(李弘國)이 와서 고언백에게 말하기를 「듣건대 정릉의 옥체가 능가에 있다 하니, 군사를 주면 가서 찾겠다.」고 하자, 고언백이 즉시 군인 두 사람을 보내주었는데, 이홍국이 갔다가 돌아와서 「능가에서 옥체를 찾아 광중(壙中)에 봉안하였다.」고 했다. 보냈던 군인에게 사실 여부를 물으니, 그들이 말하기를 「이홍국이 우리는 강어귀에서 배를 지키고 있게 하였기 때문에 찾은 곡절을 우리들은 알지 못한다.」고 하였다. 그 뒤에 여러 사람들이 옥체를 찾아 봉안하는 것으로 공을 세우기를 바라 안세희(安世熙)와 양주에 사는 지천령(池千齡)이 가서 광중에서 찾아보았으나, 찾지 못하고 돌아왔다. 그러자 이홍국은

「반드시 내가 간 뒤라야 찾을 수 있다.」고 하였다. 안세희가 말하기를 「내가 갔을 때는 아무 것도 없었는데 너라고 어찌 찾을 수 있겠는가. 조정에서 만약 추문(推問)한다면 무어라고 대답하겠느냐?」 하니, 이홍국이 대답하기를 「나도 누구의 시체인지는 모르지만 광중 밖에 한 구의 시체가 있기에 광중에 봉안한 것뿐이니, 비록 조정에서 추문한다 해도 이렇게 대답하겠다.」고 하였다.

위관(委官)들이 전 부사 안세희(安世熙)를 잡아다가 추고(推考)하였더니, 다음과 같이 공초하였다. "신이 체찰사의 군관으로서 개성부에 있을 적에 경기 도사(京畿都事) 심극명(沈克明)이 와서 선릉과 정릉에 변고가 생겼다고 하였습니다. 그러자 체찰사는 즉시 달려가고자 하여 접반사와 상의하고 조사할 군관을 뽑았습니다. 그러나 뽑힌 군관들은 모두 이 지방 사람들로 길을 모르는 자들이었고 오직 이홍국만이 서울 사람이었습니다. 체찰사가 이홍국에게 즉시 떠나도록 하니, 이홍국도 길을 모른다고 하였으나, 체찰사는 그대로 이홍국을 보냈습니다. 그때 양주 목사에게 이문(移文)하여 군인 한두 명을 보내어 이홍국과 함께 조사하게 하니 양주 목사가 군인 두세 명을 보내었고 체찰사도 군인 4인을 주어 이홍국과 함께 가게 하였습니다.

이홍국이 능침에 가서 보니 시체가 광중 밖에 있기에 즉시 광중에 안치하고, 시체에 부착되어 있던 여자 명주 저고리와 명주 말고(末古) 각 1건과 감찰천익(甘察天益) 반건을 독음리(禿音里) 마을 뒷산에 묻어 놓았다고 하였습니다.

16일 지천령에게 능소로 가는 길을 물어 바람이 불기를 기다려 배를 타고 3경에 먼저 정릉으로 갔습니다. 그런데 지천령이 말하기를 '이홍국이 시체가 수도(隧道: 통로) 밖에 있기에 자기가 안아다가 광중에 넣었다고 하였다.'고 하였습니다. 신이 능밖에 이르러 지천령과 옥화동(玉禾同)으로 하여금 광중에 들어가서 통로를 수색해 보았으나 아무 물건도 없고 다만 다섯 치 남짓한 쇠못만을 찾아냈을 뿐입니다. 정릉에서 찾아낸 쇠못 8개와 두 선릉에서 찾아낸 쇠못을 합치면 세 능에서 찾아낸 것이 모두 22개였고, 이 밖에는 다른 물건이 하나도 없었습니다. 신은 그래도 미진한 생각이 들어 도로 정릉으로 와서 살펴보았으나 역시 보이는 것이 없었습니다.

신이 옥화동(玉禾同)에게 '네가 이미 이홍국에게 함께 가서 시체를 찾자고 했다 하더니, 지금은 어찌하여 찾지 못하는가?'하고 재삼 엄히 물으니, 답하기를 '나는 당초에 들어가 보지 않았다.'고 하였습니다. 신은 배를 타고 돌아와서 철정 22개와 체찰사에게 보내는 고목(告目)을 동봉(同封)하여 지천령에게 주어 보내고, 또 한 통의 서찰(書札)로 고언백(彦伯)에게 통고하기를 '능침(陵寢)의 중대한 일에 대해 이홍국은 시체가 있다고 하였으나, 지금 내가 보는 바로는 이와 같으니 매우 수상하다.'고 하였습니다. 신은 이어 광주로 가서 적을 나포(拿捕)하다가 4일째 되던 날에 다시 독음리로 돌아와서 전에 만났던 주민들을 만나보니, 그들은 모두 '며칠 전에 이홍국이 이미 시체를 찾아 송산으로 옮겨다가 봉안하였다.'고 하였습니다.

신이 그런 말을 듣고서 잡은 왜를 거느리고 체찰사의 군중으로 갔더니, 이홍국은 이미 시체를 찾은 연유를 적은 계본(啓本)을 가지고 행재소로 떠나고 없기 때문에 서로 만나보지 못하였습니다. 이홍국이 돌아왔을 때 신이 이홍국에게 '나는 시체를 찾지 못하였는데 너는 어떻게 찾았느냐?'고 물었더니, 이홍국이 대답하기를 '찾은 뒤에 단단히 숨겨 두었으니 어찌 쉽게 찾을 수 있겠는가. 어떤 종실(宗室) 한 분이 의복으로 싸서 기와 조각으로 덮어 놓았는데, 나는 묻어 놓은 곳을 알았기 때문에 쉽게 찾을 수가 있었다.'고 하였습니다. 신이 '내가 듣기에 네가 시체를 안고 수도(隧道)로 들어가서 봉안하였다고 하던데, 내가 가서 보니 수도가 파손되지 않았던데 어째서이냐?'고 물었더니, 대답하기를 '수도로 들어가서 봉안한 것이 아니라 시체를 안고서 위에서부터 내려갔다.'고 하였습니다. 신은 그가 이미 찾았다고 하니, 강변할 일이 아니라고 생각되어 놔두고 더 이상 말하지 않았습니다." 이상이 안세희가 공초한 내용이다.

안세희의 공초(供招)에 나타난 대로 정범(正犯)을 찾을 필요성이 있었으므로 이홍국을 잡아다가 문초하였다.

이홍국의 공초(供招) 내용은 다음과 같다.

"저는 도체찰사 유성룡(柳成龍)의 군관입니다. 4월 어느 날 체찰사께서 선릉과 정릉이 왜적에게 화를 입고 발굴 당했다는 기별을 듣고 저를 불러 '네가 가서 봉심(奉審)하여야겠다.' 하였으므로, 제가 박인(朴麟)·이태성(李太成)·윤효민 등 5명과 같이 15일 밤중에 정릉에 나아가 봉심하였는데 능이 발굴 당한 것이 사실이었습니다. 아병(牙兵)인 이태성이 먼저 광중에 들어갔는데 광중에는 너절한 물건이 있었다고 하였습니다. 그 후 신이 윤효민과 함께 광중에 따라 들어가 보았더니 불에 타다 남은 재궁(梓宮)이 있는 곳에 시신 하나가 가로놓여 있었습니다. 때는 밤이라 어두웠으므로 다시 어루만져 보았더니 점점 냄새가 났습니다. 그래서 즉시 가슴과 배 부위를 더듬어 보았더니 오래 된 시체 같았습니다. 윤효민과 그 시체의 손을 만져보고 얼굴 위를 만져보니 뼈만 남았으므로 저는 놀라고 두려워 즉시 나왔습니다. 능위에 굽이진 담장 가까운 곳에는 의복 세 벌이 있었는데 반은 부패되었고 부서진 칠관(漆棺) 조각이 불에 타지 않은 채 남아 있었습니다. 또 선릉에 가보았더니 역시 발굴되었는데 즉시 아병 2명과 함께 광중에 들어가 보았더니 타다 남은 나무 조각밖에 없었습니다."

이홍국과 안세희가 말한 내용에 차이가 나므로 의심나는 부분을 면질(面質)시켰지만 이들에게 더 이상 혐의점이 없으므로 무죄로 처리된 듯하다. 이홍국과 안세희는 처음부터 공을 세우기 위하여 정릉의 시체를 잘 거두어 둔 죄 밖에 없었기 때문이다.

이번에는 우변포도대장(右邊捕盜大將) 이일(李鎰)이 풍저창(豊儲倉)의 종 팽석(彭石)이 왜적들과 결탁하여 선릉·정릉을 발굴했다는 혐의가 있으므로 추국하기를 청했는데 아무 성과도 없었고, 포도대장 이일이 능침을 발굴한 죄인을 잡아 의금부에서 추국할 것을 건의하였다. 그는 동대문밖에 사는 석수(石手) 박묵석(朴墨石)·박성(朴成)·정마동(丁ケ同)이 석수 김강정(金江貞)·윤순(尹順)·강계근(姜季斤)·황시외(黃時外)·염말질용(廉末叱龍)·오음동(吾音同) 및 야장(冶匠) 홍금(洪金)·이금회(李今會)·김용(金龍) 등이 왜적과 결탁하여 선릉과 정릉을 발굴하였다고 잡아다가 문초하였다. 이 사건은 중대사이기 때문에 포도청에서 다룰 수 없었으므로 의금부가 담당하여 죄인 박묵석 등 12인을 추국하였으나 더 이상의 성과는 없었다.

이번에는 일본에서 능침을 범한 죄인이라고 대마도인을 인계하므로 그의 처벌에 대해서 의논하였다.

행 판중추부사 윤승훈(尹承勳)은 '신이 당초에 적이 능침을 범하였던 곡절을 듣건대 우리의 예경(芮景)이란 자가 향도(嚮導)가 되어 가서 선릉(宣陵)

[정릉, 중종의 능임, 임진왜란 때 왜군에게 도굴 당한 빈 무덤임. 안 동립 촬영]

과 정릉(靖陵)을 도굴하였는데 견고해서 부술 수가 없자 노야(爐冶)를 설치하여 많은 철기(鐵器)를 만든 뒤에야 비로소 범할 수가 있었다고 한다. 그러니 그 흉계를 실행한 것은 처음부터 한두 적의 소행이 아니었던 것이다. 요번에 결박하여 보낸 적이 직접 삽을 잡고 왕릉을 팠다고 하더라도 협박을 받아 시키는 대로 움직였던 하나의 보잘 것 없는 졸개에 불과하다. 이런 사람들은 수천 수백 명을 얻어 죽인다 하더라도 신인(神人)의 통분을 씻어주고 하늘에 계신 영령을 위로할 수는 없다. 이번에 묘사에 고하여 적괴(賊魁)를 잡은 것처럼 한다면 아마도 신명(神明)을 속이는 일에 가까울 것이니 결코 할 수 없는 일이다.' 하였다.

일본에서 보낸 사람은 대마도의 왜인 마고사구(麻古沙九)였는데 그는 자기가 능침을 범한 죄를 뒤집어쓰고 있지만 자기는 본래 대마도에 살았고, 임진년 왜적이 침구하여 왔을 때 연소한 사람으로 도주 군관의 노자(奴子)가 되어 나와서 부산의 선소(船所)에 머물렀을 뿐 서울에는 올라오지도 않았기 때문에 능침을 범한 연유를 전연 알지 못한다고 하였다. 그는 다만 대마 도주에게 죄를 짓고 촌가(村家)에 쫓겨나 있었는데 이번에 능침을 범한 죄를 뒤집어쓰고 끌려오게 되었다고 억울함을 호소하였다. 조정에서도 더 이상의 진실을 알아낼 수 없었으므로 능변은 현장에 있던 재를 수습하여 개장하는 것으로 마무리 되었다.

선릉과 정릉은 빈 무덤이다.

8. 환향녀(還鄕女)와 화냥년

조선시대 임진왜란과 병자호란 때 포로로 잡혀서 절개를 잃고 고향으로 돌아온 여성들을 '환향녀(還鄕女)'라고 불렀다. 환향녀들은 정절을 잃었다는 이유로 남편들로부터 공개적으로 이혼 청구를 받았다. 그러나 이러한 사태는 전쟁 때문에 빚어진 비극적인 사태이며 국가적 문제였다. 국가에서는 남자들이 이혼을 청구할 경우에는 먼저 왕의 허락을 받아야 한다고 선포하였다. 절개를 잃은 여자의 남편들이 집단으로 왕에게 이혼을 청구했다. 선조는 "이혼을 요청한 상황은 충분히 이해할 수 있으나 절개를 잃은 것으로 볼 수 없기 때문에 허락할 수 없다"고 이혼청구를 거절했다. 선조의 이 같은 방침에도 불구하고 남편들은 모두 첩을 얻어 부인을 멀리했다.

환향녀는 1627년(인조 5) 정묘호란과 1636년(인조 14) 병자호란 때도 많이 발생했다. 주로 북쪽 지방에 사는 여인들의 피해가 컸다. 특히 의주에서 평양까지는 미인이 많아 벼슬아치나 양반의 처까지도 끌려갔다. 청나라에 끌려간 여자들 중 대부분 돌아올 수 없었으나, 많은 돈을 주고 돌아온 여자들도 '환향녀'로 불리면서 치욕을 감수해야 했다.

병자호란 후 돌아온 여자들도 남편으로부터 이혼을 요구받았다. 인조도 선조와 마찬가지로 이들의 요구를 받아들이지 않았다. 이들 중 대부분은 인조가 제시한 첩 허용을 받아들였다. 조정에서는 고향에 돌아온 여자인 환향녀(還鄕女)들이 몸을 더럽힌 수치감에 자결하거나 집에 돌아가기를 포기할까 염려하여 이들을 전국의 개천을 지정하여 몸을 씻게 한 후, 그것으로 모든 치욕은 씻긴 것이니 이후 이 여성들의 정절 여부를 묻지 못하도록 했다. 서울은 도성 밖의 홍제천이고, 강원도는 소양강, 경상도는 낙동강, 충청도는 금강, 전라도는 영산강, 황해도는 예성강, 평안도는 대동강을 지정하여 몸을 씻도록 하였다.

그러나 정절을 신봉하던 사대부가에서 그들을 그대로 받아들일 리 없었다. 그들은 환향녀와의 이혼을 요청하였고 그것이 정치의 쟁점이 되기도 했다. 당시 사헌부에서는 부부는 인륜의 근본이므로 절개를 잃은 여자와 이혼하는 것은 당연하다고 주장했다. 그러나 최명길 등 대신들은 이 문제는 개인의 문제가 아니라 환향녀 모두가 가족으로부터 버림받게 될 수 있는 안건이므로 허락해서는 안 된다고 했다. 이들이 혹시 임신하여 낳은 자식을 호로자(胡虜子)라고 업신 여겼다. 여기서 '호로새끼', '후레자식'이라는 속어도 등장하였다.

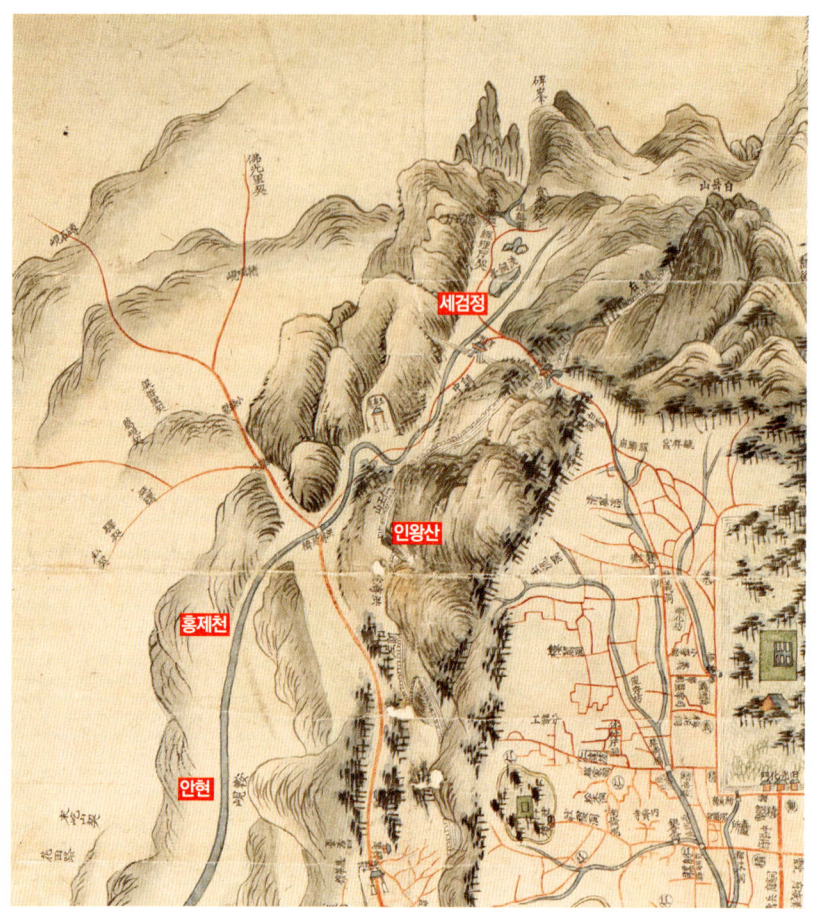

[홍제천, 서울대 규장각 한국학 연구원 소장]

    그러나 오늘날 국어학계에서의 정설은 창녀를 뜻하는 중국 외래어 화랑(花娘)의 중세 한국어의 발음 '화냥'에 여자를 낮잡아 이르는 '년'이 결합되어 오늘날까지 이어진 것으로 보고 있다.
    중국에서 화냥(花娘)은 이미 당, 송대부터 기녀, 창기라는 말로 쓰였다.

[홍제천 마애보살 좌상, 안 동립 촬영]

가령 당대 시인인 이하(李賀)가 지은 시에는

"삭객은 크게 기뻐하며 잔을 들어 일어서고 화낭에게 막에서 나와 배회하며 배알하도록 명한다."라는 구절이 있고,

송나라 때 매요신(梅堯臣)이 지은 〈화낭가(花娘歌)〉에는 "화낭은 12세에 가무를 할 수 있고 대단한 명성은 악부에 머무른다."라고 되어 있다.

원말명초에 쓰인 글에도 창부를 화낭(花娘)이라고 부른다는 구절이 있는 것을 보면, 당, 송 이후 명나라까지도 널리 쓰였다. 오히려 만주어에서는 이런 흔적이 발견되지 않는다.

이 말이 우리나라로 건너온 시기는 정확히 알 수 없으나, 최소 조선 초기 이전에는 들어와 민간에서 널리 쓰인 것으로 보인다. 15세기『조선왕조실록』에서도 그 흔적을 확인할 수 있다. 성종실록에 1472년(성종 3)에 역관 최세진이 쓴 한자 학습서『훈몽자회』를 보면, 중세 국어에서는 낭(娘)을 원래 중국 발음(niáng)에 가깝게 '냥'으로 읽었음을 알 수 있다. 따라서 쓸 때는 화낭(花娘)으로 쓰고, 읽을 때는 '화냥'으로 읽었다. 현대 국어에서는 독음이 변해 낭(娘)을 '낭' 또는 '랑'으로 읽지만, '화냥년'이라는 욕에는 중세 국어의 발음이 그대로 남아 전해진 것이다. 다시 말해 병자호란 한참 전부터 '화냥'이란 말은 조선에서 널리 쓰이던 말이었으니, 송환된 여성 포로를 환향녀로 부르던 것에서 비롯되었다는 민간 어원설은 더욱 근거가 없다. 다만 'ㅇㅇ년'이란 욕은 17세기 무렵부터 등장했으므로, '화냥년'이라는 형태로 굳어진 것이 병자호란 무렵의 흉흉한 시기일 수는 있다.

9. 소현세자는 독살당했다

1) 소현세자의 의문스런 죽음

소현세자는 9년간의 포로 생활을 청산하고 본국에 돌아온 지 두 달 만에 병이 났고, 병이 난 지 며칠 안 된 1645년(인조 23) 4월 26일에 죽었다. 세자의 염습(斂襲)에는 인조의 지시로 극소수의 인원만 참여하였는데, 이 염습을 지켜본 종실 진원군(珍原君) 이세완(李世完)은 깜짝 놀랐다. 세자의 몸이 온통 검은 빛이고 이목구비의 일곱 구멍에서는 구멍마다 모두 붉은 피가 흘러나와 얼굴이 피 투성이었다. 검은 비단 헝겊으로 세자의 얼굴을 반쪽만 덮어놓았으나, 곁에 있는 사람도 그 얼굴빛을 분간할 수 없었고,

마치 약물에 중독되어 죽은 사람과 같았다. 그런데 이 사실을 아무도 모르고 있다가 세자의 염습에 참여했던 진원군이 그 이상한 모습을 보고 나와서 사람들에게 말하므로 궁 밖에 알려졌다.

2) 소현세자가 인질로 잡혀간 사정

소현세자는 인조의 원손으로 태어나 나이 10살 때부터 세자로 책봉하자는 건의가 있어 14세에 세자로 책봉되었다. 2년 후인 16세에 승지 강석기(姜碩期)의 딸을 세자빈으로 맞아 들였다.

1636년(인조 14) 우리나라 역사상 가장 치욕적인 병자호란이 일어난다. 왕실의 비빈들은 강화로 피신하고 인조와 소현세자는 남한산성으로 들어가 청나라에 대항하였다. 강화도가 함락되고 남한산성의 함락도 급박한 상황이었다. 청나라는 먼저 세자의 항복을 요구하였다.

모두들 반대하였지만 세자는 나가겠다고 결연한 의지를 밝혔다. 자기에게는 일단 동생이 있고 또 아들도 하나 있으므로 자기가 적에게 죽는다 하더라도 종실을 유지하는 데는 아무런 어려움도 없다고 용감하게 성을 나가 적과 휴전 조건을 담판하였다.

청의 휴전 조건은 먼저 명(明)나라와의 관계를 끊고 청의 연호를 사용해야 하며, 세자와 대군을 인질로 삼고, 대신(大臣)은 아들이 있으면 아들을, 아들이 없으면 동생을 인질로 삼으라는 것이었다. 다음은 명나라를 칠 때 원병을 보낼 것, 정기적으로 청에 사절을 보낼 것, 등이었으나 가장 중요한 것은 세자를 인질로 삼겠다는 것이었다.

인조는 선택의 여지가 없었으므로 이들의 요구 조건을 수락하였다. 남한산성에서 나와 삼전도(三田渡)에서 치욕적인 항복 의식이 거행되었다, 우리나라 역사상 임금이 직접 외국에 항복한 사례가 없다. 인조는 용포도 못 입고 남염의(藍染衣: 쪽빛으로 물들인 옷) 차림으로 백마를 타고 의장(儀仗)은 모두 제거한 채 시종(侍從) 50여 명만 거느리고 죄인이기 때문에 정문인 남문을 이용 못하고 서문(西門)을 통해 성을 나왔다. 인조는 삼전도에 이르러 청 태종에게 굴욕적인 세 번 절하고 아홉 번 머리를 조아리는 항복 예를 행하였다.

인조가 모든 절차를 마치고 서울로 돌아오기 위해 소파진(所波津, 삼전도를 말함)에서 배를 탔다. 당시 뱃사공들은 거의 모두 죽고 빈 배 두 척만이 있었는데, 백관들이 다투어 먼저 타려고 인조의 옷마저 잡아당기며 배에 올라탔다. 길가에는 강화도에서 사로잡힌 부녀자들이 왕을 바라보고 "우리 임금이시여, 우리 임금이시여. 우리를 버리고 어디로 가십니까."울며 부르짖는 자가 만 명을 헤아렸다.

청나라가 군사를 거두어 돌아가면서 왕세자와 빈궁, 봉림 대군과 척화파와 삼학사 등을 같이 데리고 갔다. 인조는 창릉(昌陵)의 서쪽에 거동하여 이들을 전송하였다. 인조는 자신을 대신하여 멀리 떠나는 세자가 안쓰러워 저들에게 부탁했다. "자식들이 깊은 궁궐에서만 생장하였는데, 지금 듣건대 여러 날 동안 노숙(露宿)하여 질병이 벌써 생겼다 합니다. 가는 동안에 온돌방에서 잠을 잘 수 있게 해준다면 다행이겠습니다."

세자와 대군이 절하며 하직하고 떠나자, 인조는 눈물을 흘리며 세자에게 "힘쓰도록 하라. 지나치게 화를 내지도 말고, 가볍게 보이지도 말라."고 당부하였다. 힘쓰도록 하라는 것은 학업을 힘쓰라는 뜻인 것 같고, 화를 내지 말라는 것은 굴욕적인 상황이 닥치더라도 슬기롭게 극복하라는 뜻일 것이고, 가볍게 보이지 말라는 것은 조선 세자의 굳건한 자세를 보이라는 당부인 듯하다. 세자는 심양에서 생활하면서 이러한 인조의 당부를 잘 수행했는데, 그 중 힘쓰라는 당부는 잘 지키지 못하였기 때문에 인조와 갈등을 빚게 되는 것 같다.

3) 심양에서의 소현세자의 활동

조선시대 세자의 역할은 아주 단순하고 간단하였으며, 국정에 대하여 전혀 힘이 없었다. 대부분의 세자들은 의례적인 왕에 대한 문안 인사와 왕에게 바쳐지는 음식을 감독하고 시강원에 나아가서 하루 종일 수업을 받는 것이 전부였다.

그러나 심양에 간 소현세자는 본인이 원하지 않았지만, 청나라의 요구에 의하여 청과 우리나라를 중계하는 일종의 대사(大使) 역할을 해야만 되었다. 청나라는 명을 공격하는 원정군을 요구하거나, 막대한 군량미 등 우리나라에 직접 요구하기 어려운 일들을 세자를 통하여 요청하였다.

한편, 본국에서는 세자에게 우리의 형편을 얘기하고 저들의 요구가 무리하다는 것을 설득하여 그들의 요구를 철회하도록 노력하여 주기를 원했다. 소현세자는 그들과 어울려 사냥 등을 다녔기 때문에 저들의 속사정을 잘 파악하고 있었다. 그러므로 저들의 요구를 거절할 수 없다는 사실도 잘 알고 있었으므로 중립적인 입장에서 일을 처리한 경우가 많았다.

이러한 사실들은 인조의 미움을 사기에 충분하였는데 거기다가 세자빈인 강빈이 활달하고 사치가 심하여 더욱 인조의 미움을 샀다. 강빈은 재산을 늘리는 일만 일삼고, 토목 공사를 자주 일으켜 우리나라 인부들을 징발하기 일쑤였고, 애완동물을 많이 키워 사치와 낭비가 심하여 비난을 받고 크게 인망을 잃었다.

세자가 포로 된 지 5년이 지나자 청나라는 그들이 대주던 식량을 중지하고 세자에게 땅을 제공하고 이를 경작하여 비용에 충당하게 하였다. 그들은 "나그네살이 3년이면 생업이 반드시 이루어진다고 하였는데, 세자가 이곳에 들어온 지가 이미 5년이 되었으니, 어찌 생업이 이루어진 것이 없겠는가. 경작할 땅을 줄 터이니 내년부터 각자 농사를 지어먹도록 하라."고 하였다.

세자는 우리나라의 농군을 데려다가 농사를 지었다. 또 잡혀간 우리나라의 남녀를 돈을 주고 산 사람들이 수백 인이었는데, 세자의 관소에 머물러 두기도 하고, 혹은 세자의 농장에서 부려먹는 등 본토로 돌려보내지 않았다. 인조가 이러한 사실을 모르다가 세자가 백랍과 망건을 제주에서 주문한 사실이 들어나 그 용도를 캐묻는 과정에서 세자가 많은 사람을 송환하지 않은 점이 밝혀졌다. 인조는 대노하여 세자의 강관들을 모두 파면시켰다.

4) 소현세자와 아담 샬(Adam Shall)과의 운명적 만남

1644년(인조 22) 청나라는 심양에서 북경으로 천도하였다. 세자도 이들을 따라서 북경으로 옮긴 후에 70여 일간 그 곳에 머물면서 아담 샬을 비롯한 서양인들과 교유하면서 서양의 문물을 접하게 된다. 세자는 서양역법에 특히 관심을 기울여 이를 수입하고자 하였으며, 아담 샬도 세자에게 천문 역서(曆書)와 지구의, 천주상 등을 선물하였다. 이를 선물

[아담 샬 신부, 소현세자에게 서양의 과학기술 서적과 천주교 서적을 전해 줌]

로 받고 세자는 첫 번째로 다음과 같은 편지를 썼다.

"저희 두 사람은 출신국이 다를 뿐 아니라 대양이 가로놓여 매우 멀리 떨어진 땅에서 각기 태어났건만 이 외국 땅에서 상면한 이래 마치 혈연으로 맺어진 것처럼 상호 경애하는 사이가 됐습니다. 인간 본성 속에 숨겨진 어떤 힘이 작용해서 이렇게 됐는지 모르겠습니다. 다만 사람들이 매우 먼 땅에서 서로 떨어져 있어도 사람들의 마음은 학문으로 합치될 수 있다는 사실만은 고백하지 않을 수 없습니다."라고 썼다.

귀국일이 다가오자 소현세자는 감사의 표시로 아담 샬에게 여러 값진 선물을 했으며, 아담 샬도 답례로 자신의 저서와 천문역서 등 한문서학서, 천구의(天球儀), 구세주상 등을 선물했다. 이를 소현세자는 매우 감사하며 다음과 같이 답신하였다.

"귀하가 주신 천주상과 지구의와 천문학과 서양 과학에 관한 그 모든 저서는 저를 얼마나 기쁘게 하였으며 또한 그것으로 인해서 귀하께 얼마나 감사를 드리고 있는지 귀하는 짐작조차 못하실 것입니다. 저는 그 중에 몇 권의 책을 읽어보았습니다만 그 속에서 정신 수양과 덕행을 실천하는 데 적합한 최상의 교리를 발견했습니다. 그것은 지식의 빛이 전혀 어두운 우리나라에선 지금까지 전혀 알려지지 않았던 일입니다.

벽에 걸어 놓은 천주상(天主象)은 바라보기만 해도 우리들에게 마음의 평화를 줄 뿐 아니라 속세의 티끌을 깨끗이 씻어주는 것 같습니다. 천주상과 저서의 내용은 이 세상에 아직 알려지지 않은 것들이었으며 어떻게 되어 그것들이 제 손에 들어 올 수 있었는지 매우 신기할 따름입니다. 그것과 비슷한 서적이 우리나라에도 있긴 하나 솔직히 말씀드리면, 그것은 결함투성이며 수 세기 동안은 천행(天行)의 사실과는 상반된 것들이었습니다.

그러나 그러한 보물을 제가 보관하게 된 것을 어찌 기뻐하지 않을 수 있겠습니까? 제가 저의 왕국에 돌아가는 즉시로 그것을 궁중에 사용할 뿐 아니라 출판하여 학자들에게 널리 알리고자 합니다. 그것들은 장차 사막을 박학의 전당으로 바꾸어 놓는 은총의 보물로 찬양될 뿐 아니라, 조선인들이 서양과학을 완전히 알게 되는데 도움이 되리라고 확신합니다. 그러기에 저는 그 서적들과 성서(聖書)를 저의 고국으로 가져가고 싶은 마음 간절합니다. 그러나 한 가지 걱정되는 것은 천주교에 대하여 전혀 무지한 저의 왕국에서 그것이 이단 사교로 몰려 혹시 천주(天主)를 모독하게 되지나 않을까 심히 두렵습니다. 그런 일이 몹시 걱정이 되기에 성서(聖書)를 가져가는 것이 잘못이 있지 않을까 두려워, 그 성서를 당신에게 돌려드립니다. 저는 당신께 감사드릴 의무로서 저의 나라에서 진귀하게 여기는 물건을 당신께 보냅니다만 그것은 당신이 제게 베푼 은혜의 만분의 일도 보답되지 않을 줄 압니다. 길이 평안하시기를...”

소현세자는 아담 샬이 준 천주상과 지구의와 천문과 서양 과학에 관한 저서를 받고 매우 기뻐하였다. 그 중에 몇 권의 책을 읽고 우리나라에선 지금까지 전혀 알려지지 않았던 지식이라고 생각하였다.

특히 천주상(天主像)은 바라보기만 해도 마음의 평화를 줄 뿐 아니라 속세의 티끌을 깨끗이 씻어주는 것 같다고 느꼈다. 소현세자는 귀국하면 바로 서양의 문물을 궁중에서 사용할 뿐 아니라 출판하여 학자들에게 널리 알려, 사막을 박학의 전당으로 바꾸어 놓고, 우리나라 사람들이 서양과학을 완전히 알게 되는데 도움이 되리라고 확신하였다.

우리나라가 갑오개혁 이전에 세 번 자주적인 근대화를 이룰 수 있는 계기가 있었다고 한다. 첫 번째는 위에서 본 바와 같이 서양과학과 천주교

에 대하여 비상한 관심과 호의를 가졌던 소현세자가 죽지 않고 왕위에 오
른 경우이다. 두 번째는 정조 때 서양의 과학자를 우리나라에 초청하자는
박제가의 건의가 받아들여졌을 경우이다. 세 번째는 동학군의 신속한 북
상이 이루어져 동학혁명이 성공을 거두어 혁명정신이 구현된 경우였다.
이 세 경우 중 첫 번째의 경우가 가장 가능성이 컸을 것이다.

5) 봉림대군의 세자 책봉

소현세자가 죽은 후 대신들 중에는 원손을 빨리 세손으로 세워 국가의
기틀을 안정시키자고 하였으나 인조는 이를 무시하고 차일피일 미루다가
갑자기 의정부의 당상·육경 등 16인을 불러 후사를 바꿀 일을 의논하였
다. 인조는 자기에게 오래 묵은 병이 있어 이따금 심해지며, 원손은 미약
하여 성장하기를 기다릴 수가 없으니 대군들 가운데 선택하여 후사를 정
하여야겠다고 하였다.

영의정 김류를 비롯하여 전 대신들이 펄쩍 뛰며 반대 의견을 제시하였
다. 홍서봉은 태자(太子)가 없으면 태손(太孫)으로 대통을 잇는 것이 바꿀
수 없는 떳떳한 법인데, 상도(常道)를 어기고 권도(權道)를 행할 수 없다고
하였다. 이경여는 떳떳한 법을 지키면 비록 어려운 시기를 당하더라도 오
히려 나라를 보전할 수 있지만 만일 갑자기 권도를 쓰면 인심이 복종하지
않아서 흔히 환난을 일으킨다고 원손을 세손으로 세울 것을 주장하였다.

인조는 대신들의 완강한 반대에도 불구하고 자기가 어느 날 갑자기 죽
기라도 한다면 어떻게 할 생각이냐고 다그치며 봉림대군을 세자로 책봉
하였다. 봉림대군이 상소하여 자신을 세자로 명한 인조의 명령을 거두어

주기를 간청하였으나, 맏형이 죽으면 그 다음 아우가 계통을 잇는 사례가 있다고 봉림대군 책봉을 강행하였다.

6) 소현세자 빈인 강빈의 죽음

봉림대군이 세자로 책봉되면서 그에 대한 걸림돌인 세자빈 강씨와 소현세자의 아들들에 대한 제거 작업이 필연적으로 따르게 되었다.

인조는 먼저 소현세자의 아들을 원손이라고 부르지 못하게 조치하였고, 다음으로는 강빈 제거 작업에 들어갔다. 인조는 어느 날 전복구이를 들다가 그 음식에 독이 있다고 먹지 않았다. 그리고 강빈(姜嬪)이 독을 넣었다고 의심하여 강빈의 궁인과 어주 나인(御廚內人)을 하옥시켜 심문하였다. 강빈은 후원의 별당(別堂)에 가두어 놓고 그 문에 구멍을 뚫어 음식과 물을 넣어 주게 하고 시녀(侍女)는 한 사람도 따라 가지 못하게 하였다. 이러한 터무니없고 가혹한 조치를 취하자 봉림대군마저 죄지은 흔적이 분명하지도 않은데도 성급하게 이런 조치를 내릴 수 없다고 시정해 주기를 건의했다.

인조는 이러한 일이 있기 전에 궁중의 사람들에게 "강씨와 말하는 자는 죄를 주겠다."고 겁을 주었기 때문에 인조와 강빈 양궁(兩宮)의 왕래가 끊어진 지 오래였다. 이러한 상황에서 임금의 음식에 강빈이 독을 넣는 것은 상상조차 할 수도 없는 일이었다.

옥사는 처음에는 내옥에서 다스렸으나 신하들이 의금부에서 다루어야 한다고 주장하여 의금부에서 이 사건을 맡아 처리하였다. 강빈궁의 나인인 정렬·유덕·난옥 등이 모두 다 자복하지 않았고 난옥은 고문을 못 이겨 먼저 죽었다. 정렬과 유덕은 독을 넣은 상황을 심문하면서 압슬(壓膝)과 낙형(烙刑)을 가하였으나 그들도 끝내 자복하지 않고 죽었다. 사건은 진실을 밝히지 못하고 오리무중에 빠졌으나 인조는 강빈 제거의 고삐를 늦추지 않았다.

인조는 강빈의 죄목을 여섯 가지로 나누어 신하들에게 제시하고 죄주기를 요구하였다. 첫째, 강빈이 심양에 있을 때 은밀히 왕위를 바꾸려고 도모하였다는 것이다. 둘째, 강빈이 심양에서 미리 홍금 적의(紅錦翟衣)를 만들어 놓고 내전(內殿)의 칭호를 외람되이 사용하며 왕비 행세를 하였다는 것이다. 셋째, 강빈의 친정집이 역적으로 몰려 멸문의 화를 입었을 때 강빈이 인조의 침소 가까이 가서 인조가 들으라고 대성통곡하며 분한 마음을 드러냈다는 것이다. 넷째, 사람을 보내 문안하는 예까지도 폐했다는 것이다. 다섯째, 궁중에 흉한 물건을 파묻어 저주하였다는 것이다. 여섯째, 유복자를 낳아 양주의 강가에 버렸다는 것이다.

첫째의 왕위를 바꾸려는 시도라는 것은 청나라가 조선을 견제하기 위한 수단으로 소현세자를 이용한 것을 말한다. 또 소현세자가 일시 귀국하였을 때, 심기원을 중심으로 역모가 있었는데 그들은 인조를 바꾸려는 것이었지 소현세자를 추대하려는 것이 아니었다. 심기원의 역모는 친명 보수 세력에 의한 역모였다.

둘째의 내전의 칭호는 세자와 빈이 스스로 부른 것은 아니었다. 세자가 심양에 있을 때 시종들이 세자를 동전(東殿)으로 불렀고, 강빈을 빈전(嬪殿)으로 불러 청나라에 대등함을 보이려 하였다.

셋째의 강빈이 인조 침소에 가서 대성통곡한 것은 강빈 친정의 4형제가 모두 죽임을 당하고 심지어 강빈의 친정어머니마저 죽게 되는 억울한 경우를 당해서 인조에게 하소연한 것이다.

넷째는 인조 자신이 강빈에게 금족령을 내렸기 때문이며 문안을 드리는 것은 불가능하였다.

다섯째의 궁중에 흉한 물건을 파묻어 저주한 것은 사실인 듯하다. 조선시대 궁중에서 저주하는 일은 종종 있었던 일이다.

여섯째의 유복자를 낳아 양주의 대탄에 버렸다는 것은, 강빈과 평소에 안면이 있는 비구니 혜영을 잡아다가 문초하여 알아낸 사실이다. 혜영은 고문에 못 이겨 자백했다. "지난해 12월 28일 강씨로부터 보퉁이에 싼 물건을 건네받았습니다. 처음에는 무슨 물건인지 몰랐으나 뒤에 보니 갓난아기의 시체를 찢어진 옷으로 싼 것이기에 몰래 간직하고 길을 나서 양주(楊州)의 대탄(大灘)에 던졌습니다."

혜영의 자백을 뒷받침하기 위한 물증 자료를 찾기 위하여 의금부 도사가 양주·마전·적성·연천 네 고을의 수령들과 함께 장정과 어부 70여 명을 시켜 투망하여 걸러내게 하거나, 사람들로 하여금 어깨동무하며 목이 닿는 깊은 곳까지 들어가게 해보는 등 여러 방법을 동원해 찾았으나 끝내 물증을 얻지 못하였다.

인조는 충청 감사 임담에게 해변의 어부 중에 잠수에 능한 자를 급히 징발하여 올려 보내도록 하였다. 그들도 물에 들어가 샅샅이 찾아보았으나 끝내 찾아내지 못하였다. 인조는 강빈이 성욕이 강해서 허약한 소현세자를 밤마다 못살게 굴어, 소현세자가 죽게 되었으므로 그런 허물을 벗어나기 위하여 유복자를 몰래 버렸다고 뒤집어 씌웠다.

위와 같은 죄목으로 소현세자빈 강씨를 폐출하여 사사하고 교명(敎命)·인(印)·장복(章服) 등을 거두어 불태웠다. 강씨는 성격이 거세어서 인조와 맞서다가 드디어 사약을 받게 되었다. 그러나 죄상이 분명히 밝혀지지도 않았는데 단지 추측만을 가지고서 법을 집행하였기 때문에 안팎의 민심이 수긍하지 않고 모두 조숙의(趙淑儀)에게 죄를 돌렸다.

효종때 강빈의 신원 문제가 거론되었다. 효종은 완강하게 거부했다. "소현의 병이 처음에는 대단한 것이 아니다가 마침내 구제하기 어려운 지경에까지 이른 것은 꼭 역강(逆姜)이 아기를 잉태한 일 때문이 아니라고 할 수도 없을 것이다. 그때에 이런 여러 가지 이야기들이 있었다. 이 때문에 역강이 그 자취를 덮어 감추려고 하여 마침내 그 아이를 죽였다. 궁녀(宮女)인 정렬(貞烈)이 아이가 죽어 가는 소리를 듣고 이상하게 여겨 묻기를 '어떤 놈의 고양이 새끼가 이런 소리를 내느냐?'고 하였다 한다. 이런 일을 차마 하였는데 무슨 일인들 차마 못하겠는가. 역강의 흉패스러움이 이러한데도 오늘날 사람들이 선왕(先王)의 전후 전교를 믿지 아니하고 반드시 신구(伸救)하고자 하는 것은 무슨 의도인가? 나는 매우 통분스럽다. 비록 여러 세대 뒤에라도 만약 역강의 일을 조정에 아뢰는 자가 있으면 역당(逆黨)으로 논하여 바로 궐정에서 추국하여 다스리도록 하라"

효종도 강빈이 소현세자를 괴롭혀 죽였고 유복자를 낳아 죽인 것으로 알고 신하들이 더 이상 신원 문제를 거론하지 못하도록 못을 박았다.

봉림대군의 세자 지위를 위협하는 첫 번째 걸림돌인 강빈을 제거하고 곧이어 소현세자의 세 아들을 제주에 유배시키는 조치가 내려진다. 소현세자의 세 아들은 이석철(李石鐵)·이석린(李石麟)·이석견(李石堅)인데, 석철은 12세, 석린은 8세, 석견은 4세였다. 인조는 유배지에서 이들과 외부인들과의 접촉을 금지시켰다.

사신(史臣)들은 이들이 독한 안개와 뜨거운 장기(瘴氣)가 나는 큰 바다 외로운 섬 가운데 버려졌기 때문에 병에 걸려 죽기 쉽다고 인조의 처사를 비판하였다. 사신들의 예견대로 소현세자의 큰아들인 이석철이 제주에 간 지 두 달도 못되어 죽었다. 다시 두 달도 못되어 소현세자의 둘째 아들 이석린도 죽었다. 나인 등을 잡아다가 문초했지만 그들은 두 아이가 죽은 것은 토질(土疾) 탓이지 자기들의 모시기를 잘못한 탓은 아니라고 버티다가 매에 못 이겨 죽었다. 소현세자의 셋째 아들은 효종 8년에 석방되었다.

7) 소현세자는 독살 당했는가?

필자는 어렸을 적에 사랑방에서 많은 역사 이야기를 들으면서 자랐다. 그 때 들은 바에 의하면 소현세자와 봉림대군이 청나라에서 인질 생활을 하다가 고국에 돌아올 때 청 태종이 두 왕자를 불러 인품을 떠보기 위하여 무엇이던지 원하는 것을 선물로 주겠다고 약속하였다. 먼저 소현세자에게 물으니 세자는 청 태종이 늘 옆에 두고 아끼던 옥으로 만든 벼루가 탐이 나서 그 벼루를 달라고 하였다. 청 태종은 빙그레 웃으며 벼루를 세자에게 주었다는 것이다.

청 태종은 일국의 왕이 될 인물이 겨우 벼루를 탐내느냐고 생각하며 네가 왕이 된다면 청나라에 원수를 갚겠다는 북벌계획은 추진하지 않겠다고 안심하였다는 것이다. 이번에는 봉림대군에게 물으니 봉림대군은 "저는 청나라 문물은 하나도 탐이 나지 않습니다. 다만 저하고 같이 포로로 붙잡혀 온 수많은 조선 사람을 저와 함께 고국으로 돌아 갈 수 있도록 조처해 주십시오."고 말했다.

이 말을 들은 청 태종은 깜짝 놀랐다. "아니 저 놈이 조선의 왕이 된다면 틀림없이 원수를 갚겠다고 북벌론을 추진하겠구나?"고 생각하였다는 것이다. 그러나 처음에 무엇이든지 다 들어주겠다고 약속하였기 때문에 이 말을 무시할 수가 없었다. 청 태종은 할 수 없이 병자호란 때 포로로 잡아온 조선인들을 봉림대군과 함께 조선으로 돌려보냈다는 것이다.

고국으로 돌아온 두 왕자는 인조에게 인사하러 들어갔다. 소현세자는 청 태종에게서 받은 옥 벼루를 자랑스럽게 꺼내어 인조에게 바치며 청 태종이 가장 아끼는 벼루인데 아바마마께 선물로 드리려고 받아 왔다고 자랑하였다. 봉림대군은 포로들을 데려 왔다고 보고하였다.

두 왕자의 이야기를 들은 인조는 기가 막혔다. 일국의 왕이 될 인물이 국량이 그렇게 좁을 수 있을까? 한탄하였다. 그리고 소현세자가 건네준 옥 벼루를 받아서 그대로 소현세자에게 던졌고 세자는 머리에 정통으로 그 벼루를 맞아 뇌진탕이 일어나 시름시름 앓다가 죽었다는 것이다.

위의 이야기는 조금 나이 드신 분들이라면 여러 번 들은 이야기 일 것이다. 그러나 실록의 기록을 검토해 보면 소현세자와 봉림대군이 인질에서 풀려난 시기가 다르므로 위 이야기는 무대 설정이 맞지 않는다. 하지만 소현세자는 귀국 시에 청나라로부터 비단 200필을 선물로 받은 것을 비롯하여 상당한 중국문물을 바리바리 싣고 돌아 왔고 봉림대군은 귀국할 때 포로들을 데리고 귀국하였다.

인조가 소현세자를 독살하지는 않았을 것이다. 그러나 인조는 소현세자를 자기의 후계자로 삼는 데 많이 주저한 것 같다. 소현세자가 청나라로 떠날 때 힘쓰라는 학문은 힘쓰지 않고 사냥을 좋아한 점도 맘에 들지 않았다. 강빈이 중심이 되어 돈벌이를 하여 호사스런 생활을 한 것도 좋지 않게 생각하였다.

결정적으로 두 부자가 대립적인 것은 청나라에 대한 외교노선이 다른 점일 것이다. 소현세자는 청에서 오래 생활하면서 청의 국력을 충분히 짐작하고 있었기 때문에 현실적으로 청의 존재를 인정하고 더 나가서 아담샬 등과 사귀면서 서양의 문물을 수입하려고 하였기 때문에 인조의 반청노선과는 차이가 있었다. 그런 반면에 봉림대군은 인조의 뜻에 잘 따르고 고분고분하였기 때문에 소현세자를 버리고 봉림대군을 택했던 것 같다.

소현세자가 귀국 후 바로 죽었는데 세자가 살았더라도 인조와의 갈등으로 왕위를 계승하기는 어려웠을지 모른다. 이러한 인조의 심정을 잘 아는 조숙의가 자기가 잘 아는 의관 이형익을 통하여 독살했는지도 모른다. 이형익은 조숙의 어머니를 치료해주면서 조숙의와 가까운 사이가 되어 조숙의 어머니와는 좋지 않은 소문까지 있었다. 아무튼 이형익과 조숙의는 친한 사이였고 강빈과 조숙의는 적대관계였기 때문에 조숙의와 이형익이 짜고 소현세자를 독살했을지도 모른다.

소현세자의 처음 병명은 학질이었고 계속해서 두 차례에 걸쳐 침만 맞다가 갑자기 죽었다. 학질을 왜 침술로 치료하였는지 이해가 안 된다 처음에 말한 대로 소현세자의 염습과정에서 독살설이 불거져 나왔다. 또 왕이나 세자를 치료하던 의관은 잘했던 잘못했던 간에 불의의 사고로 그들이 죽게 되면 의관은 당연히 죄를 받게 된다. 대간에서도 의관을 탄핵했지만 인조는 웬일인지 이를 무시했다. 소현세자가 죽은 원인은 오랜 인질생활에서 온 노고 때문이고 심신이 약한 세자를 강빈이 밤마다 괴롭혀 죽인 것처럼 분위기를 몰아갔다.

10. 사도세자는 뒤주 속에서 7박8일만에 죽었다

1) 사도세자는 당쟁의 희생물인가?

사도세자는 1762년(영조 38)에 부왕인 영조에 의하여 뒤주 속에 갇혀 질식사하게 된다. 이 사건은 노론과 소론의 정쟁으로 노론에 의하여 세자가 희생된 것이다.

영조는 진성왕후 서씨와 계비인 정순왕후 김씨에게는 소생이 없고 영빈 이씨 소생으로 효장세자와 사도세자가 있었다. 효장세자는 일찍 죽었으므로 그 동생인 사도세자가 세자 지위를 이었다. 영조는 자기가 무수리인 숙빈 최씨의 소생인데 자기의 아들인 세자도 무수리인 영빈 이씨에게서 태어났으므로 출신 성분에 대하여 원초적인 열등감이 있었다.

영조는 세자를 이러한 열등의식에서 벗어나게 하려고 여러 가지로 마음을 썼다. 세자가 태어난 지 백일도 안 되어 정비인 정순왕후에게 의탁하여 키우게 하였다. 또 일찍부터 동궁을 지어 세자 교육에 마음을 썼다. 이러한 무리한 세자 교육은 오히려 세자의 성격 형성에 많은 장애가 되었다. 실제로 사도세자는 어려서부터 무서움증이 많았으며 번개나 벼락이 치면 무서워서 숨기에 바빴다. 또 갑갑증을 느껴 정복을 입지 못하는 경우가 많

[융릉, 사도세자의 능임. 뒤주 속에 갇혀 돌아가심을 생각하여 정자각을 옆으로 옮겨 세움. 김 충수 촬영]

았다. 이러한 세자의 태도는 영조가 너무 잘 키우려고 지나치게 마음을 썼기 때문에 오히려 역효과를 가져온 것이다.

1749년(영조 25)에 영조는 몸이 불편하여 세자로 하여금 대리청정을 시켰다. 세자가 대리청정을 맡기 전까지는 영조와 성격상의 차이는 있었지만 그래도 영조는 세자가 효심과 우애심이 두텁고, 세자로써 도량과 덕을 겸비하고 있다고 칭찬했다. 그러나 세자가 대리청정을 하면서 행동에 형평을 잃고, 비정상적인 성격이 나타나 영조는 세자에게 국정을 맡길 수 없다는 생각을 갖게 된다.

이보다 앞서 부자간의 갈등이 표면화된 것은 영조가 병석에 있을 때 신하들이 세자에게 약을 부왕에게 권하도록 종용하였으나 세자가 이를 거절하여 영조의 노여움을 샀을 때였다. 영조는 세자를 보좌하던 소론의 영수 이종성을 탄핵하여 조정에서 쫓아냈다. 1761년(영조 37)에는 세자가 영조도 모르게 관서 지방을 유람하고 돌아오자 영조의 미움은 자꾸 깊어졌다.

영조가 세자를 죽이는 계기는 1762년(영조 38)에 세자의 실덕과 비행을 고발한 나경언의 무고 사건과 문소의 등의 부자간 이간 책동을 들 수 있다. 이러한 일들로 말미암아 영조는 세자를 폐하여 서인을 삼고 뒤주 속에 가두어 죽게 하였다.

2) 사도세자의 승지였던 이광현이 남긴 일기

사도세자의 가주서(假注書: 승정원 임시직)이었던 이광현은 뒤주 속에 갇혀 죽는 현장을 목격하고, 이를 생생하게 기록한 자료가 일기로 남아 있다. 영조가 얼마나 독하게 마음먹고 자기의 아들이며 세자를 죽였는가를 알 수 있다. 한편, 세자는 뒤주 속에 들어 갈 때도 또 뒤주 속에 들어가서도 옷을 갈아입는 등 설마 자기가 죽으리라고는 상상도 못하면서 질식사 했다. 이 얼마나 비극적인 사건인가?

가) 1762년(영조38) 임오년 5월 11일

　이광현이 승정원 주서에 제수 되었다.

나) 1762년(영조38) 임오년 5월 12일

　창덕궁에 입직하였다. 승지 박사눌(朴師訥)과 한림 임덕제(林德躋)가 동궁의 병세를 문후하니 사도세자가 답하기를 "지금 초조하고 마음 조리며 죄를 기다리고 있는 때이므로 병이 비록 이와 같으나 어떻게 진료를 받을 수 있겠는가? 안에 있는 의관을 부를 터이니 물러들 가거라."고 말하였다.

다) 1762년(영조38) 임오년 5월 13일

창덕궁에 입직하였다. 승지 조중회(趙重晦), 한림 임덕제, 필선 이만회(李萬恢), 사서 임성(任珹) 등이 병의 형편을 문후하니 사도세자가 대답하기를 "어제 이미 다 나았으니 물러들 가거라."고 하였다. 분약방제조 한광조(韓光肇)가 고향으로부터 돌아와 뵙기를 청하니 동궁이 "바야흐로 지금 죄를 기다리고 있는데 어떻게 불러 볼 수 있겠는가?"고 말하였다.

진시(오전 7시경)에 영조가 창덕궁에 거동하여 강관(講官)을 시켜 동궁 보기를 원하였다. 그러나 사도세자는 "꺼리는 질병이 있어 임금님 뵙는 예를 행할 수 없다"고 하였다. 승지가 다시 재촉하자 사도세자가 승지에게 말하기를 "아까 꺼리는 질병이 있어 행례를 할 수 없다고 강관에게 말하였는데 승지는 어찌하여 이렇게 번거롭게 구느냐?"고 하였다

이에 영조가 진전(眞殿)으로 직접 들어가 휘녕전으로 가서 하교하기를 "날씨가 매우 덥지만 동궁은 반드시 행례를 하라"고 했다. 승지 조중회, 한림 임덕제, 주서 이광현, 제조 한광조, 필선 이만회, 문학 변득양, 사서 임성과 권정심 등이 합문에 나아가 엎드려 뵙기를 청하니 이때에 왕의 행차가 이미 강서원 앞길에 이르렀다. 그리고 동궁이 행례하기를 재촉하였다.

동궁이 드디어 나아와 진현문(進賢門)에서 임금을 영접하였다. 그리고 걸어서 휘녕전에 들어갔다. 영조는 휘녕전 위에 자리를 정하고 휘녕전 뜰에 널빤지로 자리를 마련하고 동궁을 널빤지 위에서 행례시켰다. 그리고 그 위

에 엎드려 있게 하였다. 강관, 승지들도 엎드려 대기시켰다. 영조가 시위들을 입시하게 하였다. 시위들이 즉시 입시하자 영조가 칼을 빼들도록 명하였다. 시위들이 주저하자 영조가 칼을 빼들고 성난 목소리로 외치기를 "어찌하여 칼을 빼들지 않느냐" 그러자 시위들이 일제히 칼을 빼들었다. 영조가 잇달아 선전관을 소집하고 비밀히 명령을 내렸는데 대개는 궁성 호위를 위한 조처였다

두 시간이 흘러 사시(오전 9시) 초엽이 되었고 날씨가 덥기가 불과 같았다. 동궁은 널빤지 위에서 고달픔을 견디지 못하고 숨소리가 매우 가빠졌다. 강관이 승지에게 동궁의 병이 심한 상태이니 왕에게 아뢰어 달라고 하였다.

라) "너는 속히 자결하라"

영조가 여러 말로 신하들에게 명령을 내렸으나 미처 알아듣지 못한 부분이 많았다. 동궁은 이미 관을 벗고 널빤지 아래로 내려와 땅에 엎드렸다. 강관 등이 "임금께서 어떠한 하교가 계셨기에 저하께서 갑자기 관을 벗으셨습니까?"고 물었다. 동궁은 "이러한 하교가 계셨는데 어떠한 마음으로 관을 쓰고 있겠는가?"고 대답했다. 강관이 또 물으니 동궁은 "차마 말할 수 없다"고 대답하였다.

영조가 이어서 칼을 휘두르면서 노한 목소리로 "네가 만약 자결하면 조선 세자의 이름은 잃지 않을 것이니 너는 속히 자결 하여라."고 했다. 이때에 정원에 있던 모든 신하들이 통곡하였다. 동궁은 "부자관계는 하늘이 정해준 영원히 변치 않을 떳떳한 관계인데 어떻게 임금이신 아버지 앞에서 차마 흉한 꼴을 보일 수 있습니까? 바라건대 밖에 나가서 자결하도록 하게 하여 주십시

오.”고 대답했다.

그리고 정원 남단으로 기어 옮겨 땅에 엎드렸다. 이어서 동궁이 옷을 벗고 머리를 북쪽으로 하고 땅에 엎드렸다. 강관과 승지 사관들도 모두 관을 벗고 옆에 엎드렸다. 영조가 휘녕전에서 내려와 섬돌에 머무르며 명령하기를 "내가 죽으면 300년 종사가 망하지만, 네가 죽으면 종사가 잘 보존될 터이니 네가 죽는 것이 옳다"고 했다. 또 이어서 "내가 너 한 사람을 죽이지 못해 종사를 망하게 할 수 있겠느냐?"고 했다.

동궁이 머리를 조아리며 통곡하였다. 옆에 모시고 있던 병조판서 이하 모든 신하들이 관을 벗고 통곡하며 영조에게 "전하 이 어쩐 일이십니까?"고 말씀을 올렸다. 임금이 더욱 노하여 칼로 동궁을 찌르려고 하므로 모시고 있던 신하들이 황급히 모두 일어났으나 더 이상 말을 하지 못했다.

영조가 잇달아 "너는 속히 자결 하여라."고 명하였다. 동궁은 "전하가 칼로 저를 찌르신다면 칼끝이 놀라지 않겠습니까? 지금 신은 죽기를 원합니다."고 대답했다. 영조가 가슴을 두드리며 크게 통곡하며 말하기를 "저 말하는 것 좀 보아라. 어찌 저렇게 흉악하냐?" 동궁은 또 "신은 지극히 애통하는 마음뿐입니다."고 대답했다. 영조가 그 말에는 대답하지 않고 "왜 자결하지 않느냐?"고 말했다. 동궁은 "신이 자결하고자 합니다."고 대답했다.

드디어 허리띠를 풀러 스스로 목을 매었으므로 숨통이 막혀 땅에 엎어졌다. 강관이 좌우에서 교대로 목에 맨 것을 풀면서 통곡하였다. 그리고 주서에게 밖에 나가 분제조에게 의관을 불러 동궁을 진맥하도록 하였다. 그리고 청심환을 물에 타서 숟가락으로 떠서 동궁의 입안으로 흘려 넣었다. 동궁이 분하여 먹지 않으려고 하였다. 여러 신하들이 울면서 권하기를 그치지 않으니 동궁이 서너 수저를 마시고 일어났다. 마신 것이 반 그릇도 못되었다. 강관에게 주면서 "경들도 역시 마셔라"고 하였다.

영조가 자세히 눈 여겨 보고 있다가 "저놈들이 이와 같이 하니까 저 흉악한 인간이 이를 믿고 더욱 흉악해지는 것이다."고 말했다. 분제조 한광조가 문 밖으로부터 약을 들고 들어오다가 영조에게 들켰다. 영조는 즉시 그를 파직하여 밖으로 내쫓았다. 의원들이 합문으로 잠깐 들어왔다. 영조가 화가 많이 나서 칼을 빼들고 "방모야, 박모야. 너희들이 감히 들어오겠느냐?"고 소리쳤다. 그리고 그들의 목을 베도록 명령하였다. 이때에 동궁은 땅에 엎어져 있었다.

승지 이이장이 휘녕전 위로부터 내려와 형편을 살피고 물러갔다. 병조판서 김양택(金陽宅)이 와서 형편을 살폈다. 동궁이 정신 차려 김양택을 샅샅이 살펴본 후 "만약 경들 같았으면 나는 이미 죽었다. 속히 물러가거라." 그리고 일어나 앉아 머리를 벽돌에 부딪치려고 하였다.

사서 임성이 손바닥으로 그 이마를 싸니 임성의 손 등허리가 깨졌다. 영조가 더욱더 화가 나서 연거푸 자결하기를 재촉하였다. 이때에도 영조의 명령이 계속되었으나 이광현이 왕명을 받들어 합문 밖으로 왔다 갔다 하였기 때문에 많은 부분을 듣지 못하였다.

사서 임성이 나아가 계단 아래 엎드려 머리를 조아리며 통곡하면서 영조에게 "동궁저하가 비록 덕을 잃은 점이 있더라도 전하께서 지극한 인자하심으로 어찌 동궁으로 하여금 스스로 새로운 길을 열어 가도록 하시지 않습니까?"고 했다. 영조가 오랫동안 아무 말도 하지 않고 있다가 "저 사람이 임성이냐?"고 확인하였다.

마) 삼정승의 구원 실패

이때에 합문을 엄하게 막으려고 군사들이 진을 치고 있었기 때문에 대신들이 누구도 안으로 들어가지 못하였다. 강관들이 급히 대신들에게 고하자고 의논하였다. 주서에게 명하여 나아가 대신들에게 고하도록 하였는데 이광현은 붓과 벼루를 든 채 합문 밖 계단에 나아갔다.

영의정 신만이 "합문에 비록 들어간다고 하여도 어떻게 한단 말인가?"고 했다. 좌의정인 홍봉한은 가슴을 두드리며 "이와 같이 들어 갈 수도 없는데 어떻게 구할 수 있단 말인가?"고 했다. 우의정 정이량은 아무 말도 없었다.

이광현이 "대신들께서 이러한 때 임금님 뵙기를 청한다면 문졸들이 어떻게 감히 막을 수 있겠습니까? 문에 이르면 반드시 들어갈 방법이 있을 것입니다."고 했다. 영의정이 드디어 일어나니 나머지 두 정승들도 뒤를 따랐다. 문에 이르니 과연 군졸들이 문을 막았다.

이광현이 먼저 들어가 문졸들에게 "이러한 위급한 때를 당하여 대신들이 임금님 뵙기를 청하는데 너희들이 문을 막고 어찌 감히 살기를 바라느냐?"고 했다. 문졸들이 모두 통곡하며 "임금님의 명령이라 저희들은 어떻게 할 수가 없습니다."고 했다. 이광현이 문졸들을 세차게 밀치고 대신들을 속히 들어오도록 하였다.

삼정승들이 들어갔다가 잠시 후에 모두 나왔다. 강관에게 고하여 뒤돌아본즉 영의정이 드디어 밖으로 쫓겨났다. 이광현이 급히 가서 "대감께서는 어찌하여 그렇게 급하게 물러나십니까?"고 물었다. 영의정이 "임금님의 명령이 엄하시다"고 대답했다. 또 그 뒤에 좌의정인 홍정승이 밖으로 나왔다. "대감 어찌하여 밖으로 물러나십니까?"고 물었다. 홍봉한이 "임금의 분부가 매우 엄하여 나도 어떻게 할 수가 없다."고 했다. 또 돌아서서 강관에게 "임금님의 명령 때문에 부득이 물러 나간다."고 하였다.

바) 세손을 데려오다

강관이 삼정승이 물러가는 것을 보고 세손(世孫)을 안으로 모셔다가 영조의 마음을 돌이키도록 의논하고 사서 임성이 밖으로 나와 필선 홍술해를 시켜 세손을 받들어 들어오도록 하였다. 세손이 문에 들어서자 바로 관을 벗고 손을 모아 빌었다. 영조가 세손을 먼 곳에서 알아보고 매우 노하여 "어찌하여 세손을 모시고 밖으로 나가지 않느냐?"고 소리쳤다.

동궁이 이광현의 손을 붙들고 세손 가까이 갈 의향을 나타내었는데 세손은 이미 대문에 들어와 땅에 엎드려 있었으므로 동궁과는 거리가 점점 가까워졌다. 영조가 급히 별군직에게 세손을 안고 나가도록 명하였다. 별군직이 세손을 안으려고 하자 세손이 저항하였다.

동궁이 이광현의 손을 끌며 "저놈의 이름이 무엇이냐?"고 물었다. 이광현이 "그 이름은 알 수 없으나 별군직으로 왕명을 받드는 중입니다"고 답했다. 동궁이 직접 별군직을 향하여 물었다. "너는 하늘이 높고 땅이 낮은 줄을 모르느냐? 세손이 스스로 밖으로 나가는 것이 옳은데 너는 어찌하여 강제로 윽박지르느냐? 너의 이름이 무엇이냐?" 그 사람이 황공하여 대답했다. "소인은 김수정이옵니다. 이미 왕명을 받들었으므로 부득이 세손을 밖으로 내보내어야만 합니다."

드디어 세손을 안고 나갔다. 동궁이 또 이광현의 손을 끌어당기고 "저 놈이 흉악한 놈이다. 충분히 나를 해치겠구나."고 했다. 시간은 이미 신시(오후 3

시)가 되었다.

영조가 연달아 "네가 끝내 자결하지 않겠구나?"고 재촉했다. 동궁이 갑자기 입었던 옷을 찢어서 목을 매었다. 강관이 또다시 달려들어 목에 맨 것을 풀었다. 이때에 한광조는 제조직을 파직당하여 합문 밖에 있었는데 이광현이 약을 찾으니 청심환 서너 알을 바쳤다. 이렇게 하기를 여러 차례 반복하였다.

사) "뒤주 속으로 들어가라"

이때에 갑자기 커다란 뒤주가 뜰 가운데 놓여졌다. 높이와 넓이는 포백척으로 계산하여 높이는 3척 반, 넓이도 이와 같았다. 미터법으로 환산하면 뒤주는 100.5cm 밖에 안 되는 좁은 공간이었다. 영조가 매우 화가 난 목소리로 "너는 속히 이 안으로 들어가거라."고 했다. 동궁이 뒤주 가로 다가가 장차 그 안으로 들어가려고 하였다.

강관이 붙들고 만류하며 통곡하고 뒤주 밑에 엎드렸다. 영조가 벽력같이 노하여 강관을 가리키며 "저놈들이 모두 역적들이다. 모두 파직시켜 속히 밖으로 내쫓아라."고 했다. 강관이 아직도 나가지 않자 영조가 "변방의 6진에 귀양 보내라. 속히 재촉하여 내쫓아라."고 했다. 강관이 내쫓겼다. 오직 열서 권정침 만이 옷의 색깔이 사관과 같았기 때문에 내쫓기지 않고 잠시 머물렀다.

영조가 "전대에는 일국을 움직이던 왕이라도 쫓겨나 강화도 교동으로 쫓겨났는데 너는 어찌하여 감히 그 곳으로 들어가지 않느냐?"고 했다. 그리고 "승지와 사관도 역시 파직하여 밖으로 내쫓아라."고 했다. 승지 조중회도 드디어 쫓겨났다. 이리하여 궁료들이 모두 파직당하여 밖으로 내쫓겼다. 오직 한림과 주서만 아직 있었다.

동궁은 한림 임덕제의 손을 잡았고 임덕제는 이광현의 손을 잡고 서로 의지할 뿐이었다. 이광현이 한림에게 "승사들이 모두 파직당하여 쫓겨나 승지는 이미 내쫓겼으므로 한림도 마땅히 나가야 하는 데 어찌하면 좋겠는가?"고 물었다. 한림이 "주서는 스스로 나갔으니 나는 나갈 수 없다"고 대답했다. 이광현과 함께 땅에 엎드려 있었다.

한참이 지난 후 휘녕전 위를 바라보니 영조가 칼을 차고 계단 동쪽 아래로 내려가 별감시위가 있는 곳에 가서 어떤 명령을 내렸다. 그러나 멀리 떨어져 있어 그 명령을 알아들을 수 없었다. 시위 별감들이 모두 조총을 땅에 버리고 통곡하였다. 영조가 칼로서 장간죽을 치면서 "이놈들이 역시 저 흉악한 인간을 두려워하여 나를 임금으로 여기지 않는구나."고 했다. 즉시 선전관에게 명하여 별감 한사람을 끌어내 목을 베어 합문 밖에 걸어 놓으라고 하였다. 선전관이 별감 1인을 붙들고 나갔다.

또 금군 2인에게 "너희는 저 두 사람을 끌고 나가 우리나라 형벌을 바르게 하라"고 명하였다. 2인은 한림과 주서였다. 금군이 먼저 주서 이광현을 붙들고 합문 밖으로 끌고 나갔다. 계단 위에 앉아 뒤를 돌아보니 한림 임덕제도 역시 붙들려 밖으로 나오고 있었다. 동궁도 뒤따라 문밖으로 나왔다.

시간은 이미 황혼녘이 되어 날이 어두워져 횃불을 밝혔다. 금군이 좌우로 결진하여 나란히 섰고 휘녕전 안으로부터 연거푸 강관(講官)을 불렀고 동궁을 재촉하여 안으로 모시라고 하였다. 그렇지 않으면 모두 극형에 처하겠다고 하였다.

아) "이제 내가 어떻게 해야 하느냐?"

강관이 모두 합문 밖에 있었는데 동궁이 밖으로 나오는 것을 보고 일제히 다가가 "저하는 어찌하여 밖으로 나오셨습니까?"고 물었다. 동궁은 그 말에 대답하지 않고 다만 숨을 길게 내쉬며 슬프고 괴로워할 뿐이었다. 잠시 후 합문을 따라 똑바로 수 십 보를 가서 청사의 담장 밑에 이르러 담장을 의지하고 소변을 본 후 그 자리에 털썩 주저앉았다.

몹시 목말라하며 마실 물을 찾았다. 내관이 청심환을 물에 타서 한 사발 올리니 동궁이 한 사발을 다 마시고 "이제 내가 어떻게 해야 하느냐?"고 물었다. 강관들이 일제히 "금일 저하의 도리는 대조(大朝)의 처분을 기다릴 뿐입니다. 비록 날이 다 가고 밤이 다 갈지라도 임금님의 마음이 돌려진 후에야 밖으로 나오는 것이 좋겠습니다."고 고했다. 동궁도 "그렇다"고 말하고 일어나 다시 안으로 들어갔다.

문에 이르러 동궁이 합문으로 들어가자 궁료와 한림 주서들도 모두 따라 가려고 하였다. 문졸들이 좌우에서 막아 모두 들어가지 못하였다. 때는 밤 초경이 되었다. 이때 문틈으로 살펴보니 거리가 멀어서 자세히 알아들을 수 없었다.

자) "아버지 임금님이시여, 나를 살려 주십시오"

동궁이 몸소 옷을 걷고 양손으로 뒤주 양변을 잡고 영조를 우러러보며 슬피 울면서 "아버지 임금님이시여, 나를 살려주십시오." 그리고 몸을 날려 뒤주 안으로 들어갔다. 영조가 몸소 뒤주의 뚜껑을 닫고 긴 널빤지와 큰 못, 굵은 새끼줄 등을 가져오도록 하여 뒤주를 봉하였다. 강관 등은 이때에 문

[이광현의 임오일기, 서울대 규장각한국학 연구원 소장]

[경모궁터, 사도세자의 사당임, 서울 대학 병원 구내에 있는 공터이다]

밖에서 통곡하고 있을 뿐이었다.

잠시 후 선전관 김씨 성을 가진 자가 몰래 궁관들을 불러 "뒤주에 틈이 있어 음식을 통과할 수 있다"고 말했다. 이때에 합문을 조금 통할 수 있었으므로 몰래 들어 갈 수 있었는데 머리에는 모두 갓을 쓰지 못하였다. 이광현이 사모관 두 개를 가져다가 한 개는 임성에게 주고 하나는 자기가 썼다. 임성과 같이 몰래 들어가 뒤주 남쪽 변을 살펴보니 뒤주가 부서져 구멍이 있었다. 중관 한사람이 옆에 있었는데 그 이름은 모르겠다. 임성이 그로 하여금 약과 마실 것을 구해오도록 하여 동궁에게 바쳤다.

차) 짧은 소매 옷을 가져와라

사도세자가 이를 마신 후 뒤주 안에서 옷을 벗어서 임성에게 주면서 짧은 소매 옷으로 바꾸어 오라고 하였다. 임성이 중관에게 면포삼(綿布衫)을 가져오도록 하여 들여보냈다. 동궁이 "이 면포삼을 마포삼(麻布衫)으로 바꾸어 오라'"고 하였다. 임성이 다시 나와 마포단삼을 친히 만들어 동궁에게 바쳤다. 이광현도 역시 짬을 보아 뒤주 틈 앞에 엎드렸다. 어둠 가운데에서도 동궁이 이를 알아보고 "주서가 왔느냐?"고 하면서 영조의 동정이 어떠한지를 물었다. 이광현이 영조의 노여움이 아직도 대단하며 화광이 첩첩하고 거리가 멀어서 동정을 알 수가 없다고 하였다. 그리고 중관에게 미움 한 그릇을 구하여 동궁에게 바치니 동궁이 이를 다 마셨다.

이광현이 나아가 엎드려 "천한 몸이 임금의 엄명을 받고 바야흐로 형벌 중에 있으므로 신 역시 이를 쫓아 물러갑니다."고 말했다. 임성도 역시 뒤주 앞에 엎드려 있다가 갑자기 손으로 이광현의 옷깃을 끌어 잡아 다니고 급히 일어나 밖으로 나갔다. 이광현도 역시 급히 뒤따라 밖으로 나왔다. 뒤돌아보니 영조가 횃불 아래 보였고 계단을 내려가 뒤주 곁에 이르렀다. 영조는 뒤주 판자에 틈이 있다는 말을 듣고 영조가 직접 내려와 더욱 철저하게 봉쇄하였다. 그 때 한 관리가 옆에 있었는데 물러난 후에 알아보니 계방의 김이곤(金履坤)이라고 하였다.

밤 삼경쯤 되어서 동궁을 폐하여 보통 사람을 삼는다는 명령이 있었다. 임금의 명령을 전할 때 승지 정순검(鄭純儉)이 나왔다. 강관 등은 합문 밖에 있다가 그 일의 기미를 물었다. 영조가 정순검에게 동궁을 폐서인(廢庶人)한다고 받아쓰라고 하자 '신을 죽여주소서. 신이 비록 죽을지언정, 감히 이 하교를 반포하지 못하겠습니다.'고 하자 관직을 파직당하고 쫓겨났다고 하였다. 영조가 먼저 도승지 이이장(李彛章)에게 명하여 명령을 쓰도록 하였으나 이이장은 "전하께서는 한 부인의 말만 듣고 이와 같이 전에 없었던 일을 하시고자 하니 신은 그 명령을 받들 수가 없습니다."고 간청했다. 영조가 형벌을 내리라고 하며 밖으로 내쫓았다.

다음으로는 정순검에게 명하였으나 정순검도 역시 왕명을 받들 수 없다고 하자 전지를 반포한다고 영조가 직접 썼다고 하였다. 잠시 후에 또 명령이 하달되었는데 오늘 내린 임금의 명령들은 전부 시행하지 말라고 하셨다. 이는 대개 궁관을 유배 보낸다거나, 승지·도승지 등을 처벌하라는 명령 따위를 환수한 것이다.

카) 뒤주를 승문원으로

뒤주를 승문원으로 옮기라고 명하였다. 이날 어느 때인지 알 수 없지만 한림 윤숙(尹塾)이 합문 밖에서 대신들이 나란히 앉아 있는 것을 보았다. 그가 화가 잔뜩 나서 "저 공들께서는 오로지 관직이 존귀하고 녹읍이 후한 것만 알지 장차 어디다 쓰겠는가? 장차 어디다 쓰겠는가?"고 항의하였다.

그 다음날 좌의정 홍봉한이 영조에게 "윤숙이 정원에서 대신들을 꾸짖었으니 멀리 유배 보내야 하며 한림 임덕제도 역시 윤숙과 함께 멀리 귀양 보내야 합니다. 임덕제는 동궁을 가두거나 폐서인 시킬 때 통곡했으니 이것이 죄입니다."고 아뢰었다.

그날 밤 4경에 빈궁과 세손이 함께 단봉문에 나왔다. 이광현과 임덕제가 여러 궁관들과 함께 길 좌측에 엎드려 절하였다. 우러러 통곡하며 전송하고 물러났다.

일주일이 지난 21일에 이르러 염습할 때 뒤주 안에서 부채가 있었는데 어떤 사람이 바친 것인지 알 수 없었다.

3

청계천과 도성의 다리

1. 염천교(鹽川橋)
2. 종교(琮橋)와 종교교회(琮橋敎會)
3. 광통교(廣通橋)
4. 수표교(水標橋)
5. 『살곶이다리』(箭串橋)
6. 남지(南池)
7. 청계천(淸溪川)

1. 염천교(鹽川橋)

염천교(鹽川橋)는 중구 의주로2가 179번지 봉래교 서쪽에 있는 다리이다. 이곳에 화약을 제조하는 염초청(焰硝廳)이 있어서 염초청다리라고 불렀으며 한자로는 염초청교(焰硝廳橋) 혹은 염청교(焰廳橋)라고 썼는데, 음이 변하여 염천교(鹽川橋)가 되었다. 일명 염춘교라고도 하였다. 이 다리는 1940년대 개수 때 돌로 만든 타일을 붙여 우리나라에서 유일한 석조타일 바닥이었으나 1970년대 말 서울역~충정로간 지하차도를 만들면서 석조

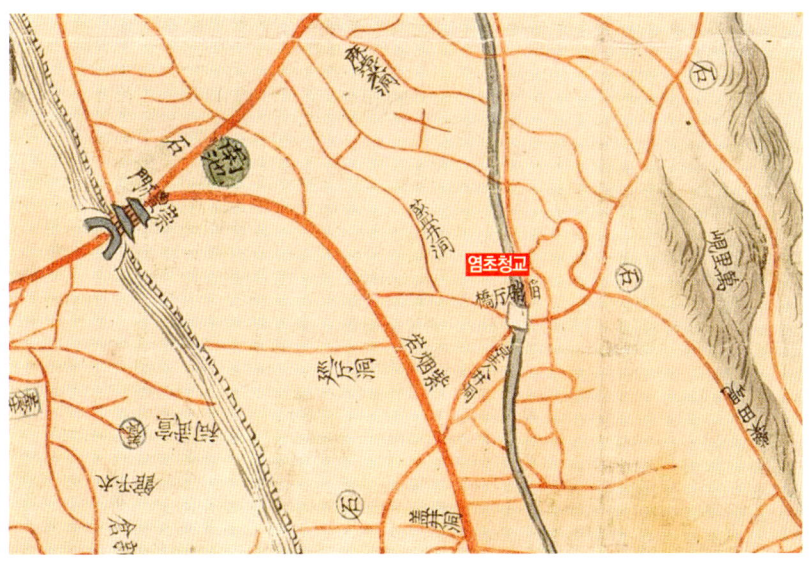

[염천교, 서울대 규장각 한국학 연구원 소장]

[서울역 부근에 있는 염청교, 좌측이 수제화 거리이다, 안 동립 촬영]

타일을 아스콘 포장으로 바꾸었다. 지금의 다리는 폭 30.8m, 길이 52.1m로 1978년 5월 30일 준공되었다.

　염초청(焰硝廳)은 조선 초기에는 서대문 쪽 반석방(盤石坊)의 경주인정동(京主人井洞)에 있었는데 1638년(인조 16)에 마전교(馬廛橋: 청계천이 동부의 오간수문으로 흘러 나가기 직전의 위치에 놓인 다리) 곁으로 옮겨 설치하였다.

　염초(焰硝)는 화약을 제조하는 원료였기 때문에 국가에서도 확보하려고 노력하였다. 1631년(인조 9)에 정두원이 북경에서 염초 제조법을 몰래 배워옴에 따라 국내의 염초 생산도 활발해졌다. 반석방에 있던 염초청을 마전교 옆으로 이전하고 염초 생산에 주력하였다.

　반석방에 있던 염초청교는 처음에는 염청교(焰廳橋)라고 부르다가 발음이 어러우니까 자연스럽게 음이 변하여 염천교(鹽川橋)가 되었다. 지금은 수제(手製) 구두를 만드는 곳으로 유명하다. 세월이 흘러 수제 구두점도 많이 사라졌다.

2. 종교(琮橋)와 종교교회(琮橋敎會)

종교(琮橋)는 종로구 내자동 71번지 부근 종교교회 앞에 놓여 있던 다리이다. 경복궁역 6번 출구에서 150m 거리에 표지석이 있다. 종교(琮橋)는 종교(宗敎)와 관련이 깊은 것으로 짐작하지만 역사적으로는 허종(許琮)과 관련이 깊다. 허종의 집은 인달방(仁達坊) 사직단(社稷壇) 앞 길가에 있었다. 허종이 그때 아우 허침(許琛)과 함께 살았는데 두 형제가 효자로 소문이 나서 그 집 앞의 다리를 두 형제의 이름을 따서 종침교(琮琛橋)라고 불렀다.

전해오는 말에 의하면 성종 때 연산군의 생모 윤비의 폐비를 논의하기 위한 어전회의가 열렸는데, 성종은 연산군의 생모였던 윤비(尹妃)를 투기가 심하고 포악스럽다고 하여 폐비시키고자 했다. 의금부도사였던 허종(許琮)과 형방승지였던 동생 허침(許琛)은 중신회의에 참석하지 않을 수 없었다. 이 사실을 알게 된 현숙한 누님이 두 동생들에게 말했다. "남의 집에서 머슴살이를 하는 사람이 주인 부부의 싸움에 휘말려 부인에게 가혹한 몹쓸 짓을 했을 때 부인의 아들이 가업을 잇게 된다면 어떻게 될 것인가?" 누님의 가르침에 크게 깨닫고 허종은 종침교(琮琛橋)를 건너다 일부러 말에서 떨어졌다. 그리고 발을 다쳤다는 핑계로 회의에 참석하지 않았다. 두 형제의 임무를 우의정 이극균과 판서 이세좌 두 숙질이 대신 맡게 되었다.

그 후 세자였던 연산군이 즉위하자 생모의 폐비와 죽음에 관련된 모든 사람들에게 갑자사화라는 피바람의 대참극이 일어나고, 허씨 임무를 대신했던 두 이씨도 모두 사형되었다. 그러나 누님의 기지로 두 형제들은 화를 모면하고 청백리로 보신을 할 수 있었다.

나중에 허종이 말에서 떨어졌던 그 돌다리를 두 형제의 이름을 따서 '종침교(琮琛橋)'라고 불렀다. 줄여서 종교(琮橋)라고도 하였으며, 부근의 마을이름은 종침다릿골이다. 『도성대지도』와 『한양도성도』에는 종침교의 다리 위치에 송첨교(松簷橋)라고 표시되어 있는데 『경성부사』에서는 두 다리를 같은 것으로 보고 있다. 송교(松橋)라고 더 많이 사용하였다. 1925년 백운동천을 복개하는 과정에서 이 다리는 소멸되었다. 현재에는 종교교회(琮橋敎會)가 남아 있어 옛 자취를 말해주고 있다.

위에 전설을 『조선왕조실록』을 근거로 검토해 보면 실제와 많은 차이가 있다.

성종이 윤비를 폐비하려고 논의 한 것이 1477년(성종 8)인데, 이 때 참석한 사람을 보면 일찍이 정승을 지낸 사람과 의정부·육조 판서·대사헌·대사간들이었다. 정창손(鄭昌孫)·심회(沈澮)·조석문(曹錫文)·윤사흔(尹士昕)·윤필상(尹弼商)·서거정(徐居正)·임원준(任元濬)·이승소(李承召)·강희맹(姜希孟)·이극증(李克增)·허종(許琮)·어유소(魚有沼)·윤계겸(尹繼謙)·이예(李芮)·김영유(金永濡) 등이 부름에 나왔다. 허종은 예조판서로서 참석하여 의젓하게 자리에서 일어나 좌우에게 말하기를, "원자(元子)가 지금은 비록 어리다 하더라도 이미 장성한다면 어떻게 처리하겠습니까?"고 중궁의 폐비를 강력히

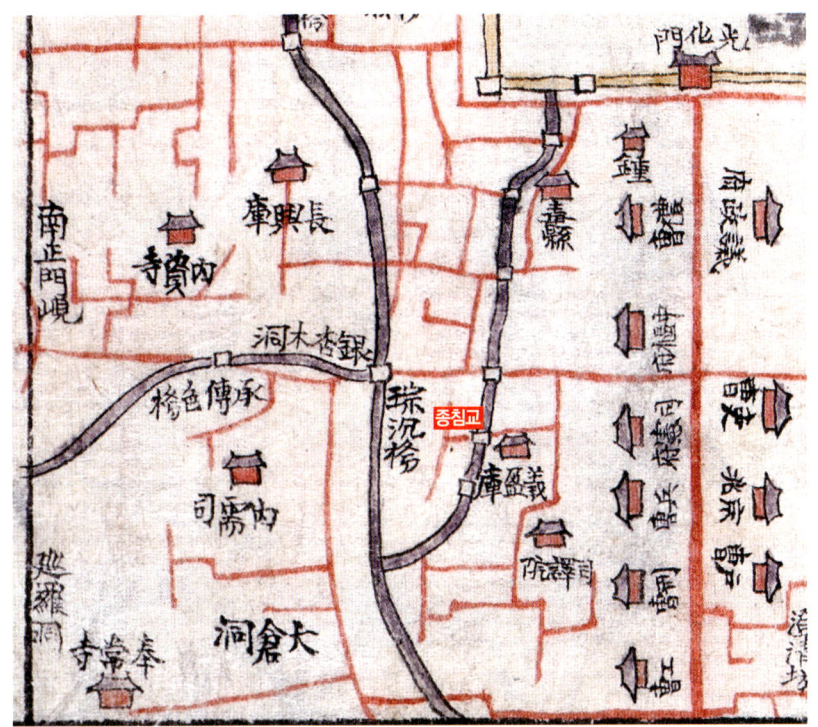

[종침교(琮沈橋), 청구요람, 서울대 규장각 한국학연구원 소장]

반대하였다.

　윤비 폐비 논의는 쉽게 결정되지 못하고 3년을 끌다가 1479년(성종 10) 6월 2일 6조의 판서와 참판들이 중궁의 폐출을 반대했지만 폐비하기로 결정된다. 여기 참석자의 명단을 살펴보면 이조 판서 박중선(朴仲善)·호조 판서 이철견(李鐵堅)·병조 판서 어세공(魚世恭)·형조 판서 윤계겸(尹繼謙)·공조 판서 유지(柳輊)·예조 참판(禮曹參判) 이극돈(李克墩)·이조 참판(吏曹參判) 이극기(李克基)·병조 참판(兵曹參判) 여자신(呂自新) 등이다. 예조판서인 허종이 당연히 참석해야 하는데 그를 대신하여 예조참판인 이극돈(李克墩)이 참석하였다. 이것은 허종이 전설에 전해지는 그의 누나의 충고를 받아들여 종침교에서 말에 떨어져 부상을 입고 참석하지 않았다는 사실을 뒷받침 해 준다. 그러나 갑자사화 때 죽은 우의정 이극균은 예조 참판(禮曹參判) 이극돈(李克墩)의 잘 못이다. 그리고 윤비 폐비를 논의 할 때 허종(許琮)은 의금부도사가 아니라 예조판서였다.

종침교(琮琛橋)는 흔적도 없이 사라졌는데 종침교의 역사적 맥을 잇는 것이 종교교회(琮橋敎會)이다. 종교교회는 개화파 윤치호의 노력으로 미국 남감리회의 리드(C. F. Reid)선교사의 한국 선교로 이루어진 것이었다. 남감리회의 첫 파송을 받고 한국 선교를 개척한 리드 선교사는 1897년 고양과 서울 광화문에 남감리교회를 설립하였다. 후에 남감리회에서 파송된 첫 여선교사가 캠벨(J. P. Campbell)부인인데, 그녀는 1897년(광무 원년) 10월 내한하여 경복궁 옆 잣골에 독자적인 여성 선교부지를 마련하고, 1898년(광무 2년) 8월 배화학당을 시작하였다.

캠벨 부인은 1900년 4월 15일 부활주일을 기해 집회를 시작했는데, 당시 배화학당 학생과 교사 그리고 외부 사람들도 다수 참석하였다. '잣골교회'라는 이름으로 교실이나 선교사 사택에서 예배드리다가, 1901년 가을 벽돌 예배당을 건축하였다. 여성 중심의 학교 교회인 잣골교회에 교인이 계속 증가하자 1908년(융희 2) 4월 종침교(琮琛橋) 부근 도렴동에 새 예배당을 마련하고 교회를 옮겨가면서 이때부터 '종교교회'로 부르기 시작했다. 한편 잣골에서 도렴동으로 교회를 옮길 때 따라 나가지 않고 그대로 잣골교회를 지켰던 교인들은 이후 창성동 자수교(慈壽橋)아래 자리 잡으면서

[종교교회(琮橋敎會), 안 동립 촬영]

'자교교회'라는 이름을 갖게 되었다.

    종교교회는 1920년대 미국에서 유학했던 양주삼 목사가 담임하면서 교회가 성장하는 계기가 되었다. 이후 남감리회의 대표 교회로 성장하면서 1930년 남북감리교회가 합동하여 '기독교조선감리회'를 창립할 때 양주삼 목사는 초대 총리사(감독)에 선출되었다. 1920~30년대 종교교회는 교육활동, 계몽운동 등을 주도하는 민족운동의 중심체 역할을 담당하였다. 일제 말기 교회의 역경, 해방 이후 교단 분열과 한국전쟁의 아픔을 딛고, 1959년 석조 3층의 '양주삼 총리사 기념예배당'을 봉헌했다. 이 교회가 종교교회이다.

3. 광통교(廣通橋)

광통교(廣通橋)는 종로 사거리에서 을지로 방향으로 가다가 청계천이 지나는 곳에 놓인 다리이다. 조선시대 행정 구역상 광통방(廣通坊)에 위치하였던 다리이기 때문에 광통교 혹은 광교(廣橋)라고 불렀다. 조선전기에는 북광통교(北廣通橋), 후기에는 광충교(廣沖橋)라고 기록된 경우도 있다. 광통교는 대광통교와 소광통교 2개가 있었다. 일반적으로 광통교는 대광통교를 말하는 것이었다. 청계천 하류로부터 여섯 번째에 있었다고 해서 육교(六橋)라고도 불렸다.

광통교는 조선시대 도성에서 가장 큰 다리였다. 다리의 길이는 12m, 폭은 15m 정도로 6차선정도의 도로 폭인 다리로 추정한다. 조선 건국 초에는 흙으로 건설한 흙다리(土橋)였다고 하는데, 나무다리 위에 흙으로 덮어 만든 다리로 여겨진다. 홍수가 나는 경우에는 인명 피해가 발생하기도 하여 1410년(태종 10)에 돌다리(石橋)로 만들었다. 이때 조달한 다리의 자재는 신덕왕후(神德王后) 강씨의 묘소를 옮기고 난 뒤 옛 정릉(貞陵)에 있던 석물(石物)들이었다. 이 석물들을 다리의 교각과 기초로 사용하였다. 현재 청계천을 복원하고 주변을 석축(石築)하였는데 광통교에서 사용하였던 정릉의 석축물들이 청계천변의 돌담에 사용되어 있다.

1910년(순종 3)에 광통교 인근의 전차선이 복선화되면서 다리 위로 전차가 다니게 되었고, 그 결과 다리 본체가 도로 아래로 묻히게 되었다. 1958년에 청계천 복개 공사를 시작하면서 광통교의 난간은 창덕궁으로 이전하였고 다리는 그대로 묻혔다. 2005년에 청계천을 복원하면서 오늘날 다시 사용하게 되었다.

　광통교는 숭례문을 통해 종로로 들어가는 길목이었으므로 좌판을 벌여 장사를 하거나 품팔이하는 사람이 많았다. 사람의 왕래가 많았으므로 봄철 춘궁기에 진휼을 시행하던 장소로 이용되기도 하였다. 광통교 인근의 시전에는 미전(米廛)이 많았다. 서남쪽 청계천 주변에는 서화(書畫)를 취급하는 가게가 운집해 있었다. 근처에 도화서(圖畫署)가 있었기 때문에 서화 매매 장소가 만들어진 것으로 생각된다. 번화가였으므로 주변 천변에 걸인들의 움막도 다수 운집해 있었다.

　개화기에는 청국 상인이 몰려오면서 인근 명례방과 북창동이 그들의 근거지가 되었다. 청국 상인은 임오군란 이후 진출하였고, 청일전쟁 이후에는 일본 상인들도 영업하기 시작했다.

　광통교는 왕이 경복궁에서 나와 도성 밖으로 나갈 때 거쳐 가는 주요 행차로 이었다. 특히 한강 이남으로 가는 경우에는 반드시 거쳐야 하는 행차로 이었기 때문에 도성 내 백성들에게 왕의 의지를 보이고 위의(威儀)를 선전하기 좋은 장소였다. 동시에 백성들이 다리 위에서 격쟁(擊錚)을 하던 장소로도 이용되었다.

　영조는 1728년(영조 4)에 이인좌(李麟佐) 등이 일으킨 무신란을 토벌한 후 헌괵의(獻馘儀) 의례를 시행하였다. 무신란이 평정되자 영조는 목이 베

[광통교, 안 동립 촬영]

[광통교 석축, 안 동립 촬영]

인 정희량(鄭希亮) 등의 머리를 소금에 절여 보관해 놓고 반란의 진압을 위해 출정하였던 도순무사 오명항(吳命恒)이 돌아오면 적의 머리를 바치는 헌괵의 예를 거행하도록 명령하였다. 며칠 지나 오명항이 군사를 거느리고 개선하자 영조는 직접 숭례문 문루에서 그를 맞이하고 이어 교리 정우량이 지은 노포문을 바치고 헌괵의 의례를 진행하였다. 이때 진행된 헌괵의 절차에 따라 먼저 오명항이 황금 투구에 붉은 갑옷을 입고 꿇어 앉아 이웅보(李熊輔), 정희량, 나숭곤(羅崇坤)의 세 머리를 단 아래 바치자 판의금부사 김흥경이 이를 받아 단위에 늘어놓았다. 이어 영의정 이광좌(李光佐)가 적의 머리를 받아 확인하고 문루로 올라가 보고하자, 영조가 이를 모두 장대에 매달라고 명령하여 모두 보이게 하였다.

청계천을 준천(濬川)할 때에는 광통교에서 그것을 지켜보기도 하였다. 광통교 인근의 준천은 고종대에도 친군영군에 의해 수표교까지 거행하였다.

광통교는 민속적으로도 활용되었다. 영조대에는 상원일(上元日)에 민간에서 답교(踏橋)를 하던 곳이다. 당시 민간에서는 음력 정월 보름날 밤에 다리를 밟으면서 한 해의 재액(災厄)을 면한다고 믿었다. 답교는 광통교를 중심으로 12개의 다리를 중심으로 진행하였다.

4. 수표교(水標橋)

수표교는 청계천에 놓인 다리이다. 비록 설치된 위치는 바뀌었지만, 조선시대 도성 내의 다리 중 원형이 잘 남아 있어서 광통교(廣通橋)와 함께 중요한 다리이다.

청계천은 인공적으로 물길을 만든 하천으로, 도성을 둘러싼 목멱산, 인왕산, 북악산, 낙산 등에서 발원하여 도성 중심부를 서쪽에서 동쪽으로 흘러 중랑천에서 합류한다. 길이는 11㎞에 달한다.

청계천에는 모전교(毛廛橋), 광통교, 장통교(長通橋), 수표교, 하랑교(河浪橋), 효경교(孝經橋), 마전교(馬廛橋), 오간수문(五間水門), 영도교(永渡橋) 등 많은 다리와 수문이 설치되었다. 수표교는 청계천이 시작하는 곳에 있는 모전교, 광통교, 장통교 다음에 있는 네 번째 다리로 중부 장통방에 있었다. 이곳은 지금의 청계천로 2가와 3가의 중간쯤이다.

원래 이름은 마전교(馬前橋)였으나, 1441년(세종 23) 다리 서쪽의 물속에 수량 측정을 위한 수표(水標)를 세운 다음부터 수표교라고 부르게 되었다.

수표석(水標石)은 마전교(馬前橋) 서쪽 수중(水中)에다 박석(薄石)을 놓고, 돌 위를 파고서 부석(趺石) 둘을 세워 가운데에 방목주(方木柱)를 세우고, 쇠갈구리(鐵鉤)로 부석을 고정시켜 척(尺)·촌(寸)·분수(分數)를 기둥 위에 새겼으며, 호조(戶曹) 낭청(郎廳)이 우수(雨水)의 천심 분수(分數)를 살펴서 보고

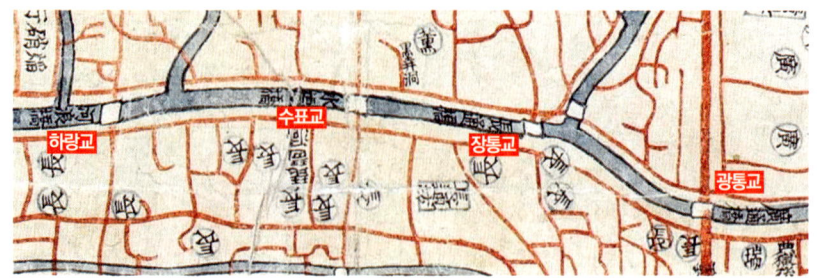

[수표교, 서울대 규장각 한국학 연구원 소장]

하게 하였다.

수표석(水標石)은 네모난 받침석 위에 높이 3m, 폭 20㎝의 육각형 화강석을 세우고 맨 위에 옥개석을 얹었다. 정면에 1자 간격으로 10자까지 눈금을 새겼고 눈금 사이에 아래부터 숫자를 새겼다. 측면에는 3·6·9자에 구멍을 파서 각각 갈수(渴水)·평수(平水)·대수(大水)라고 표시했다. 6자 안팎의 물이 흐를 때가 보통 수위고 9자가 넘으면 위험 수위로 보았다. 수표석에는 10자(1자= 21.875㎝)까지 눈금을 표시하고 장마 시 수위의 변동 상황을 수시로 한성부에 보고하여 대비토록 하였다. 수표석에 표시된 1자가 21.875㎝인데 이것은 주척(周尺)의 기본으로 다른 척(尺)의 기준이 된다. 처음에는 수표석을 목재로 만들어 쇠갈고리와 돌로 고정하였으나 성종대에 돌로 교체했다

수표교는 교각을 세우고 그 위에 석재를 가로질러 깐 널다리인 평석교(平石橋)이다. 다리의 규모는 길이 27.5m, 폭 7.5m, 높이 4m로 측면에서 보면, 교대 사이에 5개씩 9열로 교각을 세웠다. 교각은 장대석 길이로 두 단을 쌓았으며, 물의 저항을 줄이기 위해 물이 흐르는 방향에서 대각선으로

[수표교 임시 다리, 수표석(水標石)은 홍릉의 세종대왕기념관으로 옮겨졌고 보물 제838호로 지정됨]

세웠다. 그 위에 길이 4~5m 정도의 멍에석을 놓았다. 멍에석은 귀틀석 바깥으로 돌출되었으며 끝을 둥글게 다듬었다. 멍에석 위에는 귀틀석을 놓아 청판석을 받치도록 하였다. 난간석은 바깥쪽 귀틀석에 설치했으며, 난간 기둥에 돌난대를 끼우고 난간동자로 돌난대를 받쳤다.

수표교의 중앙부 하부 교각에는 '경진지평(庚辰地平)'이라고 새겨져 있는데, 경진년(庚辰年)인 1760년(영조 36) 청계천 준설과 함께 새긴 것으로 이후 개천 준설의 기준으로 삼았다고 한다. 흙·모래가 교각에 새겨진 글자 어디까지 쌓였는지를 보고 준설의 정도를 판단했다.

현존하는 수표석은 순조대에 다시 제작한 것으로 추정된다. 수표석 하부에는 '계사경준(癸巳更濬)'이라고도 새겨 있는데, 계사년인 1833년(순조 33) 2월에서 4월까지 대대적인 준천 사업이 시행되었으므로 이때 교체된 것일 가능성이 높다.

　수표석은 원래 청계천 수표교 옆에 있던 것을 청계천 복개공사 때 수표교와 함께 장충단(奬忠壇) 공원에 옮겼다가, 현재는 세종대왕 기념관에 있다.

5.『살곶이다리』(箭串橋)

　살곶이다리는 조선시대의 수도인 한양과 동남 지방을 연결하는 주요 통로로 사용되던 다리로, 원래의 이름은 제반교(濟盤橋)였다. 살곶이는 청계천이 한강으로 흘러드는 지금의 성동구 왕십리, 한양대학교에서 내려다보이는 개울 부근이다. 즉 사근동 남쪽에서 성수동으로 건너가는 곳을 말한다. 이는 지금도 사용되고 있는 서울에서 가장 오래된 다리인데, 세종대에 유명한 건축가인 박자청(朴子靑)과 유정현(柳廷顯)의 감독에 의해 세워진 것이다.

　살곶이 다리는 태조와 태종이 매사냥을 하려고 잦은 행차가 있었기 때문에 1420년(세종 2) 5월에 처음 만들어지기 시작했으나 태종이 죽자 왕의 행차가 거의 없어 완성되지 못하였다. 그 후 이 길을 자주 이용하는 백성들 때문에 다시 만들 필요성이 제기되어 1475년(성종 6)에 공사를 시작하여 1483년(성종 14)에 완성되었다. 마치 평평한 평지를 걷는 것과 같다하여 '제반교(濟盤橋)'라고도 불렀다. 그래서『한경지략(漢京識略)』에는 공식명칭이 제반교라고 기록되어 있기도 하고『용재총화(慵齋叢話)』에 의하면 "스님이 살곶이 다리를 놓으니 그 탄탄함이 반석(盤石)과 같다 하여 성종이 제반

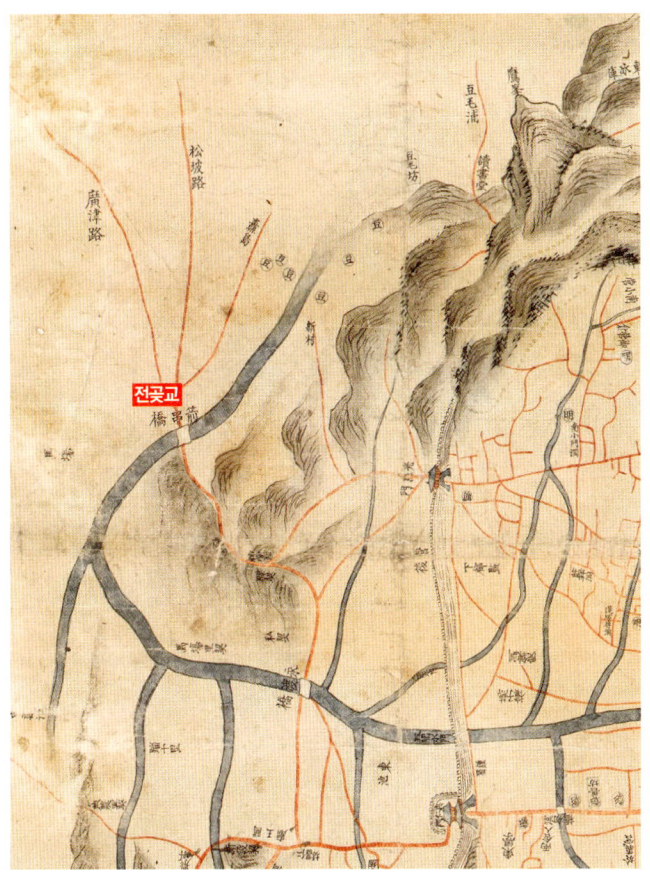

[전곶교는 살곶이 다리이다, 서울대 규장각 한국 연구원 소장]

교라 어명(御名)한 것"으로 기록되어 있다.

제반교가 언제부터 살곶이 다리로 불렸는지는 명확하지 않으나 이 고장 지명이 살곶이평(箭串坪)이라는 데서 온 것으로 보인다. 이곳은 동쪽으로는 강원도 강릉(江陵)으로 가는 길이 있고, 동남쪽으로는 송파(松坡)에서

[전곶교, 살곶이다리, 돌 판으로 만들어서 난간이 없음. 안 동립 촬영]

광주(廣州)·이천(利川)을 거쳐 충주(忠州)와 죽령을 넘어 영남으로 이어지고, 남쪽으로는 성수동 한강변에 이르는 교통상 중요 선상에 놓여있다. 또한 이곳은 넓고 풀과 버들이 무성하여 조선 초부터 나라의 말을 먹이는 마장(馬場)이 있었고, 군대의 열무장(閱武場)으로 사용되었던 곳이다.

다리의 규모는 길이가 76m, 폭이 6m이며 돌난간은 없었다. 좌우교대는 장대석 석축이고 중간에 교각석주 21열을 세우고 1열에 기둥 네 개를 배치하였다. 다리의 형태가 종횡(縱橫)으로 곡면을 이루어 조화롭고 면밀하게 구축되어 있다. 기둥은 유수(流水)의 저항을 줄이기 위해 마름모꼴로 되어 있다. 교각 위에 하천방향으로 멍에돌을 3개 연이어 걸치고 멍에돌 위에 귀틀돌을 가로 걸쳐 놓은 구조로 되어있다. 특이한 점은 교각 4개 중 가운데 2개의 교각을 15 내지 40㎝ 가량 낮게 만들어 이 다리의 중량이 안으로 쏠리게 하여 다리의 안정을 꾀하려 했다는 점이다.

고종 대에 대원군이 경복궁을 중건할 때 이 다리의 석재를 이용했기 때문에 다리의 일부가 손상되었다고 하며, 1913년에는 일본인들에 의해 상판에 콘크리트가 덮여지고, 1920년에는 집중호우에 의해 다리의 일부가 떠내려가 방치된 것을 1971년에 보수하여 복원하였다.

6. 남지(南池)

숭례문에서 서울역 쪽 대로변에 서울의 남쪽 연못인 남지 터 푯돌이 서 있다. 대한상공회의소 쪽으로 30m 왼쪽에 있었으나 본래 있던 자리에 가까운 곳으로 옮겼다.

남지(南池)는 태종 때에 모화루(慕華樓)의 남쪽에 조성한 연못이다. 연못을 조성한 이유는 서울의 주산인 북악이 오행상 화산(火山)에 해당하여 화재의 위험이 많았기 때문에 이를 막고자 조성하였다.

남지(南池)에서 모화루까지 1백 50여 보(步)이고, 못의 길이는 3백 80척(尺), 못의 넓이는 3백 척(尺)으로 대략 30m 정도의 아담한 연못이었다. 공사를 시작한지 한 달 정도 걸려서 1408년(태종 8) 5월에 남쪽 연못이 완성되었고, 개성 숭교사의 연못에 있는 연(蓮)을 옮겨다 심었기 때문에 연꽃이 예뻐서 연지(蓮池)라고도 불렀다.

한양을 건설한 후 건물이 대부분 목조이고 초가집들이기 때문에 화재가 자주 일어났고 피해가 심하여 금화도감을 설치하고 화재 예방에 힘썼다. 금화도감에서는 서울의 행랑(行廊)에 방화장(防火墻)을 쌓고, 성내의 도

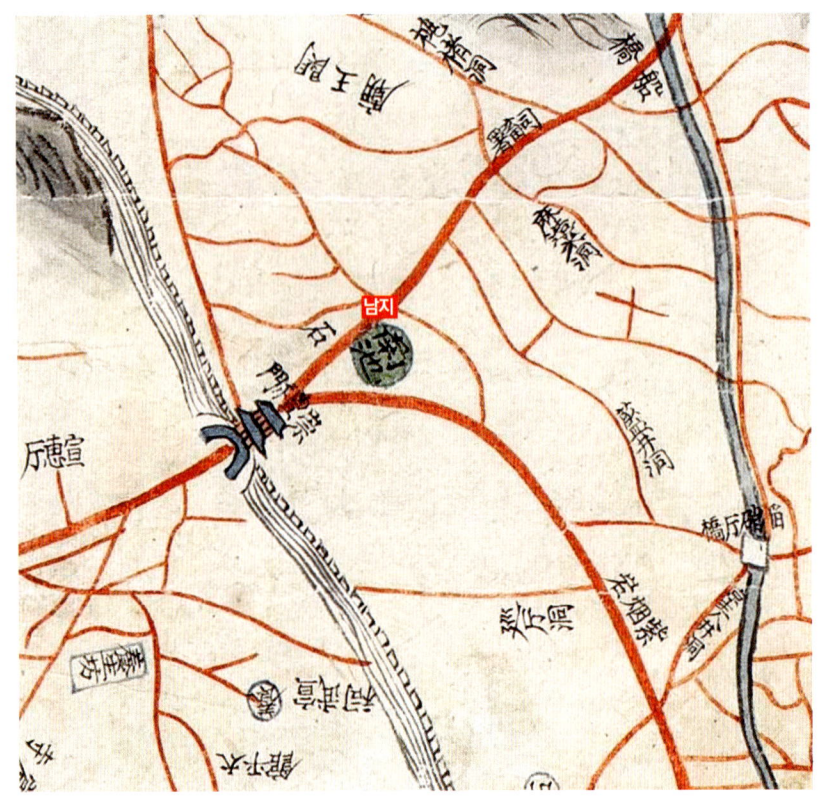

[남지(南池), 서울대 규장각 한국학 연구원 소장]

로를 넓게 사방으로 통하게 만들고, 궁성이나 전곡(錢穀)이 있는 각 관청과 가까이 붙어 있는 가옥은 적당히 철거하였으며, 행랑은 10 간 마다, 개인 집은 5 간 마다 우물 하나씩을 팠고, 각 관청 안에는 우물 두 개씩을 파서 물을 저장하여 두고, 화재 예방에 힘썼다. 이와 같이 남지는 화재 예방의 목적에서 인공적으로 만든 일종의 저수지로 한양에는 동지(東池)와 서지(西池)도 있었다.

[남지 기로연도, 서울대 규장각 한국학 연구원 소장]

[남지가 있던 남대문 부근, 상공회의소가 있다, 안 동립 촬영]

남지(南池)는 연꽃이 아름다워서 한양인들의 놀이터로 이용되었다. 남지를 그린 그림이 3종이 전한다. 서울대박물관이 소장하고 있는 조선 중기 도화서 화원 이기룡(李起龍)이 그린 '남지기로회도'(南池耆老會圖)는 보물 제866호로 지정돼 있다. 70세 이상으로 정2품을 지낸 원로 고위 문신 12명으로 구성된 기로소 회원들이 풍류를 즐기고 친목을 도모하는 그림이다. 조선시대 계회도의 특색인 맨 위에 제목이 써져 있고, 가운데 계회도 회원들이 즐기는 모습과 남지의 연꽃을 아름답게 표현하였으며 하단에는 이 모임에 참석한 사람들의 명단이 있다. 그림에서 볼 수 있는 것처럼 본래 계회원은 12명이었지만 10명만 참석하고 두 명은 참석하지 못했기 때문에 빈 방석만 그려놓았다. 그리고 연꽃이 핀 연못을 중심으로 좌우에 버드나무 네 그루를 배치했다. 1629년(인조 7) 6월5일 숭례문 밖 남지 부근 홍첨추의 집에 모여 연꽃을 감상하는 기로소 회원들의 계모임을 그린 계회도이다. 이처럼 남지는 한양인들의 놀이터가 되기도 했다.

그런데 남지는 깊이가 깊지 않았기 때문에 종종 밑바닥을 드러낼 정도로 물이 말랐던 경우가 있었다. 1823년(순조 23) 늦봄에는 숭례문 밖에 사는 백성들이 돈과 곡물(穀物)을 거두어 이 말라붙은 못을 다시 파내고 물을 채워 한결같이 예전 모습대로 만들어 놓았다. 그러자 갑자기 풍설(風說)이 나돌기를 '미수(眉叟) 허목(許穆)이 1674년(현종 15) 대사헌으로 들어갈 때에 이 못을 팠었고 지금 또 이 못을 팠는데, 이 못을 파던 날에 정승(政丞) 채제공(蔡濟恭)이 복작(復爵)되었다.' 하였으니, 이 못이 남방(南方)에 위치해 있기 때문에 남인(南人)에게 응험이 있는 것이고 남인 가운데 문과(文科) 급제자가 넷이나 난 것도 우연한 일은 아니다. 남지이기 때문에 남인들에게 유리했을 것이란 추측이었다.

현재 이곳의 동명은 봉래동인데 이 지명은 일제가 만든 지명을 그대로 이어 쓴 것이다. 조선시대에는 반석방이나 연지계라고 불렀는데 일제가 1914년에 봉래동으로 바꾸었고 그 지명이 그대로 이어진 것인데 남지동이나 연지동으로 바뀌었으면 좋겠다.

7. 청계천(淸溪川)

청계천은 본래 북악산·인왕산 사이의 골짜기에서 시작되어, 경복궁 서북의 백운동 부근을 지나는데 이곳 이름이 '청풍계천(淸風溪川)'이었다. 따라서 '청풍계천'을 줄여 청계천으로 바꾼 것으로 보인다. 이 청계천은 상류의 지류인 옥류동천, 누각동천, 그리고 남산에서 내려온 지류와 합수되어 흘러가다가 중랑천(中浪川)에 유입, 서쪽으로 흐름을 바꾸어 한강으로 들어간다. 전체 길이 약 8km, 최대 너비 66.7m로 도성 내에서 최대 하천이었다.

청계천의 조선시대 명칭은 '개천(開川)'이었다. '개천(開川)'은 인공적으로 하천의 물길을 만든다는 뜻이다. 지금의 청계천은 원래 도성에 있는 하천이었으나 자연적으로 물길이 정비된 것은 아니었다. 1405년(태종 5) 한성으로 재천도한 이후, 이듬해인 1406년에 일부 구간을 준설하고 도로를 닦았다.

1410년(태종 10) 5월부터 7월까지 큰비가 계속 내려 홍수가 났고 많은 피해를 입었다. 본격적인 개천은 1411년 윤12월 14일 개거도감(開渠都監)을 설치하면서 시작되었다. 이 개거도감은 1412년(태종 12) 1월 이전에 '개천도감'으로 이름을 바꾼 것으로 보인다. 태종은 개천도감(開川都監)을 설치하고 개천을 준설하였다. 공사를 위해서는 충청·전라·경상도의 3도에서 5만 2천 8백 명의 군인을 동원하였다. 세종대 집계한 한성부 인구가 10만 명 수준이었다는 점을 생각하면 상당한 인원을 동원한 것이었다.

1412년(태종 12) 개천을 준설하는 공사가 끝났다. 장의동(藏義洞) 어귀로부터 종묘동(宗廟洞) 어귀까지 문소전(文昭殿)과 창덕궁(昌德宮)의 문 앞을 모두 돌로 쌓았고, 종묘동 어귀로부터 수구문(水口門)까지는 나무로 방축(防築)을 만들었으며, 대·소광통(大小廣通)과 혜정(惠政) 및 정선방(貞善坊) 동구(洞口)·신화방(神化坊) 동구(洞口) 등의 다리(橋)를 만드는 데는 모두 돌을 썼다.

1421년(세종 3) 6월에도 한양에 대홍수가 나서 큰비가 물을 퍼붓듯이 내려, 평지에 물이 두서너 자나 넘었으며, 하류(下流)가 막혀서 인가(人家) 75호가 떠내려가고, 통곡하는 소리가 여기저기서 들렸다. 어떤 자는 지붕에 올라가고, 나무를 잡아 죽음을 면한 사람도 있으나, 물에 빠져 죽은 사람이 자못 많았다. 임금이 마음 아프게 생각하여, 죽은 사람의 부모와 처자에게 부물(賻物)을 내리도록 명하였다.

한편, 조선조 당시 청계천은 대단히 상징적인 경계선이기도 했다. 청계천은 도성의 남북을 갈랐는데, 이는 지리적 경계이자 신분적 경계이기도 했다. 북쪽은 북촌으로 지배 권력층, 남쪽은 남촌으로 소위 남산골딸깍발이로 통하는 몰락한 양반이나 과거를 준비하는 시골 서생, 양민들이 차지했다. 또한 청계천 주변에는 상인, 역관, 의원 등의 중인들이 몰려 살았고, 광통교, 수표교 등 큰 다리 아래에는 거지들도 몰려 살았다. 신분상으로는 중인 내지 천민에 속하는 이들이지만, '개천에서 용 난다'는 말처럼

18세기를 기점으로 이들이 상업자본의 주역으로 떠오르게 된다.

개천은 조선시대 물이 오염되거나 제방이 무너지는 등 피해가 속출하였다. 1760년(영조 36) 동절기를 이용하여 준천공사(濬川工事)를 강행하였다. 도성 한양은 3만호에서 1명씩 차출하여 5일간 공사를 시켰으므로 주민 15만여 명이 동원되었다. 전국에서는 노임을 지급하고 5만여 명을 동원하여 총동원 20만여 명으로 57일 만에 전 구간에 걸쳐 공사를 완료한다. 어림잡아 일일 3,000명에서 3,500명 정도가 동원되었던 것으로 보인다.

1760년 드디어 청계천 공사가 완성되고 영조는 『준천사실』의 편찬을 명하였다. 『영조실록』 영조 36년 3월 16일의 기록에는 『준천사실』을 만들었다는 것과, 영조가 홍봉한에게 '준천한 뒤에 몇 년이나 지탱할 수 있겠는가'를 물었고, 홍봉한이 말하기를 '그 효과가 백년을 갈 것입니다'라고 답한 내용이 있다.

청계천은 조선조 개국 이후 한양 천도 때부터 하수도였고, 그 기능은 20세기 후반 중랑하수처리장이 건설되기 직전까지 지속된 셈이다. 또한 20세기 중반에는 극심한 교통난을 해소하기 위해 청계천 위에다가 복개공사를 하게 된다. 1958~72년부터 단계적으로 복개도로와 고가도로를 건설하여 청계천을 완전히 덮어버렸던 것이다. 그랬던 청계천이 다시 열린 것은 2005년 복원공사 이후였다.

1950년대 중반의 청계천은 한국 전쟁 직후의 서울시에서도 가장 대표적인 슬럼지역이었다. 이 문제를 해결하기 위해 추진된 것이 청계천 복개사업이었다. 청계천 복개사업은 일제 강점기나 1955년에도 일부 이루어졌지만, 청계천이 본격적으로 복개된 것은 1958년부터였다. 1958년 5월부

[청계천의 복원된 모습, 안 동립 촬영]

터 1961년 12월까지는 광교 ~ 청계6가(동대문 야구장 부근) 구간, 1965년부터 1967년까지는 청계6가 ~ 청계8가(신설동) 구간, 1970년부터 1977년까지는 청계 8가 ~ 신답철교 구간이 복개되었다. 이 복개된 청계천 위에 청계고가도로가 건설되게 된다.

1990년대에 들어 청계천의 복개 구조물과 노후한 청계고가도로의 안전 문제가 지속적으로 대두되었다. 이에 이명박 당시 서울특별시장 후보는 청계천 복원을 공약하였고, 제32대 시장으로 당선되었다. 2003년 7월 1일에 청계고가도로의 철거가 시작되었고, 광화문 동아일보사 앞부터 성동구 신답 철교에 이르는 약 5.84km의 구간을 복원하는 공사는 3,867억 3,900만원을 들여 2005년 9월 30일에 완료되었다. 복원된 청계천의 통수단면 위쪽을 흐르는 물은 잠실대교 부근의 자양취수장에서 취수한 한강

물과 도심의 지하철역 부근의 지하수를 정수·소독 처리하여 조달하며, 통수단면 아래쪽을 흐르는 물은 도심의 오·폐수이다.

긍정적 평가로는 청계천과 그 주변 환경의 개선을 들 수 있다. 복원된 청계천이 시민들의 도심 속 휴식공간이 되었으며 여가공간으로 자리 잡았다는 것이다. 우선 대기질 개선과 소음 감소가 확인되었으며, 열섬현상이 약화되었고, 음이온 발생량이 일반 도심지역의 발생량보다 높은 것으로 조사되었다. 또한 청계천에 서식하는 생물종이 복원 전 98종의 6.4배에 이르는 626종(식물 308종, 어류 25종, 조류 36종)으로 증가하였는데, 특산종인 참갈겨니·참종개·얼룩동사리 등과 깝작도요·알락오리·도롱뇽 등의 서식이 확인되었다.

서울시정개발연구원은 복원의 경제효과가 최대 23조원에 이를 것으로 추정하였고 복원 이후 주변 개발이 이루어질 경우 31만개의 일자리가 창출될 것으로 예상했다. 국외로는 일본 나고야시가 공무원단을 파견하는 등 장기적인 교류를 통해 복원 사업의 노하우를 전수받았다. 미국에서는 하버드대가 청계천 복원사업을 내용으로 한 서적을 출간하고 이를 수업 교재로 채택하였으며 로스앤젤레스(LA)에서는 서울시 옛 청계천 복원팀이 환경단체 회원과 LA시의원 등에게 하천 복구 노하우를 전수하였다. 청계천은 세계 도시학계에서 주목하는 성공적인 도시 복원사업으로 평가받고 있다.

4

서울깍쟁이와 빈대떡

1. 서울깍쟁이
2. 빈대떡과 공대동(空垈洞)
3. 선농단 제사 지내고 먹던 설렁탕
4. 동평관과 왜관
5. 조선은 만리(萬里)의 나라다
6. 한양에 살던 관리들
7. 서울의 고유 동명(洞名)과 그 위치
8. 호현(狐峴)과 남태령(南泰嶺)
9. 무악재와 사현(沙峴)
10. 적유현(狄踰峴)과 미아리고개
11. 동묘(東廟)와 관우(關羽)
12. 상정승골과 상동교회
13. 칠패시장과 이현시장
14. 밤섬과 마포나루
15. 새롭게 밝혀진 김정호의 생애

1. 서울깍쟁이

언제부터인지 인간관계에서 수더분하지 않고 까탈스럽게 굴거나 영악스런 모습을 보이면 '서울깍쟁이'라며 놀렸다.

그런데, 깍쟁이는 '깍정이'가 변해서 된 말이다. 깍정이는 원래 청계천과 마포 등지의 조산(造山)에서 기거하며 구걸을 하거나 장사 지낼 때 무덤 속의 악귀를 쫓는 방상시(方相氏: 가면을 쓰고 역귀를 쫓는 사람) 같은 행동을 해서 상주에게 돈을 뜯어내던 무뢰배를 일컫던 말이었다. 그런데 점점 그 뜻이 축소되어서 이기적이고 얄밉게 행동하는 사람들을 일컫는 말로 쓰이게 되었다.

이 깍정이패의 유래는 멀리 조선 건국 때로 올라간다. 이성계가 한양에 도읍을 정한 뒤에 경범죄를 저지른 죄인들 이마에 먹으로 새긴 다음 석방하였다. 이렇게 되자 얼굴의 흉터 때문에 정상인 사회생활이 힘들어진 전과자들끼리 모여 살게 되었다. 이들이 모여 살던 곳이 바로 지금의 청계천 부근이었다. 청계천으로 흘러들어 온 모래와 흙으로 산을 만들었기에 조산(造山)이라고 부르는 조그마한 언덕이 생기게 되었다.

영조 대에 이르러 한양 인구가 빠르게 늘어나면서 서울에 거지들이 넘쳐났다. 살 곳이 없는 이들은 동대문 주변에서 청계천 준설 흙으로 만든 가산(假山)에 땅을 파고 살았다. 그래서 이들은 '땅거지', '땅꾼'으로 불렸다. 영조는 이들이 불한당으로 전락하지 않도록 이들에게 뱀을 잡아 팔 권리를 주었다. 이들은 성 밖에서 잡은 뱀을 청계천 다리 밑에서 삶아 팔았다. 한동안 청계천 다리 밑에 뱀탕집이 많았던 것도 이 때문이다. 이때부터 뱀 잡는 사람을 땅꾼이라 불렀다.

'서울깍쟁이'는 한양에 몰려든 거지들은 부르는 명칭이었는데, 깍쟁이라는 말은 원래 거지라는 뜻이었다. 서울에 거지가 많아지자 서울 사람을 얕잡아보며 서울깍쟁이라 불렀다는 것이다. 거지들(깍쟁이패)은 구걸을 하거나 남의 집 장례(葬禮) 일을 거들며 생계를 유지했다. 이들 중 몇몇이 요샛말로 약사 빠른 '깍쟁이' 짓을 하여 서울깍쟁이 말이 퍼지지 않았나 싶다.

국어사전에는 서울깍쟁이를 "시골 사람이 까다롭고 인색한 서울 사람을 밉게 여기어 이르는 말."이라고 되어 있다. 그러나 서울에서 깍쟁이란 "남의 것 탐하지 않고 내 것을 남에게 거저 주지 않는, 경우와 사리 밝은 사람을 지칭하는 말"이었다.

서울깍쟁이는 먼저 상대방의 편에서 생각하고 심중을 헤아린 후 말없이 도와준다. 또 상대방도 그 고마움을 잊지 않고 언젠가는 스스로 찾아와 도움 받은 만큼 갚는다. 어떠한 외부의 압력이 없어도 사회가 공존하며 살아나가는 것이었다.

서울깍쟁이들은 거지에게 밥을 줄 때도 얼굴에 세수를 안 한 거지는 밥을 주지 않았다. 얼굴과 손을 깨끗이 씻고 와야 동냥밥을 주었다. 아무리 없어도 사람으로서의 최소한 예의를 갖추어야 밥이라도 얻어먹을 수 있다는 것을 일깨워 주었던 것이다.

서울깍쟁이는 음식을 먹을 때 꼭 조금씩 남긴다. 그 이유는 두 가지가 있다. 하나는 서로 양보하는 미덕, 그리고 일하는 하인들에 대한 배려이며 나머지 한 가지는 그릇이 비었다는 표시인 것이다.

서울깍쟁이는 음식점에서 나오는 음식에 대하여 짜니 싱거우니 맛없다는 등의 말을 하지 않는다. 다시 안 가면 그만이다. 자기에게 맞는 음식점에 가면 된다는 생각의 소유자들이다.

또한 서울깍쟁이들은 남의 집을 방문할 때는 반드시 작은 선물이라도 가지고 가는 것을 잊지 않았고, 오신 손님을 반갑게 맞아 정성껏 대접하는 것을 예의로 알았다. 이유 없이 자주 남의 집을 방문하는 것을 삼가 했었다.

2. 빈대떡과 공대동(空垈洞)

빈대떡은 어느 지방에서나 흔히 먹는 고유한 음식이다. 만드는 방법이 고장마다 조금씩 다르고, 이름도 여러 가지가 있는데, 잔칫날에는 필수적으로 만들었다. 빈대떡은 옛날에는 기름에 부친 고기를 제사상이나 교자상에 올려놓을 때 제기(祭器) 밑받침용으로 쓴 음식으로 그 크기가 제기 크기만 했는데, 그 후 가난한 사람을 위한 먹음직스러운 요리가 되어 빈자(貧者)떡이 되었을 적에는 고기·채소 등을 섞어 만들어 요기가 될 수 있을 정도의 제법 큰 빈대떡이 되었다. 특히, 평안도의 빈대떡은 "지짐이"라고 부르는데 그곳 명물 음식의 하나이며 황해도에서는 "막부치"라고 부른다.

빈대떡의 유래는 확실히 밝힐 수 없어서 그런지는 모르겠으나 여러 가지 유래가 있다. 첫째 우리말의 뿌리를 적은 17세기 편찬된 『역어유해(譯語類解)』에는 중국 떡의 일종인 "빙자"에서 '빈자떡'에서 유래했다고 적었으

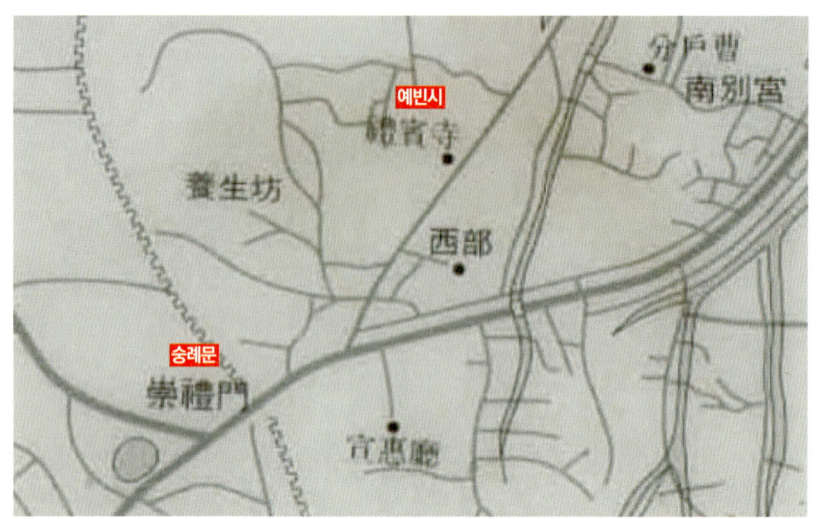

[예빈시(禮賓寺)가 있던 자리, 이곳이 공대동(空垈洞)이다]

며, 둘째 『명물기략』에는 중국의 콩가루떡인 '알병(餲餠)'의 '알(餲)'자가, 빈대를 뜻하는 '갈(蝎)'자로 와전되어서 빈대떡이 되었다고 설명하고 있다. 셋째 18세기 서명응이 지은 『방언집석(方言輯釋)』에서는 녹두를 주재료로 하는 '빙저'라는 지짐이가 중국에서 우리나라로 흘러 들어와 '빙쟈'라는 이름으로 불리다가, 이 말이 세월이 흘러 빙자떡 → 빈자떡 → 빈대떡으로 바뀌었다고 적었다.

그러나 가장 설득력이 있는 것은 임진왜란 때 서울이 불타버려 빈터가 많았는데, 숭례문 부근의 예빈시(禮賓寺)도 불타 버리고 빈터로 남아 있었다. 이곳에 가난한 사람들이 많이 모여 살았다. 이곳 주민들이 굶어 죽게 될 지경에 이르자 부잣집에서 가난한 사람들을 위하여 "어느 집의 적선이오."하면서 이들에게 간단한 음식인 "부침개"를 계속적으로 제공하였다.

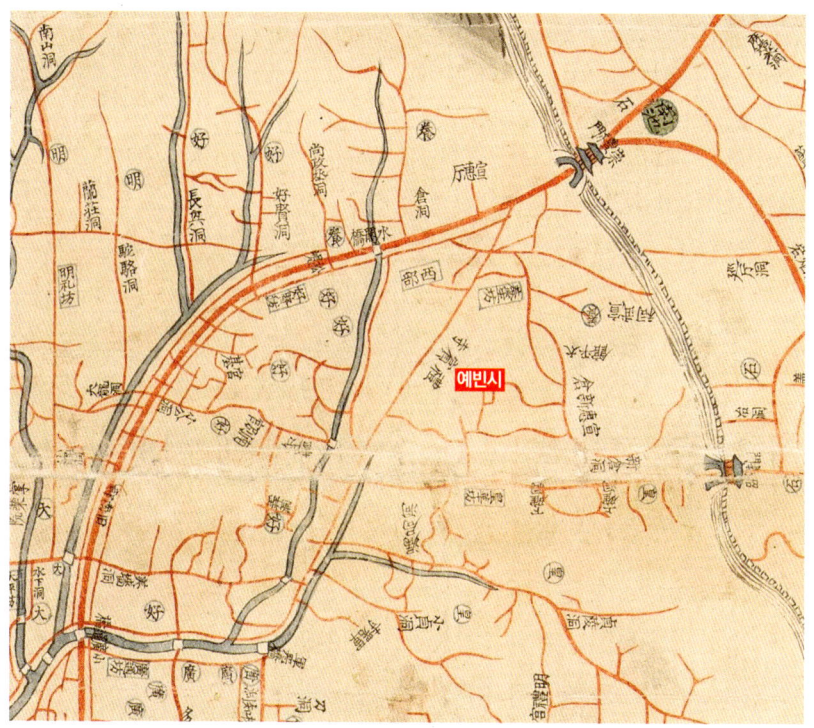

[예빈시 자리가 공대동임, 서울대 규장각 한국학 연구원 소장]

이곳은 빈터골 또는 공대동(空垈洞)이라고 불렀는데, 빈터골 사람들이 먹던 음식이라서 빈대떡이라고 불렀다.

    1950년대의 민속학자 방종현은 빈대떡을 '빈자(貧者)떡' 즉 가난한 사람들이 먹는 떡이라는 뜻으로 해석한 점으로 미루어 "나눔의 삶"을 살던 조상들의 슬기가 넘치는 빈대떡이다.

3. 선농단 제사 지내고 먹던 설렁탕

설렁탕은 소의 머리, 내장, 뼈다귀, 족 등을 푹 고아서 우려낸 국물에 소면, 밥을 말아먹는, 조선시대부터 누구나 즐겨 먹던 한국의 대표적 음식

[선농단, 서울대 규장각 한국학 연구원 소장]

중의 하나이다.

　조선시대에는 나라의 근본은 백성이요, 백성의 근본은 곧 농사이었으므로 임금은 농사가 잘되기를 바라는 마음에서 직접 선농단(先農壇)에 나아가서 제사를 지냈고, 행사 후 국밥을 만들어 나눠 먹었다.

　선농단은 동대문 밖 보제원(현재 전농동)에 있었다. 여기에는 농기구를 제작하여 농사법을 가르쳐 준 신농씨(神農氏)와 곡식의 종자를 가르쳐 준 후직씨(后稷氏)를 제사하는 곳이다. 이곳에 제사지내는 날은 이른 봄 경칩이 지난 후 첫 해일(亥日)이다. 이때는 아직 날씨가 충분히 풀리지 않아 쌀쌀한 기온이며, 또 이 제사는 새벽에 거행하기 때문에 참여한 많은 사람이 잔뜩 몸을 움츠리게 되었을 것이다. 제사를 끝내고 몸을 풀기 위해 먹었던 음식을 선농탕(先農湯)이라고 불렀다. 처음에는 선농탕이라 불렸으나 자음동화 현상이 일어나 설렁탕이라고 부르게 되었다.

　설렁탕은 대한민국 통계청에서 생활물가지수를 측정하는 대표적 458

[선농단, 안 동립 촬영]

제4장 서울깍쟁이와 빈대떡　245

개의 품목 중 하나이다. 1930년께에는 약 12전이었고, 1954년에는 100~150환, 1966년께에는 80원, 1970년께에는 평균 97원이었다. 1990년대 중반에는 약 3500원, 2006년에는 평균 5500원 정도였다. 요즈음 서울 지역의 설렁탕 전문점에서는 10,000원 정도이므로 1966년과 비교하면 125배 가량 물가가 오른 셈이다.

그런데 2008년의 미국 쇠고기 파동을 겪으면서 설렁탕 가게에도 찬바람이 불기 시작했다. 많은 사람이 소의 뼈를 몇 시간 푹 고아서 만드는 설렁탕 먹기를 꺼리기 때문이다. 서민들이 즐겨 먹고 서민들의 애환이 잔뜩 담긴 설렁탕의 앞날은 어떻게 될까 궁금하다.

4. 동평관과 왜관

『동국여지비고』에 "동평관은 일본과 여러 나라의 사신들을 접대하는 곳이다"고 되어 있어 반드시 일본 사신만을 위한 접대장소는 아니고, 왜인과 유구 등 동남아 여러 나라의 사신들을 접대하기 위한 장소였음을 알 수 있다. 실제로 1431년(세종 13)과 1493년(성종 24)에 유구 국왕의 사신이 왔을 때 이들을 동평관에 거처하게 하였다. 다만 유구에서 오는 사신보다는 일본에서 오는 사신이 많았기 때문에 일본 사신을 위한 관사로 인식되어 온 것으로 생각된다.

동평관의 건립과 관련된 최초의 기록은 1409년(태종 9) 2월 "풍해도로 귀양 보낸 민무구와 민무질의 서울에 있는 집을 헐어서 그 재목과 기와로 동평관(東平館)과 서평관(西平館)을 짓도록 명하였다"는 것이다. 따라서 1409년에 이르러 동평관과 서평관이 건립되었음을 알 수 있다. 동평관과 서평관의 변천과 문제점에 대해서는 다음의 사료를 통해 살필 수 있다.

    1434년(세종 16)에 예조에서 아뢰기를 '동·서평관 및 묵사(墨寺)에 나누어 들은 객인(客人)이 무시로 서로 찾고 서로 왕래하여 근처에 사는 사람과 모리배들이 인연을 따라 서로 통하여 몰래 숨어서 무역을 하므로 그 폐단을 막기 어렵습니다. 동·서관을 합하여 한 관(館)으로 하고, 빈 집을 더 짓되 사면의 난간과 담을 높이 쌓고서, 해가 돋은 뒤에 문을 열고, 해가 질 때에 문을 닫아 출입을 엄히 하며, 왜인의 물건을 무역하는 상인 등은 공개 무역하는 때 이외에는 관내나 관외를 막론하고 왜인 등과 더불어 몰래 숨어서 대화하는 자는 언제든지 즉시 구속하여, 법률로 다스려 몰래 무역하는 폐단을 막게 하소서'하니, 이를 의논하게 하였다. 여러 의논이 있었지만 허조가 말한 대로 '동·서관을 합쳐서 한 관(館)으로 만들고, 빈 집을 더 짓되, 사면의 난간과 담을 높이 쌓아서 엄히 출입을 금지시켰다.

    당시 동평관과 서평관은 하나의 장소에 있었던 건물로서 위치상 동쪽의 건물을 동평관, 서쪽의 건물을 서평관이라 불렀는데 이 두 곳을 사신들이 수시로 왕래하면서 인근의 사람들과 밀무역을 거행하여 문제를 일으키고 있었다. 이에 조정에서는 동평관과 서평관을 하나로 합치고, 남쪽에 두 개의 관소를 더 지어 전체적으로 네 개의 건물을 갖추자는 의견이 대두되었다. 그리하여 4년 후인 1438년(세종 20)에는 동평관을 동평관 1소, 서평관을 동평관 2소로 개칭하여 이름을 모두 동평관으로 통일하였다. 이곳 동평관에는 4개의 건물에 적어도 50여 명이 머물 수 있는 규모였으나,

위의 사료에서도 보이듯이 그래도 비좁아 일부 사람들은 동평관 남쪽에 자리 잡고 있던 묵사(墨寺)에 머무르고 있었다.

동평관의 위치에 관해서는 여러 기록이 있다.『통문관지』·『신증동국여지승람』·『궁궐지』·『문헌비고』·『동국여지비고』에는 모두 남부 낙선방에 동평관이 있었다고 기록되어 있으며, 유독『한경지략』에만 남부 훈도방에 있었다고 적혀있다. 따라서 오늘날 중구 인현동 2가 192번지 일대가 옛 동평관 자리였음을 알 수 있다.

동평관은 평화와 공존을 의미했다. 고려 말인 1223년부터 조선이 건국된 1392년까지 169년간 극심했던 왜구의 노략질에서 벗어나 임란 이전까지 태평성대를 보장한 외교·무역 창구였다. 왜구의 침탈은 1350년부터 40년간 무려 495회에 이르렀다. 황해·평안·강원·함경도 등 한반도 전역이 약탈의 대상이었다.

조선초기에는 내이포(진해), 염포(울산), 부산포(부산) 등 '삼포'(三浦)에 눌러앉은 왜인이 1466년(세조 12)에 1,650명, 1475년(성종 6)에 2,300여 명, 1494년(성종 25)에 3,105명으로 늘었다. 신숙주가 1471년(성종 2)에 편찬한『해동제국기』에는 건국 이후 일본과의 통교 횟수를 총 4,842회라고 전한다. 막부 71회, 혼슈와 시코쿠 348회, 규슈 845회, 히젠국·이끼섬 1,166회였고, 쓰시마는 2,385회로 절반을 차지했다. 특히 1439년(세종 21) 한 해 동안 조선에 들어온 왜인이 1만 명이나 되었고, 이들에게 지급한 쌀이 10만 석에 이르렀다는 기록도 보인다.

동평관을 운영하면서 왜인의 관리 체계를 강화하였지만 이들에 의한 밀무역은 줄어들지 않았다. 이들이 주로 일본에서 가지고 온 물건은 은(銀)

과 철(鐵)이었다. 조정에서는 이들이 가져온 물건을 공무역(公貿易)를 통해 면포(綿布)로 교환해 주었다. 그러나 그들이 가져온 양이 너무 많아 1538년(중종 33)에는 '은과 철은 나라에 쓸 긴요한 물건이 아니니 공무역할 필요가 없다. 다만 너희들이 가져오는 무역품에는 은과 철이 매우 많으니 일체 공무역를 허락하지 않는다면 너희들이 반드시 실망할 것이므로 지금 1/3을 우선 공무역하게 한다. 이 뒤로는 동(銅)·납(鑞)·철(鐵)·연철(鉛鐵) 외에는 절대로 가져오지 말라.'하고 지시하였다. 그러나 공무역 외에 사무역(私貿易)이 흔하게 이루어졌기 때문에 사무역를 금지하기도 하였지만 쉽게 근절하지는 못하였다.

동평관의 방지기(房守), 고지기(庫直)는 왜인들과 쉽게 친해지기 쉬운 위치에 있는 자리로서 밀무역에 의한 이득을 취하기 쉬운 자리였다. 따라서 이곳에는 각 관사의 노비들을 순서대로 정해서 보내도록 하였다. 그러나 이 역시 쉽게 지켜지지 않았는지 『조선왕조실록』에는 이와 관련한 기사가 여러 곳에서 보인다.

1443년(세종 25) 일본인 다라사야문(多羅沙也文)이 동평관에 머물고 있었는데, 어두운 때를 이용해서 함부로 동평관을 벗어나 밖으로 나가므로 문지기가 이를 금지하였더니 손으로 때려서 상처를 입히는 일이 있었다. 그리고 1445년(세종 27)에는 동평관에서 대내전(大內殿)이 사신으로 보낸 화지라다라(和知羅多羅)와 망고시라(望古時羅) 등이 담을 넘어 나가려 하자 감호관(監護官) 손계조(孫繼租)가 잡아 힐문하니, 표아시라(表阿時羅)가 막대기를 가지고 손계조의 옷깃을 잡고 욕보여서 의금부에 가두었다. 당시 향화인(向化人) 표사온(表思溫)이 화지라다라를 그의 집으로 불러서 양녀(良女)

부귀(富貴)를 소개하여 간통하게 하고, 또 일본인이 가진 금을 몰래 은으로 바꾸어 주었는데, 이때 일이 발각되어 함께 옥에 가두어 국문(鞠問)하였다. 동평관에서 일본 사신의 무단출입은 경제적인 문제에서 인간관계에 이르기까지 다양하게 전개되었음을 알 수 있다.

이와 같은 문제점을 일으키며 동평관에 묵었던 왜인들은 태평관의 명나라 사신과는 달리 자유롭게 서울을 통행한다든지, 혹은 개인적으로 만날 사람을 여유롭게 만난다든지 하는 자유로움이 없었다. 동평관을 지키는 조선의 관리로부터 엄격한 통제를 받았으며, 서울에서의 멋대로 돌아다니며 구경했다는 기록은 남아있지 않다. 뿐만 아니라 일본의 사신이 와서 조선의 관리들과 시문을 주고받으며 환담을 나누었다는 기록도 찾아보기 어렵다. 이러한 사실을 종합해 볼 때 중국의 사신과 일본의 사신이 조선에서 받은 접대는 실질적으로 질적인 많은 차이를 보이고 있었음을 알 수 있다. 이러한 동평관은 1610년(광해군 2) "임진왜란으로 피해를 입은 조선이 다시 동평관을 지어 접대할 수는 없다"는 기록으로 보아 그 이전에 이미 없어진 것으로 보인다.

동평관과 북평관의 사신들은 자유로운 왕래가 용이하지 않았다. 이들은 밤에 몰래 관소를 빠져 나와 밀무역을 하거나, 관소를 빠져 나오는 과정에서 조선의 관리들과 다툼이 벌어져 상해자가 발생하기도 하였고, 심지어 사신들이 감옥에 구금되는 예도 있었다. 이것은 중국 사신과 일본 및 야인 사신과의 차별성을 의미하는 것이다.

조선시대 일본사신이 머물던 숙소인 동평관이 있던 동네를 왜관골이라 하고 이를 한자명으로 표기하면 왜관동이다. 중구 인현동2가·예관동·

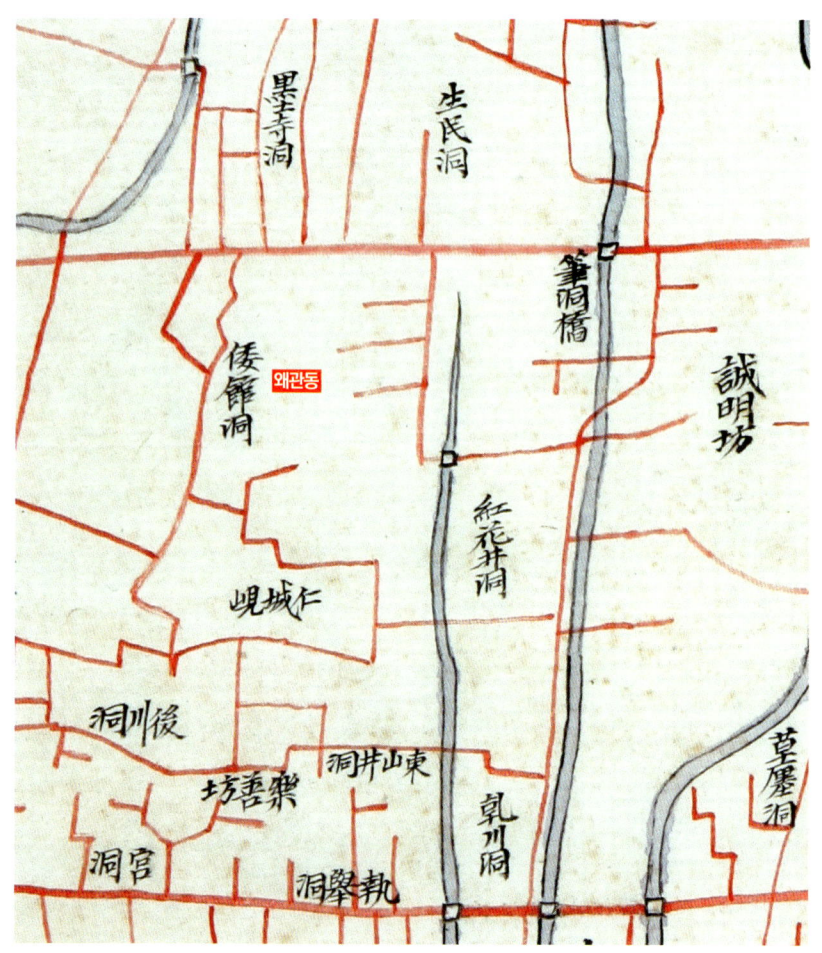

[왜관동(倭館洞), 청구도, 국립중앙도서관 소장]

충무로4가에 걸쳐 있던 마을인데, 후에 음이 변하여 예관골·예관동이 되었고, 예관동이 다시 줄어서 예동이 된 것으로 보인다.

5. 조선은 만리(萬里)의 나라다

우리나라 애국가에 "동해물과 백두산이 마르고 닳도록 하나님이 보호하사 우리나라 만세, 무궁화 3천리 화려 강산 대한사람 대한으로 길이 보존하세"라고 되어 있고 그렇게 늘 부르다 보니 우리나라의 영토가 3천리 밖에 안 된다고 생각하기 쉽고 또 상당수의 국민들이 그렇게 믿고 있다.

그러나 조선 전기에 제작된 『조선방역도』를 비롯하여 대부분의 고지도들이 만주지역까지 포함하여 그렸다. 이것은 만주가 고구려의 옛 땅이기 때문에 우리의 영토라는 강한 영토의식의 표출이라고 볼 수 있다. 당시 지리학의 제일인자였던 양성지는 압록강과 두만강을 우리의 국경선이라고 생각하지 않았다. 그는 우리나라가 요수(遼水)의 동쪽 장백산(長白山)의 남쪽에 있어서 3면이 바다로 둘러싸여 있고 한쪽만이 육지에 연달아 있지만 지역의 넓이는 만리(萬里)나 되는 나라로 우리나라를 '만리(萬里)의 나라'라고 생각하였다. 또 노사신(盧思愼)이 쓴 『동국여지승람』 전문에서도 우리의 국토가 만리(萬里)라는 표현을 쓰고 있다. 또 서거정의 『동국여지승람』 서문에서도 고려는 서북지방은 압록강은 못 넘었지만 동북지방은 선춘령(先春嶺)을 경계로 해서 고구려지역을 더 넘었다고 표현하고 있다. 이와 같이 조선 전기에는 우리나라의 영토가 만주까지 포함하는 만리(萬里)라는 의식이 있었다. 이를 반영한 것이 국보 제248호인 『조선방역도』인 것이다.

그리고 역대 왕들은 구중궁궐에 있지만 지방 수령들과 국정을 논의 할 때 만리(萬里)를 헤아릴 수 있다고 우리의 강역을 만리(萬里)로 보고 있다. 세종 때의 김종서의 상소문, 문종 때의 북방 강역 수호 문제 논의, 세조가

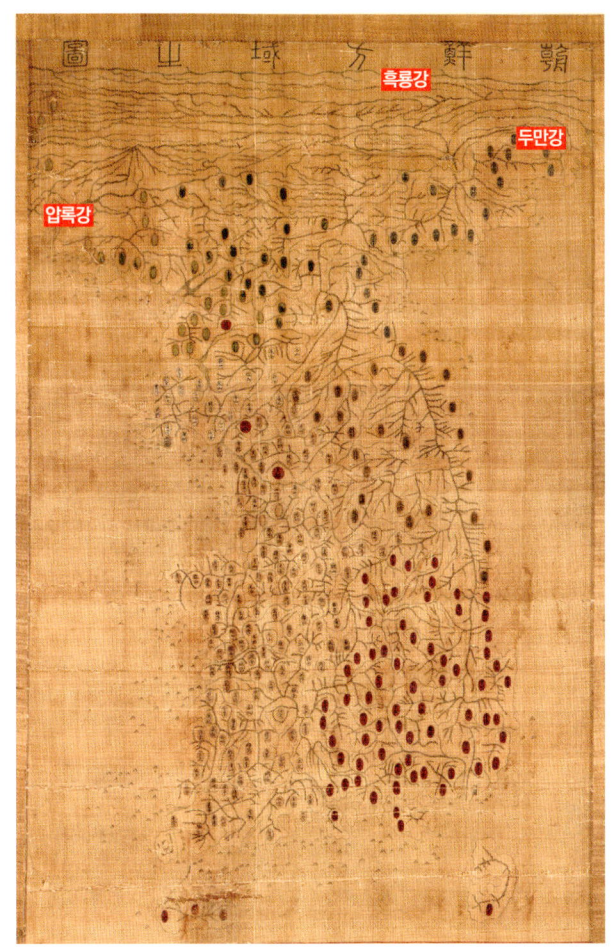

[국보 제248호 조선방역도, 국사편찬위원회 제공]

이징옥이 그의 부하 손에 죽을 것이라는 예언 등에서도 국왕은 만리(萬里)를 굽어 살피는 통찰력을 갖고 있다고 하였다. 성종도 어유소를 삼도 체찰사로 보내면서 몸은 비록 구중궁궐에 있지만 마음은 만리(萬里)의 먼 곳으

제4장 서울깍쟁이와 빈대떡　253

로 달려가고 있다고 하였다.

정조 때에는 비변사(備邊司)에서 북관(北關)의 교제창 절목(交濟倉節目)을 올리면서,

"교제곡(交濟穀: 흉년과 춘궁기에 굶주린 백성을 구제하기 위해 저장한 곡식)을 설치한 뜻은 대체로 깊습니다. 여러 도의 흉년과 풍년이 같지 않고, 두 지역의 수재·한재가 각기 달라서 별도로 준비한 곡물(穀物)을 가지고 상호 간에 서로 구제하려는 것입니다. 떨어진 거리를 참작하고 헤아려 바다를 따라서 설치하였는데, 영남에서 기근이 들면 관북에서 곡식을 방출하고, 관북에서 기근이 들면 영남에서 곡식을 들여갈 수 있게 하였으며, 양호(兩湖)에서도 또한 마찬가지이므로 천축(千軸)이 서로 접하여 만리(萬里)가 멀지 않을 정도입니다."라고 하였다.

1809년(순조 9)에는 광주 목사 송지겸 등이 흉년의 실상을 연명하여 상소한 내용 중에 "큰 흉년이 들어서 천리(千里)가 적지(赤地)가 되어 만백성이 위태로운 지경에 처하였는데 말할 것이 뭐 있겠습니까? 신 등이 이런 때에 한번 유민(流民)들의 그림을 만리(萬里)나 떨어진 계정(階庭) 앞에서 올리지 않는다면, 일로(一路)의 신음하는 정상을 전하께서 어떻게 모두 알 수 있겠습니까?" 라고 전라도와 한양 사이를 만리로 표현하였다.

순조, 철종 때에도 지방관들에게 선정을 베풀 것을 부탁하면서 "만리(萬里)의 머나먼 지방의 일도 뜨락의 일처럼 환히 알 방도가 있을 것이다."라고 부탁하고 있다.

위와 같이 우리나라를 "만리(萬里)의 나라"라고 생각하는 의식이 강했는데 이러한 의식이 3천리로 바뀌는 것은 17세기 만주에서 청나라가 건국

되면서 부터이다.

특히 1712년(숙종 38)에 백두산에 정계비가 세워지면서 압록강 두만강 이남의 국토만을 우리의 영토로 인식하고 우리들의 의식도 한반도만을 영토로 생각하여 3천리 강토라는 인식으로 바뀌게 되었다.

6. 한양에 살던 관리들

박팽년(朴彭年: 1417-1456)의 집은 낙선방(樂善坊) 생민동(生民洞)에 있다. 반송(盤松)이 있어 육신송(六臣松)이라고 하는데 지금은 말라 죽었다.

정광필(鄭光弼: 1462-1538)의 집은 회현방(會賢坊)에 있다. 은행나무(鴨脚樹)가 있는데, 신인(神人)이 서대(犀帶: 정1품·종1품관이 띠던 띠) 열두 개를 이 나무에 걸게 될 것이라고 알려주었다고 한다. 지금도 그 후손들이 동리 가운데 살고 있으므로 세상에서들 회현동(會賢洞)이라고 부른다.

윤선도(尹善道: 1587-1671)의 집은 명례방 종현(鐘峴) 곧 명동성당 부근에 있었다. 지금도 주춧돌에 먹으로 쓴 여산부동(如山不動)이라는 네 글자가 있어, 바람과 비에 씻기지 않았다. 혹은 허목(許穆)의 글씨라고도 하며 집 터는 연소형(燕巢形)이라고 한다.

김석주(金錫胄: 1634-1684)의 집은 회현방(會賢坊) 회현동 남산 기슭에 있다. 김석주가 어렸을 때 얼굴의 생김새가 범 같았는데, 범은 의당 산에 있어야 한다고 여겨, 드디어 거처하는 누대를 재산(在山)이라고 이름 하였다. 담장 밖에 늙은 소나무 한 그루가 있으니, 곧 손수 심은 소나무이다. 19번

[이황의 집터 비, 서소문에 있음]

꺾어진 폭포가 있고 그 아래 우물이 있는데, 맛이 매우 향기롭고 차다. 우물이 푸른 석벽 위에 있는데, 창벽(蒼壁)이라는 두 글자가 새겨져 있다.

이황(李滉: 1502-1571)의 집은 황화방(皇華坊) 학교동(鶴橋洞)에 있었는데 가난하여 셋집에 살았다. 선생이 이 동리에 살았으므로, 승지(勝地)라고 한다. 뜰에 노송나무가 있는데 높이가 수십 길이다. 병란 후에 도성 안의 교목(喬木)이 모두 없어졌지만 이 나무만이 그대로 푸르러서 하늘에 닿았다. 1551년(명종 6) 봄에 홀연히 부러지니 사람들이 모두 괴이하고 의아(疑訝)하게 여겼더니, 그 해 여름에 정인홍(鄭仁弘)이 박여량(朴汝樑)의 무리를 사주하여, 상소하여 퇴계(退溪)를 훼방하기를 못할 일이 없으니 나무 부러진 변고가 여기서 과연 징험이 되었다.

효령대군의 집터는 인왕산 기슭, 넓은 골짜기 깊숙한 곳에 있으니 바로 비해당(匪懈堂) 안평대군(安平大君)의 옛 집터이다. 시내가 흐르고 바위가 있는 경치 좋은 곳이 있어서 여름철에 노닐고 구경할 만하고, 다리가 있는데 기린교(麒麟橋)라 한다.

성삼문(成三問: 1418-1456)의 집은 진장방(鎭長坊)에 있다. 바로 장원서(掌苑署) 뜰 앞이다. 예전에 손수 심은 소나무가 있었는데, 뒤에 사람들이 베어서 거문고를 만드는 재목으로 삼았다.

김상용(金尙容: 1561-1637)의 집은 순화방 창의동(彰義洞) 청풍계(淸風溪)에 있다. 태고정(太古亭)·늠연당(凜然堂)이 있고 선원(仙源 김상용의 별호)의 화상을 봉안했다. 후손들이 가까운 마을에 살고 있으므로 세상에서 창의동 김씨라고 일컫는다. 시내 위의 돌에 '대명일월 백세청풍(大明日月百世淸風)'이라는 8자를 새겼다. 순조(純祖)와 익종(翼宗)이 일찍이 봄날에 들린 일이 있다.

김수항(金壽恒: 1629-1689)의 집은 백악산 아래에 있는데, 육상궁(毓祥宮)과 담이 붙었다. 무속헌(無俗軒)이 있다.

민유중(閔維重: 1630-1687)의 집은 안국방(安國坊)에 있는데, 바로 인현왕후(仁顯王后: 숙종의 비 민씨)가 왕후 자리에서 물러나서 살던 사제(私第)가 있던 곳이다. 감고당(感古堂)이 있다.

나석좌(羅碩佐: 1652-1698)가 살던 곳은 나대장동(羅大將洞)이라고 일컫는다.

임경업(林慶業: 1594-1646)의 집은 교서관동(校書館洞)에 있었는데, 예관부군당(藝館府君堂)에 임 장군의 화상을 그려놓고 제사 지낸다.

맹사성(孟思誠: 1360-1438)이 살던 곳은 삼청동인데 맹감사현(孟監司峴)이라고 이름 지었다.

정철(鄭澈: 1536-1594)의 집은 장의동(莊義洞) 있었다. 조선 후기 안동김씨 세도정치의 중심인물이었던 김좌근(金左根: 1797-1869)이 이곳에 살았기 때문에 장동대감이라고 불렀다.

조종경(趙宗敬: 1495-1535)의 집은 남문 밖의 염초청(焰硝廳) 곁에 있다. 담 안에 이른 감 두 그루가 있어 잘 열었는데, 길가는 사람이 보고 말하기를, "올 감이 저렇게 만발했는데 팔아서 돈을 거둔다면 그 이익이 얼마나 될까."하니, 부인 이씨는 헌납(獻納: 관직명) 잠(箴)의 딸인데, 듣고 크게 부끄러이 여겨 말하기를, "양반 집에서 과일 나무를 심어서 이익을 본다는 이름이 나면 그 어찌 세상에서 떳떳하겠느냐."하고, 곧 그 나무를 베어 없애고 집을 팔아 이사했다.

7. 서울의 고유 동명(洞名)과 그 위치

서울의 고유한 동명은 ○○고을, ○○마을등 우리에게 구수하고 친근감을 더해주는 명칭이며 동명보다는 지역적으로 규모가 작은 지역의 명칭이다. 이러한 고을 명칭들은 대개우물, 다리, 관청, 점포, 지형지물, 인물 등에서 따서 썼다. 현재까지 알 수 있는 고유 동명은 255개로 이를 분류하면 우물명칭이 29개로 11.3%이며, 다리명칭이 30개로 11.7%이고, 관청명칭이 62개로 24.3%이며, 점포명칭은 29개로 11.3%이고, 지형지물 명칭은 92개로 전체의 36.0%를 차지하고, 인물 명칭은 13개로 5.0%를 차지한다. 구체적으로 고유동명을 분류하면 아래와 같다.

1) 우물이름을 딴 동명

관우물골(태평로2가) | 구리우물골(견지동) | 돌우물골(경운동) | 관우물골(명륜동) | 이간우물골(세종로) | 궁안우물골(을지로1가) | 등근우물골(을지로4가) | 널우물골(인현동) | 갓우물골(입정동) | 널우물골(장사동) | 웃한우물골(종로5가) | 한우물골(종로5가) | 뒤우물골(훈정동) | 동산우물골(신문로1가) | 창림우물골(신문로1가) | 찬우물골(연지동) | 돌우물골(익선동) | 실

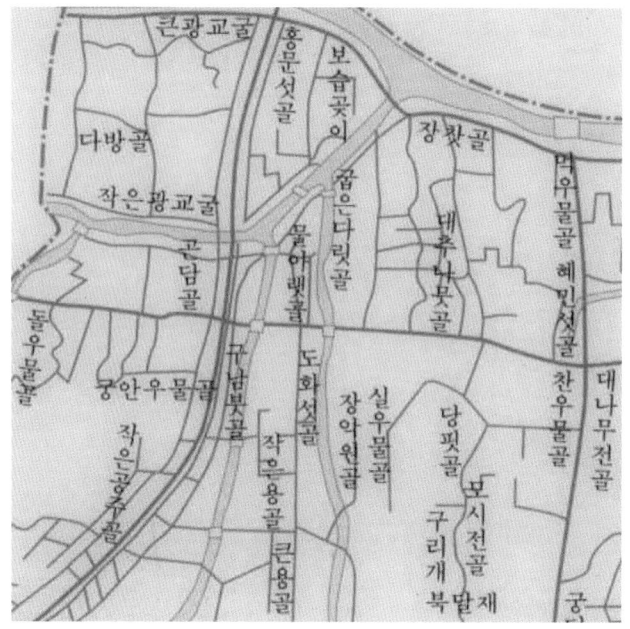
[남부의 고유한 동명]

우물골(저동1가) | 찬우물골(저동2가) | 전초우물골(초동) | 찬샘골(필동) | 쪽우물골(광희1가동) | 감장우물골(묵정동) | 돌우물골(소공동) | 먹우물골(수표동) | 찬우물골(교남동) | 관우물골(서소문동) | 안우물골(서소문동) | 뚜께우물골(의주동) 29개

2) 다리이름을 딴 동명

돌다릿골(교남동) | 학다릿골(서소문동) | 새다릿골(궁정동) | 날다릿골(낙원동) | 승전벗다릿골(내수동) | 종침다릿골(내수동) | 관기다릿골(명륜동) | 광례굣골(명륜동) | 사락다릿골(명륜동) | 송기다릿골(세종로) | 새경다

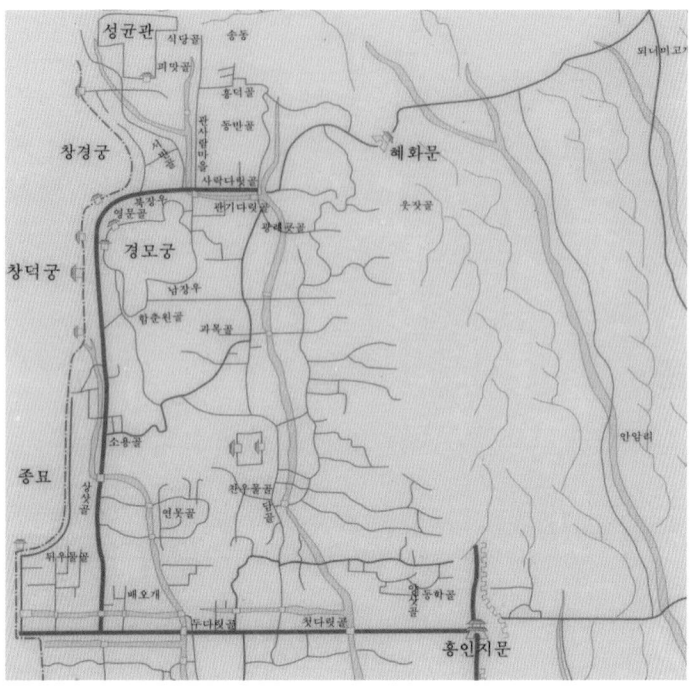

[동부의 고유한 동명]

릿골(연지동) | 하릿곳골(장사동) | 붕어다릿골(적선동) | 철물전다릿골(종로2가) 두다릿골(종로4가) | 첫다릿골(종로6가) | 중학다릿골(중학동) | 어청다릿골(광희1가동) | 돌다릿골(광희1가동) | 작은광교골(남대문1가) | 큰광교골(남대문1가) | 수각다릿골(남대문4가) | 돌다릿골(동자동) | 배다릿골(동자동) | 모전다릿골(무교동) | 굽은다릿골(삼각동) | 무침다릿골(오장동) | 청짜다릿골(을지로5가) | 청녕위다릿골(을지로4가) | 새경다릿골(주교동) 30개

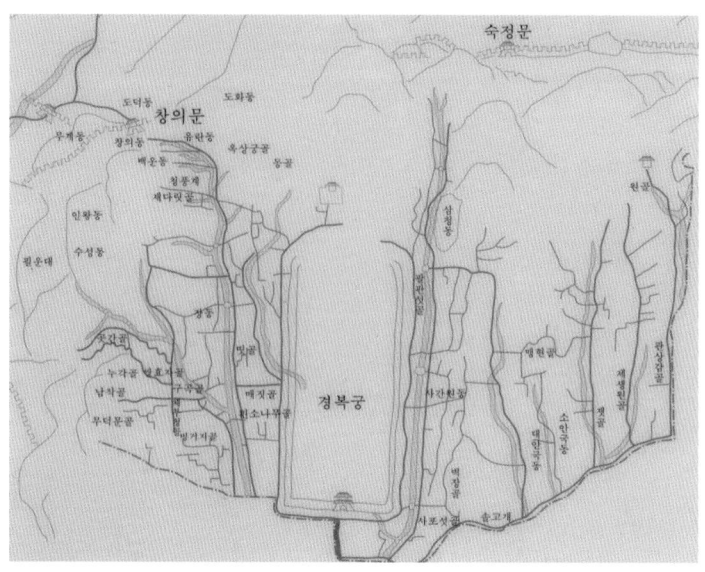

[북부의 고유한 동명]

3) 관청명을 이용한 동명

관앞골(교남동) | 누국골(서소문동) | 새창골(서소문동) | 순랫골(순화동) | 금부뒷골(견지동) | 도화섯골(견지동) | 전의감골(견지동) | 향굣골(경운동) | 제생원골(계동) | 준천사골(관수동) | 충훈붓골(관훈동) | 육상궁골(궁정동) | 어의궁골(낙원동) | 내수삿골(내수동) | 내수사앞골(내수동) | 한양골(낙원동) | 영빈골(내수동) | 누각골(누상동) | 내섬섯골(당주동) | 봉상시앞골(당주동) | 공조뒷골(도렴동) | 의령곳골(도렴동) | 양현곳골(명륜동) | 대묘골(묘동) | 사직골(사직동) | 전옥골(서린동) | 보민삿골(세종로) | 사복싯골(수송동) | 수진방골(수송동) | 비변사골(신문로1가) | 선공감골(신문로1가) | 순랏골(신문로) | 함춘원골(연건동) | 승문원골(와룡동) | 관상감골(원서동) | 사온섯골(적선

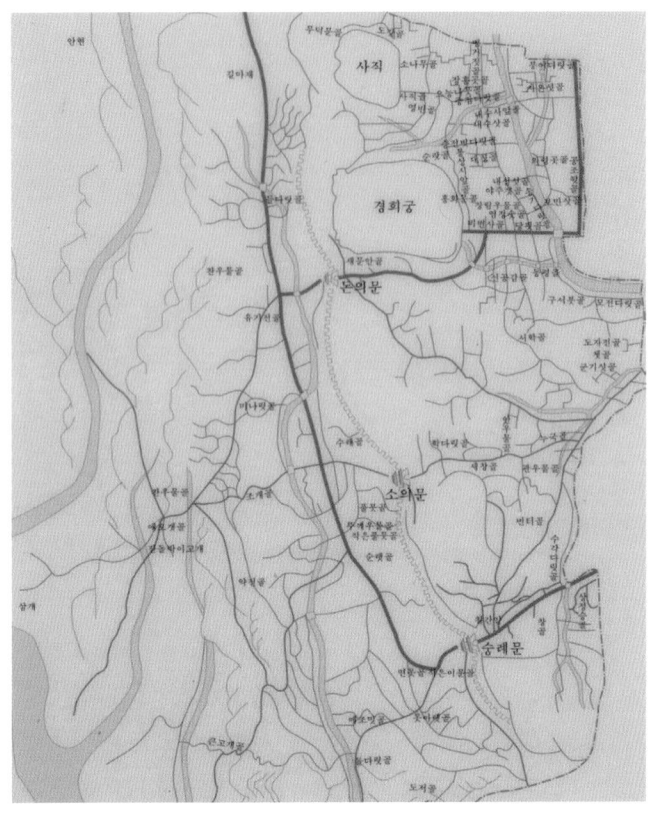

[서부의 고유한 동명]

동) | 장흥곳골(적선동) | 어의궁골(종로5가) | 동학골(종로6가) | 체부청골(체부동) | 사포섯골(통인동) | 호위청골(남산동) | 창골(남창동) | 남학골(남학동) | 사축섯골(도동) | 구남붓골(명동) | 저경궁골(소공동) | 예관골(예관동) | 장악원골(을지로2가) | 혜민섯골(을지로2가) | 훈련원골(을지로6가) | 하도감골(을지로7가) | 왜관골(인현동) | 주잣골(주자동) | 교서관골(주자동) | 궁텃골(초동) | 장흥곳골(충무로1가) | 생민골(충무로4가) | 붓골(필

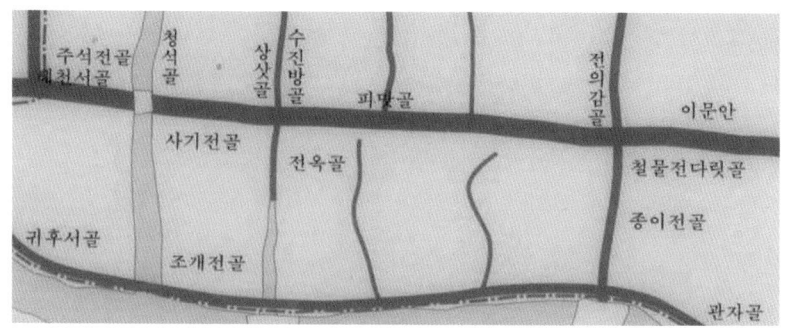

[중부의 고유한 동명]

동) | 구서붓골(태평로1가) | 군기싯골(태평로1가) | 서학골(태평로1가) 62개

4) 점포명을 사용한 동명

작은풀붓골(순화동) | 수레골(순화동) | 풀뭇골(순화동) | 유기전골(충정동) | 관자골(관철동) | 장찻골(관철동) | 벙거짓골(내자동) | 당핏골(당주동) | 사기전골(서린동) | 주석전골(세종로) | 마전골(와룡동) | 샘전골(종로1가) | 조개전골(종로1가) | 철문전다릿골(종로2가) | 종이전골(종로2가) | 벙거짓골(종로3가) | 띳골(창성동) | 도갓골(필운동) | 동이전골(남대문5가) | 당핏골(명동) | 띳골(오장동) | 대나무전골(을지로2가) | 신전골(을지로3가) | 모시전골(저동1가) | 초전골(초동) | 타락골(충무로1가) | 도자전골(태평로1가) | 쳇골(태평로1가) | 편잣골(태평로2가) 29개

5) 저명한 지형지물을 이용한 동명

약현(중림동) | 잔돌박이고개(충정동) | 길마재(홍제동) | 맹현골(가회

동) | 희화나뭇골(공평동) | 비파골(관수동) | 청석골(관훈동) | 동골(궁정동) | 농파니(권농동) | 수문골(권농동) | 대청골(내수동) | 곳간골(내수동) | 남정문골(내자동) | 으능나뭇골(내자동) | 납작골(누상동) | 소나무골(누상동) | 인왕동(누상동) | 수성동(누하동) | 야주갯골(당주동) | 웃잣골(동숭동) | 갯골(명륜동) | 식당골(명륜동) | 홍덕골(명륜동) | 피맛골(명륜동) | 동반골(명륜동) | 서반골(명륜동) | 영문골(명륜동) | 북장우(명륜동) | 무덕문골(사직동) | 벽장골(송현동) | 솔고개(송현동) | 박석골(수송동) | 동령골(신문로1가) | 새문안(신문로) | 홍화문골(신문로) | 과목골(연건동) | 남장우(연건동) | 담골(여건동) | 연못골(연지동) | 다락골(와룡동) | 진골(운니동) | 상샃골(원남동) | 소용골(원남동) | 원골(원서동) | 익랑골(익선동) | 댓절골(인사동) | 이문안(인사동) | 잿골(재동) | 피맛골(종로1가) | 탑골(종로2가) | 백운동(청운동) | 유란동(청운동) | 창의동(청운동) | 청풍계(청운동) | 상샃골(청진동) | 구곡골(체부동) | 근동(체부동) | 매짓골(통의동) | 통골(통의동) | 흰소나무골(통의동) | 소나무골(필운동) | 필운대(필운동) | 큰용골(남대문2가) | 작은용골(남대문2가) | 연못골(남대문5가) | 작은이문골(남대문5가) | 쪽이문골(남대문5가) | 남산골(남산동) | 다방골(다동) | 도저골(도동) | 먹절골(묵정동) | 풀무고개골(묵정동) | 연밤골(방산동) | 매조밋골(봉래동1가) | 빈터골(북창동) | 살리뭇골(산림동) | 홍문섯골(삼각동) | 솔고개골(소공동) | 시궁골(수표동) | 물아랫골(수하동) | 보습곶이(수하동) | 못아랫골(양동) | 뒷냇골(예관동) | 구리개(을지로2가) | 대추나뭇골(을지로2가) | 미나릿골(을지로4가) | 마른냇골(인현동) | 남소문골(장충동1가) | 숲벌(장충동1가) | 동산말(필동) | 난정이문골(회현동) | 칠간안(태평로2가) 92개

6) 인물에서 따온 동명

장대장골(돈의동) | 송동(명륜동) | 관사람마을(명륜동) | 염정숯골(신문로1가) | 양삿골(종로6가) | 팔판섯골(팔판동) | 상정승골(남대문로3가) | 나대장골(남산동) | 작은공주골(소공동) | 곤담골(을지로1가) | 작은인성붓재골(인현동) | 큰인성붓재골(인현동) | 회현동(회현동) 13개

8. 호현(狐峴)과 남태령(南泰嶺)

호현(狐峴)은 관악구 남현동에서 과천시 과천동으로 넘어가는 고개로서, 서울특별시와 경기도의 경계가 되는 고개이다. 여우고개, 여시고개, 야시고개, 호현, 엽시현, 남현 등 여러 이름으로도 불렸다. 이 고개를 남태령으로 부르게 된 전설이 있다.

1762년(영조 38)에 사도세자가 아버지 영조의 명으로 뒤주 속에 갇혀 세상을 떠나자, 현 서울 동대문구 배봉산 아래에 묘를 조성하였다. 이 묘의 이름은 수은묘(垂恩墓)였는데, 1776년에 정조가 왕위에 오르자 장헌세자라는 존호를 올리고 묘를 원으로 격상하여 이름을 영우원(永祐園)이라 하였다. 1789년(정조 13)에 영우원을 현재의 수원 화산으로 옮기면서 현륭원(顯隆園)으로 고쳤다.

1790년(정조 14) 2월 9일에 정조가 제1차로 수원의 현륭원으로 전배(展拜) 가는 길에 이 고개를 넘어 과천의 행궁에 잠시 쉴 때 고개 이름을 물었다. 이때 과천현 이방 변씨가 머리를 조아리며 "남태령(南泰嶺)입니다."라

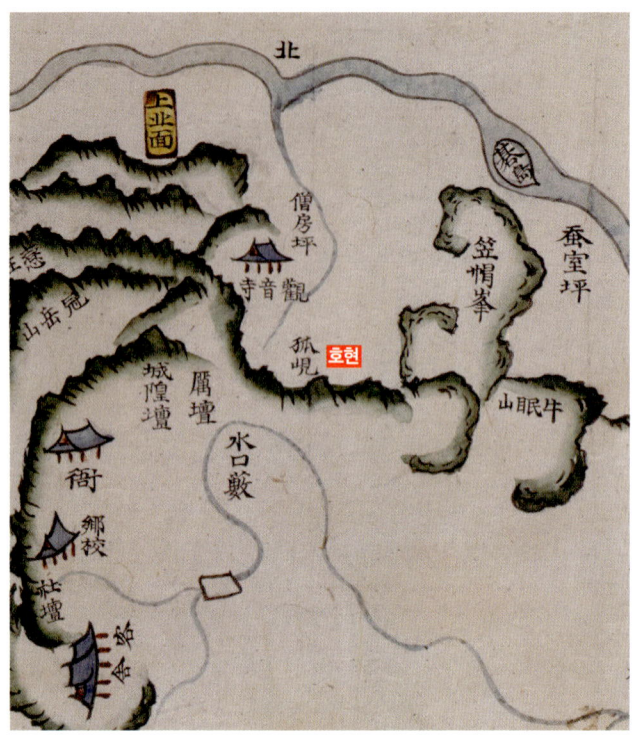

[광여도 호현(狐峴), 서울대 규장각 한국학 연구원 소장]

고 하였다. 이때 한 신하가 "이 고개 이름은 예로부터 여우고개(狐峴)라 하거늘 어찌 상감께 거짓으로 아뢰느냐."하며 힐책하자, 이에 변이방은 "본디 여우고개라고 하나 그런 요망스런 말을 감히 아뢸 수 없어 삼남대로로 통하는 첫 번째 큰 고개이므로 삼가 남태령이라 한 것입니다."라고 아뢰었다. 정조는 이를 가상히 여겨 변이방을 칭찬하였으며 이 뒤부터 남태령이라 부르게 되었다 한다.

1789년(정조 13) 9월 12일 비변사등록에는 경기감사가 광주에 척후병

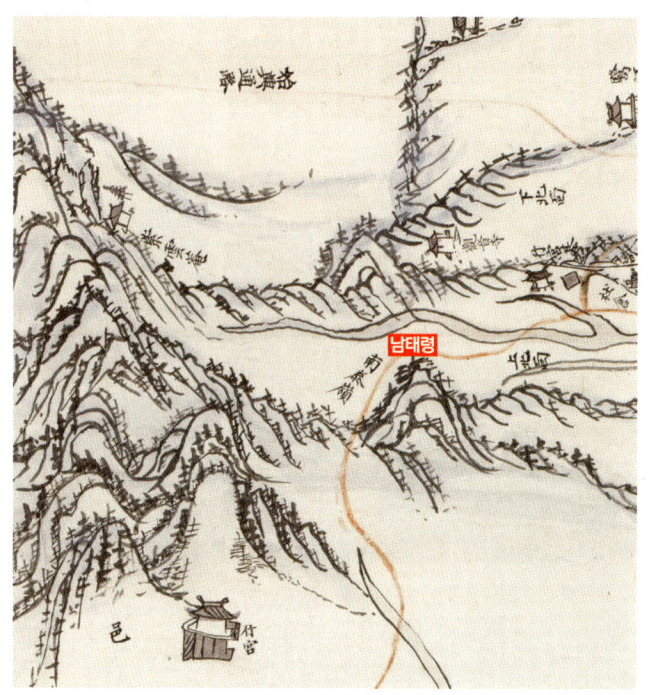

[1872년 과천현지도, 남태령(南泰嶺), 서울대 규장각 한국학 연구원 소장]

을 어떻게 배치할 것인가를 올린 장계(狀啓)가 실려 있는데 여기에는 여전히 호현(狐峴)이란 용어가 나온다. 그런데 1790년(정조 14) 11월 27일의 승정원일기에는 과천 신작로를 어떻게 만들어야 하는가에 대한 기사가 나오는데 남태령(南泰嶺)이란 호칭이 처음 등장한다. 정조가 융릉에 제2차 전배 가는 것이 1791년(정조 15) 1월 17일 이었으므로 호현이 남태령으로 칭호가 바뀌는 것은 정조의 제1차 융릉 전배인 1790년(정조 14) 2월 9일에 일어난 사건임을 짐작할 수 있다. 1790년(정조 14)부터 호현이 남태령으로 바꿔 부르게 됨을 알 수 있다.

[남태령 표지 비석 (추사 김정희 글씨를 집자한 표지석임), 안 동립 촬영]

또 여우고개라 한 것은 수목이 울창하고 후미진 곳이 많아 관악산을 넘나드는 여우가 많이 나타났다고 하며, 또 여우굴이 있었고 이곳에 천년 묵은 여우가 사람으로 변신하여 소의 탈을 만들어 사람에게 씌워서 소로 만들어 부리다가, 무를 먹고 탈을 벗게 하였다는 설화가 전해진다. 여시, 야시는 여우의 사투리이며 엽시현은 여시고개를 한자 음으로 표현한 것으로 짐작된다. 현재 남태령이라는 표목(標木)은 추사체에서 집자하여 만든 표목이다.

9. 무악재와 사현(沙峴)

무악재는 안산(鞍山, 296m)과 인왕산(仁王山, 338m) 사이에 있으며, 의주가도(義州街道)인 국도 1호선이 지나고 있다. 무악재는 조선 태조 이성계가 개성에서 한양으로 도읍을 옮기기 전에는 모래재 또는 사현(沙峴)이라고 불렸다. 또 말안장 같은 안산 기슭을 따라 넘는 고개라고 하여 길마재라고도 불렸다.

무악재라고 불리게 된 것은 조선 초기에 도읍을 정하면서 풍수지리설의 영향을 받았기 때문이다. 즉, 삼각산(三角山)의 인수봉이 어린 아이를 업고 나가는 모양이라고 하여 부아악(負兒岳)이라고 불렀는데 이것을 막기 위한 방편으로 안산을 어머니의 산으로 삼아 무악(毋岳)이라 하고, 이 고개를 무악재라고 불렀다는 것이다.

또한 별칭으로 무학재 또는 무학현이라고도 한다. 이는 이성계가 하륜(河崙)의 건의에 따라 무악의 남쪽 연희궁 자리에 도읍으로 정하려고 하였으나 일부에서 명당이 좁다고 반대를 하였고, 결국 무학대사(無學大師)의 의견에 따라 북악산 밑으로 결정하였다. 그래서 이 고개를 무학대사의 이름을 따서 무학재라고 불렀다.

영조 때는 이 고개를 추모현(追慕峴)이라고 불렀는데, 영조가 부왕 숙종의 능인 명릉(明陵)의 역사를 시작하고, 이 고개에 올라서서 명릉을 바라보며 숙종을 추모하였기 때문이다. 명릉은 경기도 고양시 덕양구 용두동의 서오릉 안에 자리 잡고 있다.

무악의 정상에는 조선시대의 봉화터가 두 군데 있다. 이곳의 봉화대는

[무악재, 안 동립 촬영]

평안도·황해도는 물론, 부산·회령까지 급보를 전하였다. 무악재는 조선시대에 의주와 통하는 주요 교통로였고, 지금도 서울 시내와 서대문 외곽을 연결하는 주요 고개이다.

이 고개의 왼편 산봉우리가 멀리서 보면 흡사 말안장 같기 때문에 안현(鞍峴) 혹은 길마재라고 불렀다. 고개의 양편에는 밤나무가 많았고 숲이 울창하였으므로 호랑이가 자주 출몰한 험악한 길이었다. 이 고개를 넘다가 호환(虎患)을 당하던 사람이 많았으므로 이에 조정은 고개 아래에 유인막(留人幕)이라 하는 막사를 설치하고, 그곳에 군사들을 주둔시켰으며, 유인막에 행인 10명이 모이면 군사들이 그들을 이끌고 고개를 넘도록 하였다. 그런데 어느 때부터는 군사들이 행인들을 상대로 호송료를 갈취하기 시작하면서 사람들은 "무악재 호랑이보다 유인막 호랑이가 더 무섭다"는 말을 할 정도로 원성이 자자하였다고 한다.

이 고개는 오랜 기간 동안 서울의 서쪽 경계로 여겨졌던 곳으로, 고려시대에 지금의 서울 일대에 설치되었던 행정구역인 양주목(楊州牧)과 남경의 서쪽 경계가 되었으며, 한양 천도 이후에는 한성부의 영역이 무악재를 넘어 녹번현(碌磻峴)까지 확장되었으나, 실질적으로는 여전히 서울의 서쪽 경계 노릇을 하였다.

예로부터 중국의 사신(使臣)들이 서울에 올 때나, 조선의 사신들이 중국에 갔다가 서울에 돌아올 때면, 무악재를 넘기 전에 지금의 서대문구 홍제동 자리에 있던 홍제원(弘濟院)이라는 역원(驛院)에서 하룻밤 머물며 예복을 갈아입고, 날이 밝으면 무악재를 넘어 서울로 들어갔다. 또한 무악재에는 조선 사신과 중국 사신들이 모두 사신으로서의 임무를 잘 완수할 수 있게 해 달라고 기도를 하는 사신당(使臣堂)이 있었다고 전해지며, 호환을 당하지 않고 무사히 고개를 넘을 수 있게 해 달라는 기도도 했다고 한다.

한양도성이 지어지면서 무악재 인근에는 서대문이 세워졌고, 무악재는 도성에서 서대문으로 나와 곧장 평양과 의주 방향으로 가는 간선도로인 의주로(義州路)의 시작점이 되었다. 서대문은 풍수지리적으로 터가 좋지 못하다 하여 때때로 폐쇄되기도 하였고, 자리도 여러 차례 바뀌었으나, 서대문이 폐쇄되어도 남동쪽으로 직진하면 숭례문 방향으로 통하였기 때문에 무악재는 언제나 의주로의 시작점 구실을 하였다. 태종대에는 옛 수도인 개성의 예에 따라 한양도성에 외성을 덧붙여 지을 구상을 하면서 이곳으로도 성곽이 지나갈 뻔하였으나, 시간이 지나면서 흐지부지 되었다.

지금은 남북으로 분단되면서 서울과 의주 간 도로보다는 서울과 부산 간 도로가 훨씬 중요해졌지만, 당시에 의주로는 중국으로 통하는 길이었으므로 경부간 도로보다는 중요도가 훨씬 높았다. 조선과 중국 양국의 외교 사절뿐만 아니라, 상인을 비롯한 각계각층의 사람들이 조선시대 내내 이 고갯길을 빈번히 넘나들었다. 무악재는 지금으로 따지면 경부고속도로에서 서울과 경기도 경계 부근에 있는 달래내고개에 비할 만큼 중요한 길목이었던 것이다.

지금은 도로를 짓는 과정에서 고개를 깎아 높이를 낮추고, 그 이후로도 여러 차례 확장되었지만, 예전에는 길의 폭이 좁고 경사가 가팔라 매우 험한 고개였다. 1488년(성종 19)에 명나라 사신인 동월(董越)이 조선에 다녀가면서 지은 『조선부(朝鮮賦)』에는 무악재를 "천 길의 험한 산세를 이루었으니 어찌 천 명 군사만을 이기겠는가. 서쪽으로 하나의 관문길을 바라보니 겨우 말 한 필만 지날 수 있겠다"고 묘사하고 있다. 또한 그 구절에 단 주석에는 "홍제동에서 동쪽으로 가다가 5리도 못 되어 하늘이 관문 하나가 북으로 삼각산을 잇대고 남으로 남산과 연결되어 그 한가운데로 말 한 필만 통할 만하여 험준하기가 더할 수 없다"고 하여 그 당시 무악재의 험준함을 글로나마 어렴풋이 짐작할 수 있다.

이 고개는 신라시대 무렵부터 모래재, 혹은 사현(沙峴)이라고 불렀는데, 이 고개 근방에 신라시대에 세워진 절인 사현사(沙峴寺)가 있었다고 전해진다. 홍제천에 사토가 많이 날려서 사현(沙峴)이라고 불렀는데 지금은 모래내역만 그 이름을 간직하고 있다.

10. 적유현(狄蹂峴)과 미아리고개

 적유현(狄蹂峴)은 18세기 중엽에 그린 것으로 추측되는 「사산금표도(四山禁標圖)」에는 호유현(胡蹂峴)이라 씌어있고, 같은 시기에 겸재(謙齋) 정선(鄭敾)이 그린 「도성대지도(都城大地圖)」와 고산자 김정호가 그린 「수선전도(首善全圖)」에는 적유현(狄逾峴), 적유현(狄蹂峴)으로 기록되어있다. 이는 우리말 되너미고개를 한자음으로 고친 것이라 생각된다.
 그런데 되너미고개의 명칭 유래에는 여러 가지 설이 있다. 그 하나로 병자호란때 되놈(胡人)들이 이 고개를 넘어 침입해 왔다고 하여 고개이름이 유래되었다는 설과, 현 돈암동 방면에서 길음동, 미아동을 경유하여 의정부로 나가는 길목인 이 고개가 끝나면 고개가 없으므로 끝에 이른 고개, 마지막고개라는 뜻으로 되너미고개라고 하였다. 또 다른 설로는 돈암동 쪽에서 길음동 쪽으로 오를 때에는 경사가 몹시 심하기 때문에 힘이 많이 들어 온몸의 기운이 모두 빠지므로 다시 요기를 해야 된다는 뜻, 즉 밥을 되먹는 고개라는 말이 변하여 되너미고개라고 하였다 한다. 원래 성북구의 돈암동이란 동명은 되너미고개에서 기원한 것이다.
 미아리(彌阿里)라는 마을 명칭이 처음 등장하는 것은 1711년(숙종 37)에 이이명(李頤命)이 도성에서 북한산성(北漢山城)으로 통하는 길을 닦는 등의 문제에 대해 논의할 때 "한양에서 북한산성으로 가는 길은 세 갈래가 있습니다. 서쪽으로는 홍지원과 녹번현 사이에서 시작하여 북쪽으로 진관리 앞으로 나가 서문에 이르는데 그 길이가 30여 리가 넘습니다. 도로는 원래 작은 도로이고 지형이 조금만 관리하면 큰 도로가 될 수 있습니다. 동쪽으

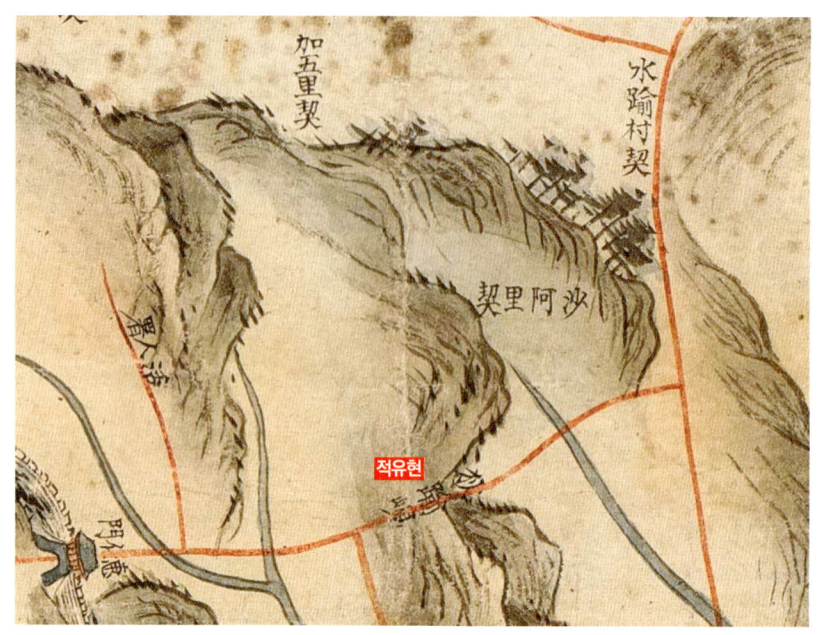

[적유현과 미아리고개, 서울대 규장각 한국학 연구원 소장]

로는 동대문에서 나가서 정릉앞길을 지나서 우이동·미아리·도성암(道成庵)을 거쳐서 20여리 이상 떨어진 북동문에 도달합니다."라는 상소문에 처음 등장한다.

 1734년(영조 10)에는 정릉의 금송지역을 설정하는 과정에서 미아리라는 지명이 거론 되었고, 1834년(순조 34)에는 시체 처리 문제로 미아리라는 명칭이 등장한다. 1885년(고종 22) 때에는 미아리계(彌阿里契)라는 행정 지명이 등장한다.

 미아리(彌阿里)라는 마을 명칭은 조선 숙종 때부터 사용해 온 지명임을 알 수 있다.

[적유현과 미아리 고개, 안 동립 촬영]

　18세기경 겸재 정선이 그린 「도성대지도」에는 적유현(狄踰峴) 북쪽 바로 아래에 사아리(沙阿里)라고 기록되어 있다. 즉 전에는 정릉동 지역을 사을한리(沙乙閑里)라고 칭하였으므로 사아리는 사을한리의 약칭이라고도 볼 수 있다.

　조선말 1865년(고종 2)에 편찬한 「육전조례(六典條例)」에 의하면 한성부(漢城府) 동부(東部)의 숭신방(崇信坊)에 미아리계(彌阿里契)라는 동명이 나타나 있다. 그 뒤 갑오개혁을 기해 정부는 서울의 행정구역을 세분해서 계(契)와 동(洞)을 종전보다 3배나 증설했으므로 이에 따라 이 동의 공식명칭은 동서(東署)의 숭신방(崇信坊)에 속하는 동소문외계(東小門外契)의 미아리(彌阿里)로 칭했다.

　1911년 일제는 서울의 행정구역을 5부(部) 8면제(面制)로 만들었으므

제4장 서울깍쟁이와 빈대떡　275

로, 이곳은 경기도 경성부(京城府) 숭신면(崇信面) 미아리(彌阿里)로 되었다.

1914년 경기도 고양군 미아리로 되었다가 1949년 서울의 행정구역 확장으로 성북구가 설치되면서 미아리는 서울시에 편입되었다.

골육상쟁(骨肉相爭)의 6.25 때에는 북괴군7개 보병사단 등이 11만 1,000여 명의 대군을 이끌고 남침한 그 주력부대인 1군단이 서울 침략을 위해 넘던 고개가 바로 비정(非情)의 미아리고개였다. 전쟁이 휴전(休戰)이란 이름으로 끝날 무렵, 한국의 애국자들과 각계각층의 지도급 인사 8만 5천여 명이 강제로 쇠사슬에 묶여 북괴에 납치되어 북으로 가며 혹은 떠나보내던 고개가 바로 미아리고개이다.

1973년 도봉구가 신설되면서 이에 속했다가 1995년 강북구가 분리 신설되어 이에 편입되었다.

조선말까지만 해도 이 동의 지형은 야산과 계곡 및 평지로 되어 있던 관계로 주로 호박밭, 배밭 등을 볼 수 있었다. 그러나 일제 강점 이후에는 삼양로 좌우편 야산과 미아제3, 4동 일대에는 한국인 전용공동묘지가 형성되기 시작하여 미아리 하면 서울사람들에게 공동묘지를 연상시켰다. 6.25동란이후 서울시에서는 공동묘지를 교외로 이장시킬 계획을 추진하여 미아리 일대의 공동묘지는 주택지가 되었다.

광복 후의 서울의 인구집중현상은 해외에서 귀국한 동포와 38선의 분단으로 북한 지역에서 월남한 사람들의 정착으로 심각한 주택난을 초래해 해방촌등이 형성되었다. 미아동 지역은 1959년 초부터 서울시가 국공유지나 사유지의 무허가 판자집 철거민이나 수재민, 화재민을 이주시켜 조건부로 가건축을 세우게 한 「무허가 판자집의 장소적 이주정책」의 첫

계획 대상지였다.

　미아동에는 모두 12개의 자연부락이 있었는데 그 중 큰말과 불당곡(佛堂谷)이 제일 컸다. 큰말은 미아제8동 성암여자중학교 부근 일대로서 일제 때까지 100여호가 있었으며 파평윤씨가 많이 살았다. 불당곡은 불당골의 한자음으로 전에 삼양동 지역인 미아 제7동 일대가 된다. 이곳에는 옛부터 미아사(彌阿寺)가 있었다.

11. 동묘(東廟)와 관우(關羽)

　동묘(東廟)는 동관왕묘(東關王廟)를 줄여서 부르는 명칭인데, 중국『삼국지연의』에 나오는 촉나라의 장수 관우(關羽)를 모신 사당으로 지금의 서울특별시 종로구 숭인동에 있다. 1963년 1월 21일에 대한민국의 보물 제142호로 지정되었다.

　관우는 중국에서는 의리 있는 장군으로 군인들이 숭배했으며 민간에서는 부(富)를 가져다주는 수호신으로 모셨다. 중국에 공자를 모시는 사당은 3,000개인데, 관우를 모시는 사당은 30만개로 그만큼 중국인들의 관우 숭배의 모습을 쉽게 찾아볼 수 있다.

　관우는 어떻게 중국에서 숭배의 대상에 오를 수 있었을까? 중국 송나라가 거란족의 위협을 받던 상황에서 한족의 자긍심과 전통을 대변한 사상이 주희로 대표되는 성리학이었다. 주희의『자치통감강목』은 성리학적 명분론을 바탕으로, 삼국시대를 재평가 하면서 유비가 건국한 촉나라가

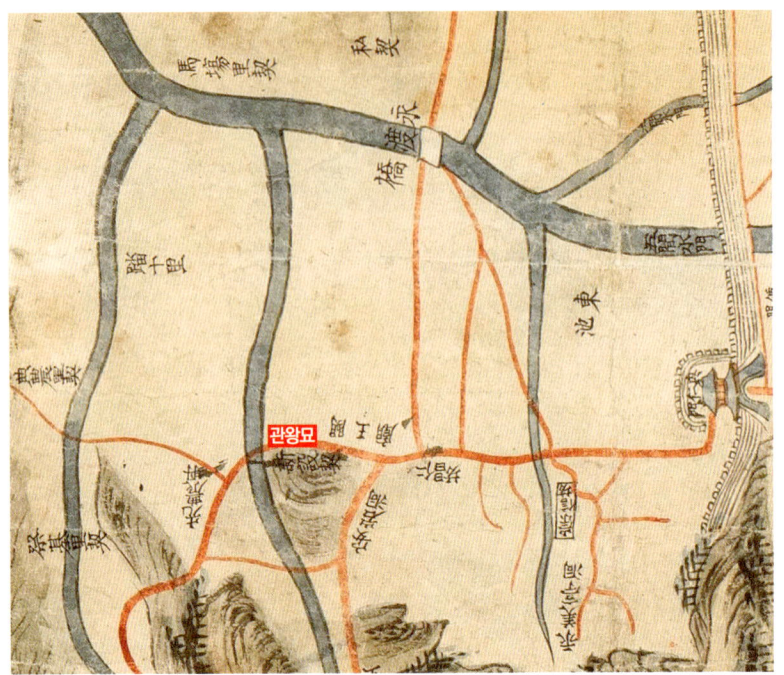

[관왕묘, 서울대 규장각 한국학 연구원 소장]

중국의 정통왕조이며, 위나라는 비정통이라 규정했다. 이것이 바로 촉한 정통론으로, 유비에게 충의를 다했던 관우는 더욱 높이 평가될 수밖에 없었다. 그리고 이것이 반영된 것이 바로 조선인들에게도 사랑받았던 나관중의 『삼국지연의』이다.

처음에는 한 명의 장수에 불과했던 관우의 지위가 송나라 때는 무안왕(武安王)에 봉해졌고, 명나라 때에는 관성제(關聖帝)로 점점 상승되어 청나라 때에는 관성대제(關聖大帝)라는 신으로 불리게 된 것이다.

우리나라에 관우 숭배 사상이 전해지고 관왕묘가 지어진 것은 임진왜

[동관왕묘, 안 동립 촬영]

란 때 명나라의 장수 이여송(李如松)이 평양전투에서 왜군과 싸워 이긴 후이다. 이여송은 왜군과 일진일퇴 치열한 공방전을 벌이고 있었다. 전투는 치열하게 밤까지 이어졌는데, 갑자기 하늘에서 관우가 이끄는 신병(神兵)들이 내려와 왜군을 물리쳤다. 이런 경험을 한 명나라 군사들은 관우의 사당, 즉 관왕묘를 지을 것을 조선 정부에 요청했다.

처음 관왕묘를 지은 것은 1598년(선조 31) 4월에 명나라 장수 진린(陳璘)이었다. 그는 자기가 머물렀던 남대문 부근의 집 뒤뜰에 있는 구가(舊家)에 관왕묘(關王廟)를 세우고 소상(塑像)을 설치하였다.

진린(陳璘)은 접반관(接伴官) 이흘(李忔)을 불러 이르기를 '내가 어제 양호(楊鎬)장군을 만나서 사당 건립 문제를 여쭈었더니 양호(楊鎬)가 좋다고 하면서 조언해주시기를 묘전(廟殿)이 너무 낮고 좁으니 전각을 새로 짓고 좌우에 장묘(長廟)를 세울 것이며, 앞뜰에는 중문(重門)을 세워 영원히 존속되도록 해야지 이렇게 초라하게 하여서는 안 된다고 하면서 이어 보시(報施)로 은(銀) 50냥을 내놓고 갔다는 것이다. '마귀(麻貴) 장군도 오늘 50냥을 보내왔고 형개(邢玠)장군도 그 정도로 보내올 것이다.'하고 또 말하기를 '다른 나머지 공역들이야 의당 우리 군사들을 시킬 것이나 목수(木手)·이장(泥匠) 등은 조선국의 솜씨 좋은 사람들을 불러 써야 할 것이다. 이 일은 우리를 위해 하는 것이 아니라 바로 조선국의 대사(大事)를 위하는 것이니 조선 왕이 알아서 사당을 잘 지어 주도록' 압력을 가해 왔다.

위와 같이 처음에는 관왕묘가 중국 장군들의 사재를 털어 지었지만 조선에서 사당을 잘 지어 달라고 압력을 가해왔다.

하지만 문제는 명나라가 요청한 관왕묘 건립이 한두 군데가 아니었다는 사실이다. 서울에만도 동서남북 네 곳에 관왕묘를 세웠고, 지방 곳곳에도 관왕묘 건립을 추진했다. 물론 이 비용과 인력은 고스란히 조선 정부, 그러니까 전쟁으로 고통 받던 조선의 백성들이 떠맡았고. 가뜩이나 명나라 군대는 임진왜란 와중에 엄청난 민폐를 끼쳐서 '왜군은 얼레빗, 명군은 참빗'이라는 비난을 받던 터였다. 하지만 어쩌랴, 오직 명나라만을 붙들고 있던 조선 정부는 관왕묘를 전국 곳곳에 세우라는 명나라의 요청을 받아들일 수밖에 없었다.

서울의 동관왕묘는 이렇게 지어진 서울의 동서남북 관왕묘 중에서 유일하게 남은 곳이다. 동관왕묘는 지방군을 동원하여 3년 만에 완성하였다. 제법 커다란 규모로 동묘의 돌담길을 걷다가 왼쪽으로 방향을 틀면 정문인 외삼문이 나타난다. 전형적인 솟을대문에 좌우로 쪽문까지 갖췄다. 담이 없이 덜렁 문만 있는 내삼문 좌우로 아름드리 배롱나무가 눈길을 끈다. 내삼문 뒤로는 긴 수염 휘날리는 관우상을 모신 정전이 보인다. 동묘의 정전은 팔작지붕에 잡상을 세운 것이 언뜻 전형적인 조선 건물로 보이지만, 좌우 외벽을 벽돌로 마무리하고 바깥에 기둥을 세운 것은 중국식이다. 조선과 중국의 퓨전스타일이다.

정전 안에는 온통 금빛으로 번들거리는 관우 장군이 눈을 부라리고 있다. 황금색으로 빛나는 관우는 무신이자 재물의 신이기도 하다. 아니 조조가 하사한 금은보화에 손 하나 대지 않던 대쪽 무사 관우가 재물의 신이라니, 좀 이상하지 않은가? 여기에는 그럴 듯한 설명이 있다. 평생 믿음을 지켰던 관우는 신뢰의 화신이고, 이러한 신뢰야말로 장사로 돈을 버는 데 가장 중요한 덕목이기 때문이란다.

관우상 옆으로는 관우의 상징인 일월오봉도가 보인다. 과연 '관왕'이라는 이름값을 하는 듯하다.

벽은 돌과 진흙으로 구성되어 있고 약 3,000평으로 되어 있다. 동관왕묘의 중심건물은 두 개의 건물이 앞뒤로 붙어 있는데, 앞은 제례를 위한 전실이고 뒤는 관우와 부하장군들의 조각상을 둔 본실이다. 전실과 본실을 감싼 벽돌의 바깥에는 다시 기둥을 두어 처마를 받치고 있다. 관왕묘는 서울의 동서남북에 모두 지어졌는데 그 중 동관왕묘가 제일 규모가 크고 화려하다.

동묘가 동관왕묘이고 관우를 모신 사당이라는 사실을 아는 시민들이 얼마나 있을까?

12. 상정승골과 상동교회

상정승골은 현재 서울특별시 중구(中區) 남창동(南倉洞)·북창동(北倉洞)·남대문로(南大門路) 3가·태평로(太平路) 2가에 걸쳐 있던 마을로 상진(尙震) 영의정이 살던 집이 있어 상동(尙洞) 또는 상정승골이라 하였다.

조선시대 임금의 행차가 이곳을 지날 때에는 가마꾼들이 동명(洞名)을 불러 고하면 임금이 반드시 수레 위에서 허리를 굽혀 예의를 갖추었다. 그 동리가 상정승동(尙政丞洞)이었다.

상진(尙震)이 1519년(중종 14)에 문과에 급제하여 사관(史官)이 되어 근무하다가 고향에 내려갔을 때 다음과 같은 일화가 있다. 상진(尙震)은 아버지가 소 두 마리로 밭에 쟁기질하는 것을 보고, "어느 쪽 소가 더 낫습니까?"하고 물었다. 이때 아버지는 아무 대답을 않더니 은밀히, "짐승의 마음도 사람의 마음과 같은 것이라, 실인즉 나이 어린놈이 낫다."고 말하자 상진은, "아버님께서는 명예 같은 것을 탐내지 않으시는 은군자(隱君子) 십니다."라며 경솔히 물었던 것을 사과드리고 그 후로는 삼가 그 가르침을 마음속 깊이 간직하여 남에게 거리끼는 말을 하지 않았다고 한다.

어느 날 임금께서 대궐 뒤 어원(御苑)에 납시어 모든 신하들이 받들어 모신 자리에서 술을 내리셨다. 공은 평소에 술을 못 마셨는데 하사하신 술을 마시고 길가에 쓰러져 있었다. 임금께서 공이 술에 취하여 길가에 쓰러져 있음을 알고 하교(下敎)하시기를,

"대신이 길가에 쓰러져 있으니 미안스러워 어찌 지나겠는가? 장막으로 가리게 하여라."

하여 장막을 둘러 보살피게 한 다음 덩(輦)이 지나갔다.

이때 상진의 나이 71세였다. 이 일을 계기로 관직을 내어 놓고 물러났다. 이 해에 상진이 세상을 떠나자 임금께서는 '도 노덕대신(悼 老德大臣)'이란 제목의 조시(弔詩)를 지어 조상(弔喪)하게 하였다. 이러한 상진의 청렴과 관용은 황희(黃喜)정승 다음으로 쳤으며 한국 이도(吏道)의 상징으로 승화(昇華)되기도 한다. 이렇게 어진 정승이 마을에 살았던 데서 상정승골 또는 상동이라 하였다.

상진의 본관은 목천(木川)으로 고려시대 한 때는 번성한 씨족이었으나 조선시대에 들어 상진 이전에는 과거 급제자가 한 명도 없을 정도의 한미한 향리 집안 출신으로 그는 일찍이 부모를 여의고, 고향인 충청도 부여를 떠나 한양의 명문가 출신 매부인 성몽정(成夢井)의 집에서 소년기를 보냈다.

상진은 24세에 사마시에 합격하고, 3년 후 별시에 합격하여 승문원, 예문관을 거쳐 29세에 예조좌랑에 발탁되었다. 여러 관직을 거친 후에 57세에 우의정에, 2년 후 좌의정에, 그리고 66세에 일인지하 만인지상(一人之下 萬人之上)의 자리인 영의정에 올라 그야말로 입지전적 출세를 하였다.

주요 업적으로는 소장 관료시절 지방 관리의 탐학을 제거하고 농촌진흥책을 제시하였고, 부민고소법을 실시하여 민원을 살피는데 각별하였다. 우의정 때 저화(楮貨)의 사용과 수협법의 실시를 주장하고, 영경연사 때는 청렴하고 문장이 뛰어난 이황을 천거하였으며, 좌의정 때는 서얼방금법의 개정을 주청하여 인재 등용의 문을 넓혔다. 그리고 영의정 재임시에는 임꺽정의 난을 평정하였으며, 좌의정 이준경과 더불어 사림을 등용하는데 힘썼다. 70세에 기로소에 들어가 공로가 많은 노 대신에게 주는 궤장(机杖)을 임금으로부터 하사받고 영중추부사라는 명예직을 끝으로 벼슬자리를 마감했다.

사람됨이 너그럽고 도량이 있었으며 침착하고 중후하여 남과 경쟁하지 않았다. 보는 사람들이 정승감으로 기대하였다. 어렸을 적에 멋대로 행동하면서 공부하지 않았으므로 일찍이 같은 재사(齋舍)의 생도에게 모욕을 당했었다. 이에 드디어 분발하여 독서하면서 과거 공부를 열심히 하여 사마시(司馬試)에 합격하였다.

기묘사화 때에는 선비들이 몸가짐을 조심하는 것으로 일을 삼았는데, 상진은 그것을 미워하였다. 이때 반궁(泮宮)에 유학하면서 짐짓 관(冠)을 쓰지 않고 다리도 뻗고 앉아서 조롱하고 업신여기었다. 과거에 급제하여 정광필(鄭光弼)을 찾아뵙고 나가니, 광필이 남에게 말하기를, "조정에 게으른 정승이 나왔다."하였다.

평생에 남의 잘못을 말하지 않았으며 주위에 은혜를 많이 베풀어 많은 사람들의 칭찬을 얻었다. 고시관(考試官)이 되어서는 반드시 나쁜 답안지를 취하여 따로 두었다가 점수 매기기가 끝나기를 기다려 내어 보이면서, "이와 같은 것도 취할 수가 있겠는가?"하였다. 고시관들이 모두 비웃으며 떨어뜨리려 하자 상진은 "이 사람도 복(福)이 있는데 어찌 꼭 억지로 물리치겠는가." 하였다. 이 때문에 상진으로 말미암아 합격한 사람이 매우 많았으므로 세상 사람들이 모두 그의 덕에 쏠리었다. 모든 의논에 있어서 옳고 그름을 따지지 않고 오직 남의 의견을 따랐으므로, 을사사화 기간에 그가 말한 것이 권력층과 합하는 것이 많았다.

윤원형의 심복이었던 진복창(陳復昌)이 한창 총애를 받아 권력을 휘두를 적에, 언젠가 술에 취하여 상진을 방문하고는 거만한 태도로 무례히 행동하였다. 농담으로, "상씨(尙氏) 어른! 노래하시오."하니, 상진은 본디 노래를 잘하지 못하였으나 흔연히 노래를 불러 그의 뜻을 기쁘게 해주었다. 돌아가고 나서는 탄식하면서 슬퍼하기를, "내가 이 사람에게 욕을 당하였다." 하였다.

이양(李樑)이 서법(書法)에 조금 뛰어났는데, 한창 권력을 휘두를 적에 상진이 병풍 글씨를 써주기를 구하여 궤장(几杖)을 하사(下賜)받는 잔치에 쳐 놓았다. 이양도 그 연회에 참석하였는데, 상진이 병풍을 가리키면서 이양에게, "하늘이 이 보물을 주어서 나의 노경(老境)을 즐겁게 해주었다." 하였다. 그가 남을 기쁘게 해주는 것이 대략 이러하였다.

임종(臨終) 무렵 자제(子弟)들에게 말하기를, "내가 죽거든 비(碑)는 세우지 말고 다만 단갈(短碣)을 세우되, 거기에 '공은 늦게 거문고를 배워 일찍이 감군은(感君恩) 한 곡조를 연주하였다.'고만 쓰면 족하다." 하였다.

임금의 아낌을 받으며 참으로 겸허하게 살아온 인고(忍苦)의 인생 역정을 압축한 표현인 듯 싶다.

상진은 한성판윤을 지냈을 뿐 아니라 관직 생활 대부분의 세월을 한양에서 보냈는데 지금 서울에 그를 기억할 만한 장소가 두 곳 있으니 강남의 상문고등학교와 강북의 상동교회다.

강남, 서초구 방배동 그의 묘소가 있는 터에 상씨 문중에서 상진의 음덕을 기리기 위해 상문고등학교를 설립했다. 많은 영재를 배출하여 명문학교로 발전하고 있는 이 학교의 교정에는 그의 신도비가 서울 지방문화재로 지정되어 있다. 우람한 이 비석에는 일생동안의 업적과 사상이 3,000

여자의 행장에 담겨 새겨져 있다.

 강북, 남대문과 한국은행의 중간쯤에 남대문시장으로 들어가는 언덕배기의 언저리에 상진의 집터가 있었다고 한다. 그래서 이 일대가 상정승골(尙政丞洞)이라 불렸다. 구한말에 개신교 계통 상동교회가 여기에 세워졌는데, 상가건물의 간판에 묻혀 교회라고 할 만한 분위기를 어디서도 찾을 수 없는 환경 속에서 오랜 역사를 품은 채 그 자리를 유지하고 있다.

 상동교회(尙洞敎會)는 1885년(고종 22)에 조선 입국한 스크랜턴은 정동교회 근처에 정동감리교병원을 세우고 가난한 환자들을 무료로 치료하다가, 의료사업을 확장하기로 하고 남대문 근처인 지금의 상동교회 자리를 구입하여 약국과 병원을 차려 의료선교와 복음선교를 겸함으로써 오늘의 상동교회가 시작되었다. 1893년(고종 30) 이 병원교회가 정식으로 구역회로 승격되어 스크랜턴이 담임목사로 임명되었고, 1895년(고종 32) 정동병원을 상동병원으로 통합하여 상동교회 자리는 전적으로 병원으로 사용하고, 교회는 지금의 한국은행 자리인 달성궁(達城宮)으로 옮겨 비로소 교회와 병원이 분리되었다.

 1900년 7월 상동병원이 세브란스병원과 통합되자, 그 자리에 현대식 교회건물을 신축, 1901년 6월에 준공을 보아 교회를 옮기고, 1902년부터 전도사 전덕기(全德基)가 맡아보게 되었다.

 1905년 을사조약이 체결되자 전덕기를 중심으로 한 조약무효투쟁이 전개되어, 김구(金九)·이준(李儁) 등의 독립투사들이 자주 드나들었고, 1907년 이 곳 지하실에서 헤이그특사사건의 모의가 이루어졌으며, 같은 해 이곳에서 신민회(新民會)가 조직되어 교육을 통한 독립운동이 전개되었다.

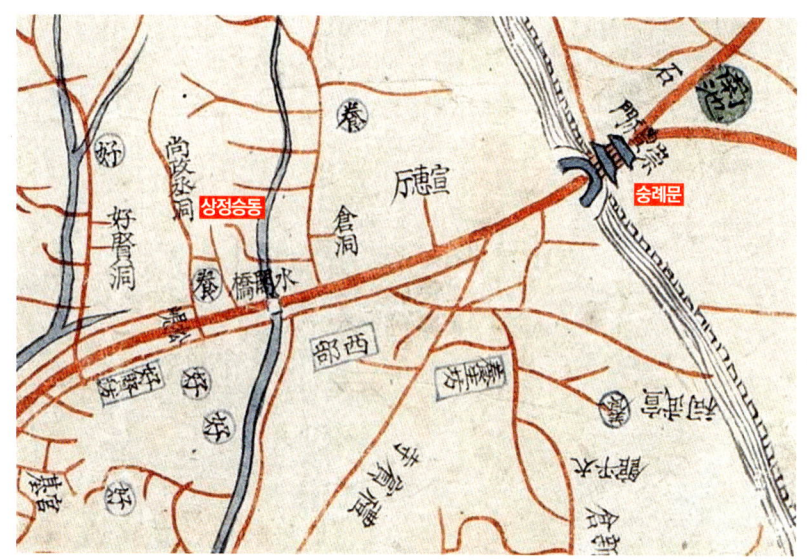

[상정승동, 서울대 규장각 한국학 연구원 소장]

중등교육기관으로 1906년 상동청년학원을 설립하여 청년들에게 민족의식과 역사의식을 고취시켜 독립정신을 함양하는 데 주력하였다.

상동청년학원은 상동 청년회가 세운 학교로서, 전덕기 목사를 필두로 김구, 이준, 이동녕, 이동휘, 노백린, 이회영, 남궁억, 신채호, 최남선, 이상재, 이상설, 양기탁, 주시경, 이필주, 이승훈, 안창호, 이승만 등 쟁쟁한 민족운동가들이 활동하였다.

전덕기 목사는 1904년 상동 청년학원을 통해 민족 독립운동에 헌신할 인재 양성과 기독교 정신에 입각한 민족정신 앙양을 목적으로 두고, 독립지사들을 강사·교사·특별강사로 초빙하여 차세대 청소년들에게 교수토록 했는데, 교사도 각 분야 전문가들이었습니다. 국문학자 주시경이 국어, 동경물리

[상동교회, 안 동립 촬영]

학교 출신의 류일선이 수학, 스크랜턴 목사의 모친 메리 스크랜턴이 영어, 헐버트와 이동녕이 세계사와 국사, 김진호가 한문을 맡아 가르쳤다.

특히 구한국 군대의 직업군인 출신인 이필주(훗날 3·1운동 민족대표 33인 중 한 명)는 체육을 가르쳤습니다. 여러 체육 종목을 지도함과 동시에 학생들에게 군복과 같은 유니폼을 입히고, 목총을 메고, 군가를 부르며 제식과 행군 등의 군사훈련도 실시했는데, 이러한 훈련 광경은 서울 시내의 유명한 구경거리였다. 대내외적으로 한국 청소년들의 기개와 기상을 선보이며, 일제에 대한 무언의 시위를 보이려는 목적도 있었다.

그러나 1914년 전덕기가 신민회 사건으로 순직하고 상동청년학원도

폐교되는 불운을 겪게 되었으며, 민족항일기 말기에 이르러서는 교회에 대한 탄압이 더욱 가혹해져, 1944년 3월 마침내 폐쇄되어 일제의 신사참배와 소위 황도정신(皇道精神)의 훈련장인 황도문화관으로 바뀌었다.

8·15광복을 맞아 재건되었으나 6·25전쟁으로 교회건물이 많이 파괴되었으므로, 1974년 10월 23대 박설봉 목사가 벽돌예배당을 헐어 현재의 12층 건물을 신축, 7층 이상을 교회로 사용하고 지하층과 지상 4층까지는 백화점으로 사용하여, 여기서 나오는 이윤을 전적으로 선교사업에 충당하고 있다.

13. 칠패시장과 이현시장

조선시대에 시장(市場)은 국가가 운영했다. 종로거리의 육의전(六矣廛)과 시전이 그것이다. 조선은 장사를 하려면 나라의 허락을 받도록 했다. 조선 시대엔 상인들이 관청의 허가를 받은 뒤에야 장사를 할 수 있었다. 이렇게 허가받은 상점들을 '시전(市廛)'이라고 했다. 시전 상인들은 나라가 필요로 하는 물품을 납품하거나 장사한 뒤 남은 수익의 일부를 세금으로 바쳤고, 자기 가게에서 취급하던 상품은 다른 가게에서는 취급하면 제재를 할 수 있는 금난전권(禁亂廛權)을 가지고 있었다.

하지만 임진왜란과 병자호란을 겪고 난 후에는 농촌이 피폐해져서 농민들이 도시로 몰려들게 된다. 토지에서 쫓겨난 농민들은 장사라도 해야 먹고 살았다. 관이 허가하는 상인 이외에 자생적인 시장이 생겨나는데 그

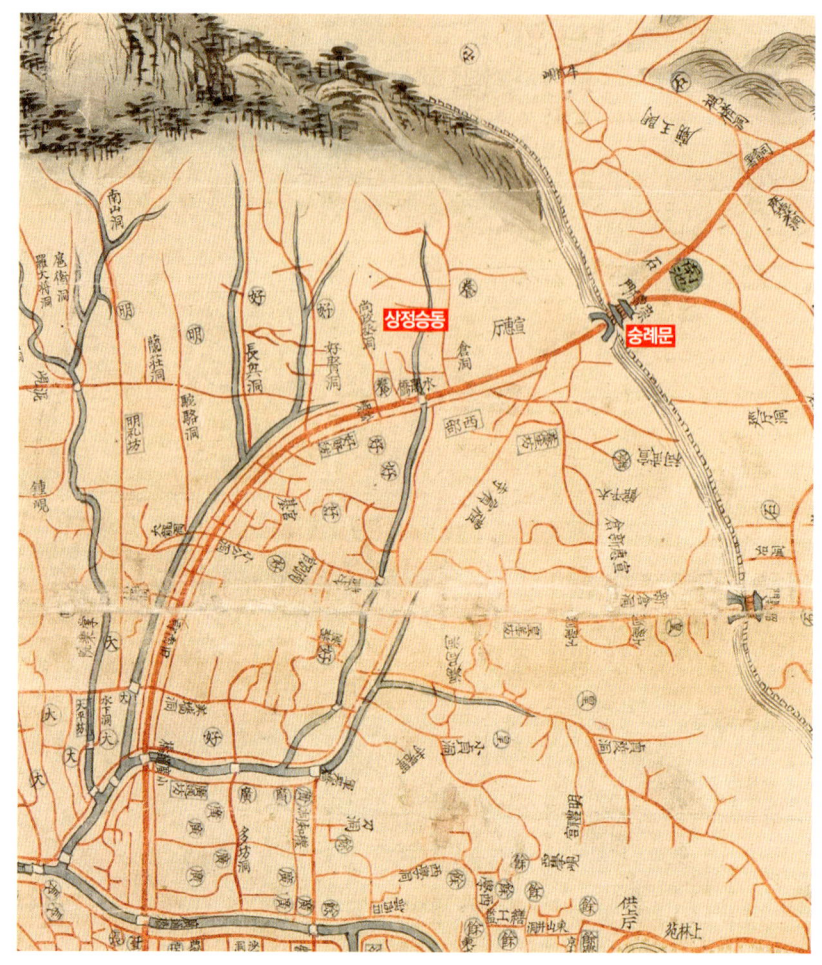

[상정승동 일대가 칠패 시장이다. 서울대 규장각 한국학 연구원 소장]

것이 칠패시장(七牌市場)과 이현시장(梨峴市場)이다.

   조선시대에는 한 무리를 지칭할 때 패(牌)라는 단위를 썼다. 지금은 1조, 2조 할 때 조(組)로 쓰고 패라는 말은 불량배나 깡패 등 부정적 이미지

[동대문시장, 안 동립 촬영]

[동대문시장, 안 동립 촬영]

로 사용하지만 이것은 일제 강점기를 거치며 바뀌어 진 말로 보면 된다.

한양도성은 훈련도감, 어영청, 금위영으로 나누어 지키게 했는데, 그

[남대문시장, 안 동립 촬영]

중에서 어영청은 1패에서 8패로 구분되어 있었고, 7패에 해당되는 구간에 있는 시장이라 하여 칠패시장이다.

　칠패시장에서 처음 노점을 차린 상인들은 대부분 농촌이 어려워지자 살길을 찾아 서울 등 도시로 몰려들어 자본도 별로 없이 근교에서 반입되고 있는 물품을 받아서 도성 내의 길거리에서 늘어놓고 팔았다. 그러나 이런 상업 행위는 난전(亂廛)이라고 하여 제재를 받자 남대문 밖의 칠패에 가게를 벌였다. 그 후 칠패까지 시전상인들의 규제가 미쳐오자 칠패상인들은 이를 피하고자 대체로 어물전의 중개인 구실을 했다.

　칠패시장은 18세기에 종로시전(鍾路市廛), 이현시장(梨峴市場)과 더불어 3대 시장을 형성했다.

　재미있는 사실은 칠패시장에서는 주로 어물을, 이현시장에서는 채소를 팔았다고 한다. 그것은 한강과 관계가 있다. 현재 위치와 지명으로 보면 광나루, 마포, 용산, 노량진, 양화진 등 5개 나루터가 있었는데, 그중에 마포나루가 가장 규모가 컸었다. 용산에서 넘어오는 강물과 서해에서 밀려오는 바닷물이 만나는 곳이 마포였다. 마포는 남한강에서 내려오는 뗏목의 집산지로서 제재소가 많았고 고기를 잡아 보관하는 옹기집이 많았다고 한다. 목재를 만지다보니 목에 먼지가 많이 끼었고 그 컬컬함을 없애기 위해 마포에 고기집이 성행했었다. 지금도 마포에는 오래된 유명 음식점들이 많다. 특히 서해에서 잡아오는 새우젓이 많이 올라왔다. 상인들은 강화에서 올라온 새우젓과 생선을 지게에 싣고 만리재고개를 넘어 칠패시장에서 팔았다. 새우젓장사는 아침에 해를 받으며 지게지고 올라오기 때문에 이마가 검게 탔다고 하고, 이현시장의 채소장사는 해를 등지고 오기 때문에 뒷목덜미가 새카맣게 탔다고 했다. 그래서 얼굴과 목덜미만 봐도 이 사람이 칠패시장의 새우젓장사인지, 이현시장의 채소장사인지 알았다고 한다.

칠패는 17세기에 성장하기 시작하여 18세기에 이르러서는 이현과 더불어 삼대시장으로 불릴 정도로 확대되어 갔다. 특히 칠패는 서소문 밖에 위치하였는데 외부에서 서울로 유입된 인구가 거주하기 시작하면서 큰 시장이 형성될 조건을 갖추게 되었다.

칠패시장에서는 쌀, 포목, 어물과 같은 품목이 거래되었는데 그 가운데서도 어물이 가장 많이 거래되었다. 본래 서울에 유통되는 어물은 선장과 객주를 거쳐 내어물전과 외어물전이라는 시전에 판매되는 경로를 따르고 있었다. 그런데 어물선장들에게 어물을 구입한 중간 상인들이 일부를 칠패나 이현의 어물 소매상과 행상에게 판매하기 시작한 결과 칠패에서 거래되는 어물의 양이 내어물전의 10배나 될 정도로 거래가 활발하였다. 행상들도 칠패에서 구입하는 어물의 가격이 어물전에서 구입하는 것보다 저렴하여 칠패를 더 선호했기 때문이었다.

이러한 환경을 바탕으로 칠패의 상인들은 막대한 부를 축적해 나갔고, 국초에 설계된 시전 중심의 상업 체계는 점차 흔들리게 되었다.

한편 1760년경에는 한양 동부의 어의동 근처에 또 다른 상가가 조성되었다. 영조는 어의동을 지칭하는 동촌(東村)에 민가를 많이 입주시키기 위하여 시전 설치를 허가하였다. 이때 조성된 상가가 바로 이현(梨峴), 즉 배오개 상가였다. 이처럼 18세기 후반에 이르면 한양 도성 안팎의 상가는 종로 시전 상가와 이현·칠패 상가를 합하여 3대시(三大市)로 형성되었다.

18세기 후반 한양의 3대시 중 하나였던 이현 시장은 동대문 시장으로 성장하였다. 현재의 종로 5가와 청계천 양쪽에 행랑을 짓고, 두 건물 사이에는 또 한 줄의 상가를 세웠으며, 건물 사방에는 동·서·남·북으로 문을 내었다.

주로 대낮에 거래가 이루어지는 종로의 시전 상가와 달리 이현과 칠패 시장은 새벽녘에 거래가 활발하였다. 이용자들도 서민이 많았다. 남대문 밖에서 번성한 칠패 시장은 어물 유통의 중심지였으며, 이현 시장은 동대문 밖 왕십리나 살곶이벌에서 상업적으로 재배된 채소들이 주로 거래되었다. 이현·칠패 시장은 어물과 채소 거래에서 종로 시전을 능가하는 시장으로 성장하였다.

이 시기 한양의 상가는 독립된 건물이나 가가(假家)와 같은 상점도 없이 노점이나 행상의 형태로 상품을 판매하는 경우도 많았다. 그 밖에 미전이나 어물전의 경우도 시전 상인에게 물건을 떼다가 동네를 돌아다니면서 주민들에게 판매하는 행상이나 길거리에 좌판을 벌여 판매하는 소매 상인들도 많았다.

14. 밤섬과 마포나루

서강대교로 2등분 된 밤섬(栗島)은 조선 초기부터 전의감에서 관리해 온 약전(藥田)으로 뽕나무를 심어 관리하였다. 1423년(세종 5) 전의감에서 올린 보고서에는 "경복궁(景福宮) 안의 뽕나무 3천 5백 90주(株)와 창덕궁(昌德宮) 안의 뽕나무 1천여 주와 밤섬(栗島)의 뽕나무 8천 2백 80주(株)로 누에 종자 2근 10냥을 먹일 수 있습니다."고 하였다. 밤섬에 8,280주(株)나 되는 뽕나무가 빽빽이 경작되고 있었다. 밤섬에는 예부터 뽕나무를 관리하면서 배를 만들고 수리하는 사람들이 많이 살았다고 한다.

마포나루에서 새우젓과 조기, 쌀 등을 부려놓은 지방 배들은 내려가기 전날 배를 수리하기 위해 밤섬에 배를 대고 주막에서 술을 먹으며 허기를 달랬다.

밤섬 하면 생각나는 인물이 있다. 실학자 서유구의 할아버지이자 북학파의 선구자로 일컬어지는 보만재(保晩齋) 서명응(徐命膺)이다. 서명응은 영조와 정조 두 임금 모두에게 큰 영향을 끼친 인물이다.

1761년(영조 37) 9월 24일, 영조는 사도세자가 비밀리에 관서 기행을 다녀왔다는 말을 듣고 세자의 빈객들을 모두 파직하라는 조처를 내린다. 이에 서명응과 윤급, 이정보, 서지수 등이 파직됐다. 그러나 서명응은 세자의 관서 기행을 영조에게 알렸다는 이유로 복권됐다. 하지만 죽은 사도세자나 그의 아들 정조에겐 여간 불쾌한 기록이 아닐 수 없다.

평양을 몰래 다녀온 아들을 영조는 이미 세자가 아니라 역적을 대하듯이 했고, 사도세자를 미워하던 정적들은 영조와 세자 사이를 갈라놓기 위해 갖가지 험한 말로 이간질했다. 결국 1762년(영조 38) 사도세자가 뒤주에 갇히어 죽자 서명응은 도성에 들어가지 않고 밤섬 근처 농암(籠巖)에서 세상과 담을 쌓고 살았다. 자신이 사도세자를 죽음으로 몬 실마리를 제공했다는 죄책감 때문이었다. 하지만 영조는 그런 그를 가만 놔두지 않았고, 4년 동안 집요하게 불렀으나 서명응의 고집도 완강해 결국 갑산(甲山)으로 유배를 가게 된다.

갑산은 조선시대 유배 가는 곳 중에서는 제일 먼 곳이다. 그 곳에 유배 가면 살아 돌아오기 힘들었다. 그래서 "산수갑산을 갈망정 나는 이 일을 꼭 해야겠다"고 고집부리는 일이 있다. 삼수갑산인데 발음상 산수갑산이라고 바뀐 것이다. 이곳으로 유배지가 정해지면 모두들 절망하게 된다.

그런데 서명응은 오히려 이 기회를 백두산을 등산할 절호의 기회라고 좋아했다. 그에게는 세 가지의 소원이 있었는데 그 중에 하나가 백두산 등정하는 일이었다. 마침 조엄(趙曮)도 갑산으로 유배되어 두 사람은 힘을 합쳐 백두산을 등산하였다. 서명응은 "유백두산기"를 썼는데 그 책에 보면 우리나라 사람으로는 처음으로 백두산 12봉우리의 이름을 지어 주었다.

백두산 산정에 오른 서명응은 천지 둘레와 봉우리의 숫자를 파악하는 한편 화원(畵員)에게 천지와 봉우리를 그리게 하고, 지남침으로 봉우리의 위치를 측정하게 했다. 십이간지에 맞춰 12봉우리의 이름을 명명하고 자세한 설명까지 덧붙였다.

이를 정리하면 북쪽 봉우리를 현명봉(玄冥峰), 북동쪽 봉우리를 오갈봉(烏碣峰), 동북쪽 봉우리를 대각봉(大角峰), 동쪽 봉우리를 청양봉(靑陽峰), 동남쪽 봉우리를 포덕봉(布德峰), 남동쪽봉우리를 예악봉(禮樂峰), 남쪽 봉우리를 주명봉(朱明峰), 남서쪽 봉우리를 황종봉(黃鐘峰), 서남쪽 봉우리를 실침봉(實沈峰), 서쪽 봉우리를 총장봉(總章峰), 서북쪽 봉우리를 신창봉(神倉峰), 북서쪽 봉우리를 일성봉(日星峰)이라고 하였다. 백두산 천지는 '태일택(太一澤)'이라고 이름 지으면서 가장 빼어난 봉우리를 황중봉(黃中峰)이라 했다.

서명응이 지은 봉우리 이름을 현대지도의 봉우리와 비교해 보면 황중봉은 최고봉인 장군봉이고, 현명봉은 지금의 천문봉(天文峰)이고, 오갈봉은 자하봉(紫霞峰), 대각봉은 자암봉(紫岩峰), 청양봉은 쌍무지개봉, 포덕봉은 망천후(望天吼), 예악봉은 해발봉, 주명봉은 제비봉, 황종봉은 와호봉(臥虎峰), 실침봉은 낙원봉(樂園峰), 총장봉은 청석봉(靑石峰), 신창봉은 백운봉(白雲峰), 일성봉은 녹명봉(鹿鳴峰)에 해당된다고 볼 수 있다. 역시 실학자다운 면모를 엿볼 수 있다.

서명응이 도성 생활에 염증을 내고 한강으로 물러나 살던 농암(籠巖)은 밤섬 근처에 있었다. 그 앞의 물가를 용주(蓉洲)라 하고 그 일대의 한강을 부용강(芙蓉江: 지금의 용산강)이라 새로운 이름을 붙였다. 서명응은 손자 서유구(徐有榘)와 같이 살았는데 밤섬의 아름다움 읊은 서유구의 한강팔경이 있는데

"강 한 가운데 느른하게 누워 섬이 된 것이 있는데 밤섬이라 한다.

온갖 소리가 고요하고 물결이 맑은데 이슬이 물을 덮고 있다.

물고기를 잡는 그물은 대부분 밤섬의 물가에 있다."

라고 밤섬의 아름다움을 묘사하였다.

철새도래지로 유명한 밤섬은 여의도와 마포 사이 서강대교 아래에 남아 있다. 원래 '작은 해금강'이라 불릴 정도로 아름다운 섬이었다.

1967년까지 62세대가 살면서 고기잡이 등에 종사했지만 1968년 여의도 개발 당시 한강의 흐름을 좋게 하려는 목적으로 폭파 해체한 뒤로 섬 대부분이 사라졌다. 이제 이곳의 고기잡이 그물은 상상으로 즐길 수밖에 없게 됐다.

1968년 2월 10일자「동아일보」사회면에 실린 기사를 소개하면 다음과 같다.

"한강 개발과 여의도 건설의 일환으로 하구를 넓혀 한강 물이 잘 흐르도록 총 1만 7,393평의 밤섬을 폭파하기로 하였다. 이곳에는 부군당을 모시는 사당을 만들어 17대를 살아온 62가구 443명이 살고 있는데 대부분 어업과 농업에 종사하고 있다.

밤섬은 주로 돌산으로 되어 있는데 서울특별시는 이 섬을 폭파하고 여의도 축석에 필요한 잡석 11만 4000㎥를 캐낼 방침이다. 서울특별시는 거주민에게 토지와 건물 보상비를 지급, 마포구 창전동 와우산 청평 대지에 연립주택을 건설하여 5가구씩 살게 할 방침이다.

서울시는 이 밤섬을 강물 높이인 표고 4m까지 깎아 내려 5월말에는

[밤섬, 마포 나루의 상징물, 안 동립 촬영]

완전히 없애고, 하루 680명씩 연 7만명의 인부와 중장비 3,273대를 투입, 147,500㎥의 토양과 석재 114,000㎥를 걷어낸다. 이곳엔 국유지 52필지 6,100평과 사유지 82필지 11,286평이 있다.

행정구역상 서울 마포구 서강동 15통으로 되어 있는 밤섬은 500년 전 조선왕조의 서울 천도와 함께 배 만드는 기술자들이 처음 정착했다고 전한다. 수도 서울 시내에 위치해 있으면서도 지금껏 한강물을 그냥 식수로 마시며, 거의 원시공동사회체제 속에서 살아온 이 섬엔 馬(마), 判(판), 印(인), 石(석), 宜(의)씨 등 희성이 많은 게 가장 뚜렷한 특색의 하나이다.

현재 이 섬 주민들은 주로 어업과 도선업(渡船業)에 종사하고 있으며, 남녀 합쳐서 국, 중, 고학생이 114명. 이 섬엔 부군님 삼불제석님, 군웅님의 삼신을 모신 사당이 있어 이에 대한 주민들의 신봉심이 아주 강하며, 6.25전쟁 때는 북괴군이 섬에 들어와 이 사당의 화상을 찢는 등 행패를 부리다 죽음을 당했다는 얘기도 있다."

폭파 이후 밤섬의 암반층에 지속적으로 퇴적물이 쌓이기 시작하면서 밤섬은 모래섬으로 탈바꿈했다. 처음에는 한강 수위가 낮을 때만 모습을 드러내는 모래톱이었지만, 폭파 직후부터 점점 섬이 커지더니 불과 수십 년만에 원래의 모습을 회복했고 이제는 폭파 전보다도 더 큰 섬이 되었다. 밤섬은 지금도 계속해서 더 커지고 있다. 1966년 처음 측량했을 때 4만여 제곱미터였던 게 2023년 현재는 무려 열 배로 불어난 40만여 제곱미터에 달한다.

사람이 없어진 곳에 물가에서 잘 자라는 버드나무와 억새 같은 식물들이 번성했는데, 이에 철새들이 계절마다 들르는 대도시 한가운데의 습지가 되었다. 1986년 한강관리사업소가 발족되면서 일반인의 출입이 통제되었고, 1988년에는 철새도래지로 인정받아 여러 가지 식물을 심는 사업이 진행되었다. 1999년 8월 10일, 서울시는 밤섬을 생태경관보전지역으로 지정하여 관리하기 시작하였다. 2012년, 밤섬은 물새 서식지로서의 중요성을 가진 습지를 보호하는 람사르 협약에 따른 습지로 지정되었다.

오늘날에도 밤섬에는 서식하는 생물들의 생태를 보전하기 위해 허가받지 않은 출입이 금지되고, 밤섬을 지나는 서강대교는 야간에 조명을 제한한다. 서강대교에서 밤섬으로 내려갈 수 있는 길은 없으며, 따라서 밤섬을 구경하고 싶어도 들어갈 수 있는 통로가 없어 한강을 헤엄쳐서 가지 않는 이상 불가능하다. 학자들이 연구를 위해 특별 허가를 받고 들어가는 경우에도 배를 타고 가야 한다. 오늘날 밤섬의 아름다움을 한눈에 볼 수 있는 곳이 생겼는데 그 곳은 2022년 겨울에 개관한 나루 호텔이다. 호텔이름을 나루호텔로 한 것은 마포나루에서 따 온 것이다.

　밤섬에 서식하는 조류(鳥類)는 2007년 28종에서 2010년 33종으로 급격하게 늘어나고 있으며, 어류(魚類) 역시 2007년 37종에서 2010년 39종이 보고되는 등 생태자원의 보고가 되었다. 큰기러기를 포함한 582종의 생물이 서식하며, 이 가운데는 7종 이상의 멸종위기종 생물도 포함되어 있다.

15. 새롭게 밝혀진 김정호의 생애

　고산자 김정호를 모르는 사람은 드물다. 그러나 고산자의 출생지·거주지·생몰년대 등을 정확히 아는 사람도 드물다. 더구나 고산자의 옥사설은 어떻게 시작되었으며 『대동여지도』는 어떻게 제작되었고 『대동지지』는 또 어떻게 쓰여 졌는지는 더욱 모른다.

　『대동여지도』라는 한국 지리학사상 불멸의 업적을 남긴 고산자에 대해서 왜 그렇게 의문사항이 많을까? 이것은 그의 빛나는 업적에 비하여 그에 관한 기록은 거의 없는 상태이기 때문이다. 그러므로 추측과 억측이 계속될 수밖에 없었다.

　지금까지 선학들이 연구한 고산자에 관한 사항을 참고하면서 고산자에 관한 사항들을 하나하나 정리해 보려고 한다.

[고산의 위치, 185m의 낮은 야산임]

1) 고산자의 출생지

고산자의 출생지가 황해도라는데 이의를 제기한 연구자는 없다. 황해도 봉산설이 유력하였다. 그러나 필자는 황해도 황주일거라고 추리한다. 왜냐하면 김정호의 호가 고산자(古山子)인데 스스로 자기 호를 정하였다. 이러한 경우 호는 자기 출신지의 산천이나 중요한 지형 등을 참고하여 정한다. 황해북도 황주군 인포리의 북쪽에 해당하고 평양시 강남군 고천리와의 경계에 있는 해발 185m의 산이 고산(古山)이다.

그리고 호에 자(子)를 붙이는 것은 조금 드문 경우다. 자(子)는 공자(孔子)와 노자(老子)의 칭호처럼 어느 부문의 전문가에게 붙여주는 존칭의 의미가 있다. 그래서 대체적으로 자(子)를 호칭으로 쓰지 않았다. 『동국대지도』를 편찬한 정상기의 호가 농포자(農圃子)이다. 김정호는 정상기를 존경

[약현에 있는 기념비, 안 동립 촬영]

하기 때문에 자기의 호에도 자기의 출신지에 자(子)를 붙여 고산자(古山子)라고 했을 가능성이 크다. 김정호는 지도 제작 부문에는 누구에게도 뒤지지 않는다는 자부감이 자(子)를 호로 사용했을 것이다. 그러므로 김정호는 황해도의 황주 고산(古山) 출신일 가능성이 있다.

2) 고산자의 생몰연대(生歿年代)

고산자의 생몰연대를 정확히 알 수 없기 때문에 이병도는 김정호가 순조·헌종·철종·고종까지 4대에 걸쳐 생존했다고 하였다. 고산자는 순조 34(1834)년에 청구도를 제작했으며 고종 원년(1864)에는 『대동여지도』를 재간하고 『대동지지』를 썼기 때문에 이러한 단정은 사실에 부합된다. 그러나 이 정도는 미흡하다.

고산자의 생몰연대를 정확히 1804~1866이라고 지적한 연구자는 김양선이다. 그러나 김양선은 고산자가 어떻게 생활했기 때문에 이렇다는 근거를 제시하지 않아 신빙성에 문제가 있다.

필자는 『대동지지』의 내용을 면밀히 검토한 결과 충청도 홍주목(洪州牧)의 「도서」(島嶼)항에서 원산도(元山島)를 설명하면서 당저(當宁) 계축년(1863)에 별장을 설치한 기록이 있다. 여기서 당저(當宁) 임금은 철종을 말한다. 그리고 고종 원년인 갑자년(1864)에 『대동여지도』를 재간했으므로 김정호는 이때까지 살았음을 알 수 있다.

『대동지지』 내용을 좀 더 검토해보면 고산자가 고종 3년(1866)까지 생존했음을 알 수 있다. 『대동지지』권 1 국조기년 고종조에는 고종의 왕비가 민비(閔妃)로 기록되어 있다.

다른 왕들은 세자로 책봉된 후 세자빈을 맞아 들였다가 함께 왕과 왕비로 즉위하지만 고종은 세자시절이 없이 바로 즉위하였기 때문에 왕비가 없었다. 고종은 즉위하고 철종의 국상(國喪)을 마친 3년 후인 고종 3년(1866) 3월에 민비를 왕비로 맞아들인다. 이 사실이 『대동지지』에 실려 있다. 그러므로 김정호는 고종 3년(1866) 3월 이후까지 생존했다는 사실이 증명된다.

그런데 『대동지지』 경기도 삭녕군의 연혁조의 세주를 보면 "당저(當宁) 5년에 정기덕(鄭基德)이 역모로 주살되어 현으로 강등되었다."라는 기록이 있다. 여기서 당저(當宁)는 고종을 가리키며 고종5년은 1868년으로 적어도 김정호는 고종5년(1868)까지 생존하였고 그 때까지 『대동지지』를 편찬하였음을 알 수 있다.

친우였던 최한기가 1803년에 태어났으므로 김정호도 1803년에 태어났을 것이다. 고산자의 출생 시기는 지금 밝힐 근거가 없지만 사망 시기는 『대동지지』에 의거하여 고종 5년(1868)임을 알 수 있다.

3) 고산자의 거주지

김정호가 황해도 황주에서 언제 서울로 상경했는지는 알 수 없다. 고산자는 서울에 상경하여 남대문 밖 만리재에 살았다고 한다. 고산자의 거주지에 대해서는 정인보의 지적이 생생하다. 그는 고산자와 생전에 면식이 있었던 한세진의 아버지 증언을 근거로 고산자가 만리재에 살았다고 하였다.

그러나 정인보 보다 앞서 1925년 「동아일보」에 게재된 내용을 보면 조선광문회에서 고산자의 유업을 기리기 위해 그의 유허가 있는 남대문 밖 약현에 기념비를 세우려고 추진했던 사실을 전하고 있다. 이로 본다면 고산자는 약현 부근에 살았다고 생각된다. 약현, 만리재, 공덕리는 서로가 지척의 거리이다. 조선광문회에서 기념비를 세우려고 추진한 점으로 미루어 상당한 고증이 있었으리라고 사료되며 고산자는 약현 부근에 거주했다고 생각된다.

4) 고산자의 당호(堂號)문제

김정호는 고산자(古山子)라고 자호하였다. 그리고 가정형편이 빈한했고 신분도 미천했다. 그러므로 그가 당호를 갖는다는 것은 쉽지 않았을 것이다. 『대동지지』에 그가 인용한 65종의 역사서 대부분은 최한기나 최성환에게 빌려본 것이지 그가 소장했던 사서(史書)가 아닐 것이다. 이규경도 최한기가 많은 장서(藏書)를 갖고 있다고 지적하였다. 당시 책값이 무척 비쌌기 때문에 웬만한 사람은 좀처럼 장서를 가질 수 없었다.

그러므로 『지구도』중간자가 태연재(泰然齋)라고 표기된 것은 고산자의 당호가 아니라 최한기의 당호이다. 앞에서 여러 번 지적한대로 오주(五洲)의 「지구도변증설」을 자세히 살펴보면 『지구도』의 중간자는 최한기이므로 태연재는 고산자의 당호가 아니다.

5) 고산자의 전국답사설

고산자가 『대동여지도』를 만들기 위하여 백두산을 7회나 등정했다는 사실을 믿는 연구자는 없다. 그러나 과거에는 고산자의 위대성을 드높이기 위하여 무비판적으로 이를 수용하였다. 이는 조금만 침착하게 생각해 보면 누구나 수긍할 수 없는 불가능한 일이다. 교통관계, 경제력, 체력, 맹수들, 어느 것 하나 가능성을 제시해 주지 못하고 불가능하다는 사실만을 굳혀 주는 것이다. 지도를 그리기 위해서는 마을의 가까운 뒷산에 올라가 조망하는 것은 도움이 되겠지만 백두산 같이 높은 산에 올라가면 산만 보일 뿐이므로 지도를 제작하는 데는 아무런 도움이 안 된다.

그리고 고산자가 정밀한 지도를 만들기 위하여 전국을 두루 답사하였다는 사실을 부정하는 연구자는 한 사람도 없다. 그렇지만 필자는 이 사실도 믿을 수가 없다. 다음 사료들을 면밀히 검토해 보자.

가) 특히 여지학(輿地學)에 빠져 있었다. 해박하게 고찰하고 널리 자료를 수집하여… (유재건의 이향견문록).

나) 친우 김정호는 소년시절부터 깊이 지도와 지리지에 뜻을 두고 오랫동안 자료를 찾아서 지도 만드는 모든 방법의 장단을 자세히 살피며 매양 한가할 때에 연구 토론하여 간편한 비람식(比覽式)을 구해 얻어 줄을 그어 그렸으나... (최한기의 청구도 제)

다) 나는 일찍이 우리나라 지도에 깊은 관심을 갖고 있었으며 비변사나 규장각에 소장되어 있는 지도나 고가(古家)에 좀 먹다 남은 지도 등을 광범위하게 수집하여 여러 지도를 서로 대조하고 여러 지리지 등을 참고하여 하나의 완벽한 지도를 만들려고 시도하였다. 나는 이 작업을 김군 백원(百源)에게 위촉하여 완성하였다. 손가락으로 가리키고 입으로 전하기를 수 십 년 걸려서 비로소 한 부를 완성하였는데 23규(糾)이다.『신헌의 대동방여도 서문』

사료 가)는 유재건이, 사료 나)는 최한기가, 사료 다)는 신헌이 쓴 기록들이다. 이 세 사람은 고산자와는 같은 시기에 활약한 인물들이다. 그러나 누구 한 사람 고산자가 전국을 두루 답사하였다고 지적한 사람은 없다. 세 사람 모두 오로지 기존의 지도들을 두루 모아 좋은 점을 따서 집대성시켰다고 지적하고 있다.

이와 같이 고산자는 "해박하게 고찰하고 널리 자료를 수집하여"(博攷廣蒐)했거나, "오랫동안 자료를 찾았으며"(歲久搜閱), "광범위하게 수집하여 여러 지도를 서로 대조하여서"(廣蒐而證定),『청구도』나『대동여지도』를 만들었지 전국을 두루 답사한 것이 아니다. 이는 방동인의 지적처럼 당빌은 프랑스를 한 발자국 나가지 않았지만 당시로서는 가장 정확한 세계지도

[대동여지도 수정 목판, 국립중앙박물관 소장]   [대동여지도 목판, 국립중앙박물관 소장]

를 만들 수 있었다는 사실이 이를 뒷받침 해 준다.

6) 고산자 옥사설(獄死說)

고산자 옥사설은 상당히 광범위하게 퍼져 있었다. 이 옥사설을 강력히 부인한 이병도는 여러 가지 정황을 들었다. 즉 고산자가 만든 지도나 지리지 어느 것 하나 몰수당하거나 압수당한 일이 없다고 하였다.

필자도 옥사설을 밝혀 보려고『고종실록』·『승정원일기』·『추국안』등을 면밀히 검토해 보았지만, 어떠한 흔적도 발견할 수 없었다. 그러므로 고산자의 옥사설은 믿기 어렵다.

첫째, 고산자가 만든 지도나 편찬한 지리지가 하나도 손상당하지 않고 고스란히 현재까지 보존되고 있다.

[김정호 동상, 수원 국립지리원 소재]

둘째, 국가 기밀을 누설할 가능성이 있으므로『대동여지도』의 판목을 압수하여 소각했다고 했는데 현재에도『대동여지도』판목 2매가 숭실대 박물관에 보존되어 있으며, 1931년의 경성대『고도서전관목록』에 의하면 판목 2매가 당시 전시되었으며 출품을 꺼리는 일본인이 수 십 매를 소장하고 있다고 하였다. 김양선도『대동여지도』판목을 소유하고 있었으며, 최성환 후손들의 증언에도『대동여지도』판목들이 남아있었다고 하였다. 이러한 사실들로 유추해 볼 때 『대동여지도』 판목은 압수당하지 않았었다.

필자의 조사에 의하면 국립중앙박물관 목록에 의하면 조선총독부로부터 인계받은 목록 중에는 『대동여지도』 판목 1조(組)가 있다고 기록되어 있다. 1조(組)는 판목이 한 두 매가 아니라 여러 매라는 뜻이다. 이 판목은 최남선의 아들인 최한웅에게 구매한 것으로 기록되었는데 최한웅의 나이가 당시 7세였으므로 최남선이 박물관에 판매하였을 것이다.

그런데 이 판목은 6.25때 망실된 유물 목록에 포함되어 있다. 다른 유물과 함께 『대동여지도』 판목도 망실된 것으로 기록되어 있다. 그러나 필자가 전국의 고지도 목록을 전부 조사하는 과정에서 국립중앙박물관 고지도도 조사했는데 그 과정에서 한 학예관이 수장고에 알 수 없는 판목이 있는데 조사해 달라는 의뢰가 있었다. 수장고에서 꺼내 온 판목은 『대동여지도』 판목이 틀림없었다.

『대동여지도』 목판은 처음에는 126매가 있을 것으로 추정했는데 이 판목을 살펴보니까 앞 뒤로 판각한 사실을 알았다. 그러므로 63매가 있으면 되는데 어느 지역은 서너 지역을 한판에 판각한 목판도 있는 것으로 미루어 「대동여지도」의 총 목판은 60 여 매 정도였을 것이다.

현재 국립중앙박물관에 11매가 있고 숭실대에 2매가 소장되어 있다. 이와 같이 『대동여지도』 목판은 압수되거나 소각 당하지 않았음을 알 수 있다.

셋째, 유재건이 『이향견문록』에 죄인을 수록하지는 못했을 것이며 유재건은 김정호가 몰(沒)했다고 표현하고 있다. 만약 고산자가 옥사했다면 물고(物故) 당했다고 표기해야 옳을 것이다.

넷째, 고산자와 교유하였던 최한기나 재정적 후원자였던 최성환·신헌 등이 연루되어 어떠한 처벌이라도 받았어야 했을 것인데 그러한 기록이나 흔적을 찾을 수 없다.

이러한 이유들은 기초로 한다면 고산자의 옥사설은 일제(日帝)가 그들의 식민통치를 위하여 조작한 사실인 듯하다.

7) 고산자의 신분

고산자의 신분을 알 수 있는 기록이 전혀 없다. 그러므로 고산자의 신분도 정확히 알 수 없다. 다만 다음 몇 가지 사실로 유추해 볼 수밖에 없다.

첫째, 『이향견문록』에 수록된 인물들의 신분을 통해서 고산자의 신분을 짐작할 수 있다. 유재건은 「이향견문록의례」에서 "시골 마을에서 좋은 일을 해서 칭찬 받는 사람"(里仁鄕善之可稱者) 중 '떠돌아다니다가 전해지지 않는(漂沒無傳)' 사람들을 한탄하고 아깝게 여겨 이 책을 편찬하여 그들의 행적을 기리겠다고 하였다. 이와 같이 이 책에는 전기가 전해지지 않는 하층계급 출신으로 각 방면에 뛰어난 인물들의 행적을 모았다. 그러므로 고산자도 하층계급 출신임을 알 수 있다.

둘째, 신헌의 『대동방여도』 서문을 통해서 고산자의 신분을 생각할 수 있다. 그 서문 중에서 "저 김군 백원에게 위촉하여 완성하였다.(諸金君百源屬以成之)"라고 하였다. 신헌은 순조 11년(1811)에 태어났고 김정호는 순조 3년경에 태어났기 때문에 연령적으로는 김정호가 연상이다. 그런데도 이 글에서는 김정호를 김 군이라고 부르고 있다. 이로 미루어 본다면 김정호는 신헌보다 신분이 훨씬 못 미침을 알 수 있다. 즉 연하자가 연상자에게 김 군이라고 할 수 있는 것은 신분적 우위에 있기 때문에 가능하다. 또 같

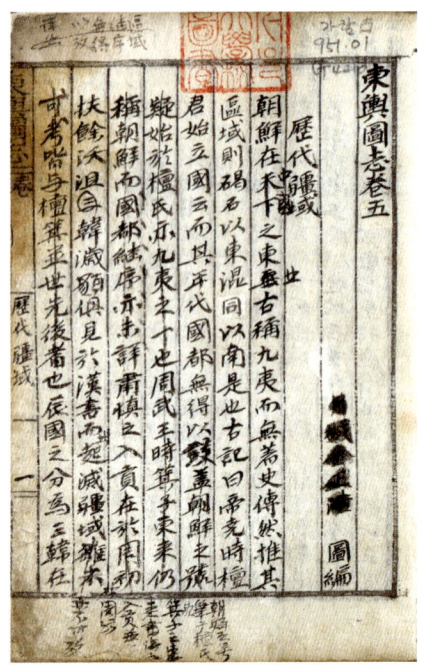

[동여도지, 월성 김정호를 지운 흔적, 서울대 규장각 한국학 연구원 소장]

은 양반 출신이면 김 공이라고 표기했을 것이다. 또 성명을 적지 않고 성과 자만을 적은 것도 신분적 차이가 있기 때문이다. 자도 백원(伯元)이 아니라 백원(百源)으로 잘못 표기하고 있다. 이런 정황으로 보아 김정호는 양반 출신이 아님을 알 수 있다.

셋째, 김정호의 족보가 없다는 점이다. 청도김씨 대동보에 의하면 김정호는 봉산파로 분류되어 있는데 6.25동란으로 인하여 봉산파가 실계(失系)된 것으로 설명되어 있다. 그러나 6.25 동란과 관계없이 구보(舊譜)에는 등재되어 있어야 하는데 고산자는 족보가 없다. 이는 김정호가 족보도 갖지 못했던 한미한 출신임을 의미한다. 김정호는 6.25동란으로 족보가 실계된 것이 아니라 애초부터 족보도 갖지 못했던 하층 계급 출신이었다. 김정호는 처음 편찬하였던 『동여도지』에서는 "월성(月城) 김정호 도편(圖編)"이라고 기록하였다. 이것은 김정호의 본관이 월성 곧 경주 김씨라는 뜻이다. 그런데 『여도비지』에서 "오산(鰲山) 김정호 백원보 도편(圖編)"이라고 기록하였다. 오산(鰲山)은 청도의 옛 지명이므로 이것이 김정호가 청도 김씨라는 것을 밝힌 유일한 기록이다.

이상의 세 가지 사실을 종합한다면 김정호는 족보도 없는 한미한 계층 출신이다.

8) 김정호는 천주교 신자(?)

김정호가 천주교 신자라고 짐작되는 다음 사항들이 있다.

첫째 김정호의 거주지인 약현(藥峴)은 19세기에 천주교 신자가 많이 모여 살던 지역이었다. 우리나라 천주교 성당 중에 약현 천주당이 제일 먼저 건립되었다. 약현에 살았던 김정호는 현실사회에 불만이 많았을 것이고 계급사회를 타파해야한다는 의식이 강했으므로 자연스럽게 천주교 신자가 되었을 것이다.

둘째 『대동지지』 홍주목 전고(典故)항에 "순조 32년(1832) 7월에 서양의 상선(商船) 호하미(胡夏米) 등이 고도도(古道島)에 도착하여 그 지방의 토산물을 헌납하였다. <그 나라는 합애란국(合愛蘭國), 사객란국(斯客蘭國), 영길리국(英吉利國)인데, 대영국(大英國)이라>고 칭하고 배 가운데의 사람들은 67인이었다. 그 배에는 큰 칼 30개(個), 총(銃) 30정(錠), 창(槍) 24개(個),

[약현 천주당, 안 동립 촬영]

화포(火砲) 8문(門)이 있었다. 그 나라 서울의 지명이 란돈(蘭墩)인데, 둘레는 75리이고, 왕의 성은 위씨(威氏)라고 부르며, 그 나라의 토산품은 대니단(大呢緞)으로 홍색, 청홍색, 포도색 각 1필이고, 우모단(羽毛緞)은 홍색, 청흑색, 포도색, 종려나무색 각 1필이고, 양포(洋布)가 4필이고, 천리경(千里鏡)이 2개이며, 파려기(玻瓈器) 6건(件)이고, 화전주구(花全紬扣)가 6배(排)이고, 본국도리서(本國道理書)가 26종인데, 이런 것이 홍주목에 남겨져 있다"

『대동지지』의 다른 지역에서는 이러한 기록이 없는데 영국에 관한 사항을 자세하게 기록하였다. 이것은 천주교가 홍주목이 관할하는 해미현 쪽으로 들어 온 사항과 연관된 것일지도 모른다.

셋째 국립중앙도서관에는 최성환(崔瑆煥)이 발췌한 『추국안(推鞫案)』이 소장되어 있다. 내용을 검토해보면 천주교 신자들을 박해하는 내용인데 세례

명으로 나오기 때문에 김정호 이름을 찾을 수는 없다. 그래도 최성환이 이 부분만 추국안을 발췌해서 보관했을까? 하는 의심이 드는 자료이다.

이상으로 고산자 김정호의 출생지, 생몰연대, 그의 거주지, 당호 문제, 전국답험설, 옥사설, 그의 신분 문제 등을 하나하나 검토하여 보았다.

고산자는 황해도 황주 고산에서 출생하여 1803~1868까지 활동했으며 그는 당호도 갖지 못한 한미한 계층 출신이었지만 죽는 그날까지 정확한 지도를 만들어야겠다는 일념으로 지도와 지리지를 편찬하다가 죽은 조선 후기의 위대한 지리학자였다.

물론 그는 『대동여지도』를 편찬한 죄목으로 옥사하지도 않았으며 백두산을 등정했다거나 전국을 실지로 답사하여 실측지도를 만들었다는 사실은 믿기 어렵다. 최한기·최성환·신헌 등의 후원자의 도움으로 우리나라에 전래되어 오는 여러 지도, 특히 비변사의 지도와 서양의 과학기술을 접목하여 우리나라의 고지도를 집대성한 위대한 지리학자이다.

여기가 "서울" 거기야
고지도로 읽는 서울의 역사

초판 1쇄 인쇄 2025년 02월 24일
초판 1쇄 발행 2025년 03월 04일

지 은 이 이상태
발 행 인 한정희
발 행 처 역사인
편　　집 김한별 김지선 한주연 양은경
마 케 팅 하재일 유인순
출판번호 제 406-2010-000060호
주　　소 경기도 파주시 회동길 445-1 경인빌딩 B동 4층
전　　화 031-955-9300　　팩　　스 031-955-9310
홈페이지 www.kyunginp.co.kr
이 메 일 kyungin@kyunginp.co.kr

ISBN 979-11-86828-35-9 03910
값 27,000원

저자와 출판사의 동의 없는 인용 또는 발췌를 금합니다.
파본 및 훼손된 책은 구입하신 서점에서 교환해 드립니다.